激活企业价值观

组织的终极力量

唐秋勇◎著

中国商业出版社

图书在版编目（CIP）数据

激活企业价值观：组织的终极力量 / 唐秋勇著.--北京：中国商业出版社，2023.4
ISBN 978-7-5208-2443-9

Ⅰ.①激… Ⅱ.①唐… Ⅲ.①企业—价值论—研究—中国 Ⅳ.①F279.23

中国国家版本馆CIP数据核字(2023)第049807号

责任编辑：包晓嫱

（策划编辑：佟 彤）

中国商业出版社出版发行
（www.zgsycb.com 100053 北京广安门内报国寺1号）
总编室：010-63180647　　编辑室：010-83118925
发行部：010-83120835/8286
新华书店经销
香河县宏润印刷有限公司印刷

*

710毫米×1000毫米　16开　19.25印张　268千字
2023年4月第1版　2023年4月第1次印刷
定价：81.80元

****

（如有印装质量问题可更换）

序 言

价值观是一个广博宏大的问题，大到国家意识形态，小到个人之一念；长到千年传承的文化内核，短到瞬间做出判断的知觉基础。价值观是人们对于事物对错、重要与否的判断标准。价值观的差异导致了人们有不同的思维倾向与行为模式，进而产生不同的群体文化。**今天的世界，真正定义人们之间不同的不在于地理位置、肤色、种族，而是相互间的价值观与文化的差异。**

价值观构建了个体内在的心理一致性、连续性和确定性，进而让个体产生了心理稳定感和安全感；**群体的价值观与文化规范了人们的信念、思维和行动方式，从而涌现出稳定的秩序——关系、模式、结构和状态。**一个没有共同价值观的群体或社会，必然是失序的和混乱的。价值观是超越个体外部的法律制度的内在信念和力量，**群体内的价值观共同性则帮助群体成员间构建起共鸣和信任，而共鸣是高质量沟通的基础，信任是有效合作的前提。**

一群人聚集在一起，能成为有效的组织，而不是一盘散沙，并非因为群体内的制度、流程，而是相互间拥有共同的价值观，本质上共同价值观就是组织的黏合剂，是团队凝聚力的来源。群体内价值观的对立也必然导致内部的分裂，人们无法在没有共同信念、基础原则和秩序的群体中生存。**一旦拥有了共同的价值观，群体内就自发形成了社会期望和社会规范，并自发地对不符合共同价值观的行为产生鄙视、反对和排斥。**虽然过分强调群体价值观、文化和情境对人们行为的影响会让人感到不舒服，因为显然人们反感外部力量决定自身行为的解释，而更愿意将自己视为自由意志的主宰。然而现实却是，社会环境每时每刻都在强烈地影响着我们，当然**每一个个体也是社会环境的创造者，每个个体的内心也都有追求自己独特性的一面，但也有符合群体规范的倾向，这可以帮助个体获得其所在群体的接纳和认可，从而得到自身的稳定感和安全感。**人自身的社会性决定了自己必然要受到群体和社会价值观的重大影响，如同古希腊哲学家亚里士多德（Aristotle）所说："**从本质上讲人是一种社会性动物，那些生来离群索居的个体，要么不值得我们关注，要么不是人类。社会从本质上看是先于个体而存在。**"

企业作为一种人类主要的组织形式之一，除了要追求商业利益、创造经济价值外，还需要创造社会资本。如同福特公司董事长威廉·福特（William Clay Ford）所言，"**任何公司的使命都是帮助社会变得更加美好，如果不是的话，那这样的公司可能并不需要存在！**"1997年，一个由近200家美国最著名公司的CEO组成的协会——"商业圆桌会议"（Business Roundtable）发布了一份正式的企业使命宣言，称："管理层和董事会的首要职责是对企业股东负责，其他利益相关者的利益是企业对股东责任的派生物。"这一宣言的核心思想与诺贝尔经济学奖获得者米尔顿·弗里德曼（Milton Friedman）的观点——企业只有一种社会责任，那就是利用其资源从事旨在实现股东利益的活动——如出一辙。但这一宗旨受到了通用电气前CEO杰克·韦尔奇的斥责。原因在于，韦尔奇认为，"**股东价值**"**是世界上最愚蠢的想法，股东价值是结果，而不是战略！**近年，调查机构NP Strategy对数以千计的公众进行调查后发现，近72%的受访者认为，上市公司在专注于为股东和客户创造价值的同时，应该"以使命为导向"。64%的公众开始认为公司的"首要目标"不仅仅是"为股东赚钱"，还应该包括"让世界变得更美好"。显然，**公众对于企业的关注和要求不是业绩，而是价值观念和行动方式。**到了2019年，"商业圆桌会议"发布了全新的《公司宗旨宣言书》（Statement on the Purpose of a Corporation），其将企业的本职工作"为股东赚钱"这个旧目标扔到了垃圾桶里。新宣言有300多个单词，直到第250个单词左右才提到"股东"，而在这之前的宣言强调的是"为客户创造价值""投资于员工"、促进"多样性和包容性""支持我们工作的社区"以及"保护环境"等。今天，几乎所有的企业都意识到组织发展的终极目标是解决社会问题，由此而言，**企业要做到基业长青，就需要树立基于利他模式的价值观及符合价值观的相应的行为方式。**

员工在企业工作，不仅需要获得合理且有竞争力的回报，还需要有意义感。当一个员工询问他人或自己："做这件事有什么意义"时，表明其已经失去内在驱动力和处于茫然的状态，因为询问和求索"意义"实质是一种"存在主义焦虑"，如果不能回答这个问题，它就很容易演变为一个结果——放弃和撤出。而这也是很多企业的员工离职的关键原因。**缺乏意义感的人就会趋向于"空虚"**，心理学家、意义治疗与存在主义分析的创始人维克多·弗兰克尔（Viktor Emil Frankl）指出：空虚感是一种对生命存在无从把握的感觉。

具体的工作本身并没有意义，需要人们赋予其意义。**意义无法从工作、事情或系统内部获得答案，只能把其嵌入到一个更大的系统，从外部来获得解答。**比如，把个体放入一个有着共同价值观、共同愿景、共同使命的共同体中，把工作放到组织、社区、社会、世界这样更大的范围中去看待，**才能构建个体和工作存在的意义**。例如，程序员开发了一个招聘网站，这对程序员本身来说或许没有意义；但这个招聘网站帮助亿万人找到了梦寐以求的工作，从贡献社会的角度来说，程序员的开发工作就有了巨大的意义。《小王子》里面有一段经典的话："你的玫瑰花跟别的玫瑰并无不同，正是你花费在玫瑰上的时间，才使得你的玫瑰花那么重要！"玫瑰花本身并没有意义，但是赋予了它爱心和时间后，它就有了重大的意义。同理，**当一个人选择了某项超越个体的事业，并为此投入大量精力、时间等成本，就构成了意义。**

心理学家理查德·瑞恩（Richard Ryan）认为，**当人把注意力和焦点**

扩散到更大的范围时，感受到的幸福感和成就感也会更强。人的意义感不是靠内在构造，而是来自外部感知和反馈。当人只自私地关注自身，所能够获得的意义感、幸福感是有限的，但当关注家人和朋友、同事甚至陌生人，帮助他们或接受帮助时，会感受到更强烈的幸福感和意义感。客户的反馈对于帮助员工构建和获得意义感有巨大的作用，可以让员工把视野从自己的工作拓展到更广阔的人群，意识到自己的行为、工作能够帮助到更广泛的人群、创造更大的价值，由此体验到巅峰的工作价值感、意义感、幸福感和使命感。

得到，比如拿到奖金，很多时候并不能让人产生意义感，相反付出才可以，比如帮助更多的人，从别人和社会的肯定中感受到自己的价值和意义。总之，人们的工作、行为符合自己的价值观、组织的价值观和社会的主流价值观，才会让其感受到更加强烈的意义感，这种**意义感是内在驱动力最强大的源泉。**

企业的价值观决定了这个组织的创造市场价值时的行动方式，到底是不择手段，还是秉持一定的原则——取之有道。一个优秀、卓越、非凡的企业必须要回答如下时代之问：股东价值是结果，还是战略？企业的存在是为了获得收益，但是如何获得？企业到底是一个赚钱机器，还是一个梦想之地？企业到底是为了盈利，还是为了让世界变得更美好？除了合理、有竞争力的回报，企业还能为员工们提供什么？

目 录

第一章　企业的意义支柱：使命、愿景、价值观

管理学的经典三问与使命、愿景、价值观 / 2

使命与组织存在的意义 / 3

愿景与组织的终极图景 / 5

价值观与组织实现愿景的方式和路径 / 7

与价值观有关的一些数据和关键字 / 12

本章要点总结 / 15

第二章　管理的两只手与两种假设

泰勒与他的科学管理时代 / 18

管理的边缘与极限 / 24

两种假设，两种理念 / 29

本章要点总结 / 34

第三章　价值观从何而来？

每一个刹那间的判断 / 38

人类如何认知世界 / 41

有限的理性 / 46

本章要点总结 / 51

第四章 价值观为何会影响个体与组织的成功？

柯达衰落的深层原因 / 54

价值观与机会成本 / 56

本章要点总结 / 58

第五章 价值观如何影响人们的行为？

"不死的中国人"与价值观冲突 / 60

从单向要约到双向契约 / 61

本章要点总结 / 63

第六章 价值观为何会增加组织成本？

信任与社会成本 / 66

价值观差异与沟通、协作、交易的成本 / 67

本章要点总结 / 68

第七章 价值观在哪里？

谷歌（Google）的安迪·鲁宾事件 / 70

组织的免疫系统 / 73

本章要点总结 / 76

第八章 人和组织的价值观会变吗？

价值观的蝶变 / 78

本章要点总结 / 81

第九章 组织的价值观是谁的？

公司的哲学与法律基础 / 84

组织的基石——共同体感觉 / 86

本章要点总结 / 88

第十章 组织的价值观体系是怎么老化的?

IBM 的生死时刻 / 90

价值观的老化 / 91

刷新运动 / 93

本章要点总结 / 99

第十一章 价值观和文化的关系与差别

文化的真谛 / 102

刻板效应与文化自闭症 / 103

本章要点总结 / 105

第十二章 价值观与仪式的惊人力量

仪式与焦虑缓解 / 108

心理优势与群体社会联系 / 109

本章要点总结 / 111

第十三章 相同的表述就是相同的价值观吗?

赋能的两种解读 / 114

底线、自尊、自我认知与表露 / 116

一致性与认知不协调 / 117

世界名企的核心价值观 / 120

反映性评价与社会比较 / 147

本章要点总结 / 148

第十四章　熵增与价值观的危险期

组织之熵 / 152

危险时刻 / 153

本章要点总结 / 158

第十五章　价值观如何构建和刷新

宣贯触达 / 160

领导垂范 / 161

启发引导 / 162

群体极化 / 168

全员融凝 / 172

情感回应 / 173

自我觉知 / 175

本章要点总结 / 178

第十六章　价值观与群体压力

群体意识与社会性 / 184

群体压力：信息与规范 / 185

本章要点总结 / 188

第十七章　价值观与绩效

关键绩效指标与工业时代 / 190

发散与收敛：20% 自由工作制与演示日 / 193

组织资源的最优化配置 / 198

OKR 的诞生 / 200

英美法系与 OKR 的文化与法律基石 / 203

科学共同体与 OKR / 205

价值观的考核 / 210

绩效强制分布化 / 211

本章要点总结 / 214

第十八章　价值观、价值主张与品牌

品牌的诞生 / 218

价值主张与心智之战 / 219

价值观与价值的关联与差异 / 224

本章要点总结 / 227

第十九章　价值观与韧性

韧性的要义 / 230

公司的使命 / 232

本章要点总结 / 235

第二十章　价值观与敏捷

敏锐感知与迅捷行动 / 238

加速的地球 / 239

本章要点总结 / 243

第二十一章　价值观与激励、内驱力

唯利是图与自我惩罚 / 246

激励的苦果 / 247

三种驱动力 / 250

从激励到唤醒 / 254

本章要点总结 / 257

第二十二章　价值观与整体回报

大辞职与 YOLO 哲学 / 260

从雇主到职场 / 261

意义与存在主义焦虑 / 262

幸福感的基石 / 266

整体回报战略的范式革命 / 271

本章要点总结 / 272

第二十三章　算法与价值观、伦理

智能时代与"完美"的数字监工 / 276

算法定义的管理与价值观 / 280

预测分析与自动化决策的伦理与道德 / 283

数字鸿沟与无意识歧视 / 286

本章要点总结 / 294

参考文献 / 295

第一章
企业的意义支柱：
使命、愿景、价值观

管理学的经典三问与使命、愿景、价值观

在《管理的实践》一书里，现代管理学之父彼得·德鲁克（Peter Drucker）提出了著名的经典三问：我们的事业是什么？我们的事业将是什么？我们的事业应该是什么？原文是：What is our business? What will be our business? What should be our business? 这是给所有企业家和领导者提出的终极命题——企业存在的"意义"和哲学基础。"意义"一词最早出自《谷梁传·襄公二十九年》："殆其往而喜其反，此致君之意义也。"意思是指事物存在的原因、作用及价值。意义感是动机的基础，而动机是行为的前提。**意义赋予了人们以追求、寄托、希望、理解、情感**。也正因为此，当一个人在反思"我做这件事有什么意义"时，如果不能得到正确、有益、高尚的回答，那么他的行为就失去了驱动力，就会终止这一行为。企业的成功是组织内成员在一段时间内的行为总和导致的结果，当成员终止其组织所需要的行为，企业也就失去了存续的必要和发展的可能。

如今，大部分企业在其介绍手册、官方网站的"公司介绍"相关栏目中，都不约而同地回答这三个重大哲学问题，并分别用"使命""愿景""价值观"来概括。这是一个组织的一种自我定位、自我追求、自我表露和对外承诺。

> 如果人们看不到自己属于任何更高的东西，那他们就不能附着于更高的目标，不能服从某种规则，将自身从所有社会压力下解放出来，抛弃自我，并使之堕落。
>
> ——埃米尔·杜尔凯姆（Emile Durkheim），法国社会学家

个体的社会存在，需要构建一个强大的自我、高尚的自我，人们需要通过行为来证实这个自我的存在和价值。个体需要加入群体、组织，才能实现自我的价值。当组织可以帮助个体实现这些价值时，个体就会倾向于加入，反之就会选择拒绝、排斥、放弃。当组织的使命、愿景、价值观和个体的理想、信念相匹配时，就能产生强大的共鸣和内在驱动力。

> 作为一个确定的人，现实的人，你就有规定，就有使命，就有任务，至于你是否意识到这一点，那都是无所谓的。这个任务是由于你的需要及其与现存世界的联系而产生的。
>
> ——卡尔·马克思（Karl Heinrich Marx）

使命与组织存在的意义

使命（Mission）的重点在于当下，它回答了组织为什么要存在，组织的客户是谁、关键任务是什么。使命定义了组织要做什么？为谁创造什么价值？世界出了什么问题，和我们打算怎么解决这个问题？

> 使命是引导我们前进的目标，是在周围一切发生变化时用以定位的北极星，也是我们创建具有适应能力的组织所需要的关键规则。
>
> ——加里·哈默尔（Gary Hamel），世界著名战略大师

"使命"在中文里最早出自《左传·昭公十六年》中的"会朝之不敬，使命之不听，取陵于大国，罢民而无功，罪及而弗知，侨之耻也。"指的是人所领受的重大任务、应负的责任。

> 一个人最大的幸福莫过于在人生的中途、富有创造力的壮年，发现自己此生的使命。
>
> ——斯蒂芬·茨威格（Stefan Zweig），《人类群星闪耀时》

使命是令组织变得伟大和高尚的真谛，赋予组织成员一切行动以意义，诠释了组织对于世界能够产生的积极影响和力量。当人们在完成自己认可的重大使命时，人们能焕发最大内在驱动力，产生成就感和心理上的内在自我奖赏。**使命是人们正确行动的重要指引，是组织的价值所在，也是组织承担的改变世界的历史责任**。使命也是组织存在与发展的意义根源，承载着组织的光荣与梦想。下面是全球知名企业的使命宣言见表1-1。

表1-1　全球知名企业的使命（Mission）宣言

公司	使命宣言
太空探索技术公司 SPACEX	让人类成为多行者物种 MAKING HUMANITY MULTIPLANETARY
微软 Microsoft	予力全球每一人、每一组织，成就不凡 Empower every person and every organization on the planet to achieve more
埃森哲 Accenture	我们拥抱变革，为客户、大众和社区创造持久价值。我们充分利用变革之力，为客户、大众和社区创造新的非凡价值 To deliver on the promise of technology and human ingenuity. We help our clients become the next and best versions of themselves
索尼 SONY	用创意和科技的力量感动世界 Fill the world with emotion, through the power of creativity and technology
华为 Huawei	把数字世界带入每个人、每个家庭、每个组织，构建万物互联的智能世界 Together we can bring digital to every person, home and organization for a fully connected, intelligent world
敦豪 DHL	构建人与人之间的联系，提高人们的生活品质 CONNECTING PEOPLE. IMPROVING LIVES
巴斯夫 BASF	我们创造化学新作用，追求可持续发展的未来 We create chemistry for a sustainable future

续表

公司	使命宣言
宝洁 Procter & Gamble	为现在和未来的世世代代，提供优质超值的品牌产品和服务，在全世界更多的地方，更全面地亲近和美化更多消费者的生活。作为回报，我们将会获得领先的市场销售地位、不断增长的利润和价值，从而令我们的员工、股东以及我们生活和工作所处的社会共同繁荣 We will provide branded products and services of superior quality and value that improve the lives of the world's consumers, now and for generations to come. As a result, consumers will reward us with leadership sales, profit and value creation, allowing our people, our shareholders and the communities in which we live and work to prosper
达能 DANONE	通过食品，为尽可能多的人带来健康 BRINGING HEALTH THROUGH FOOD TO AS MANY PEOPLE AS POSSIBLE.
星巴克 Starbucks	激发并孕育人文精神——每人、每杯、每个社区 To inspire and nurture the human spirit - one person, one cup and one neighborhood at a time

愿景与组织的终极图景

我国明代哲学家、心学唯心主义集大成者王守仁在《教条示龙场诸生》一文中提及"志不立，天下无可成之事"，意思是志向不确定，则什么事业都不会成功。人无远虑则必有近忧，无论对于个体或者组织而言，都需要有一个明确的远期甚至是终极的目标。

愿景（Vison）的重点在于未来，其目的是激励、鼓舞、启发和驱动。它告诉人们长期的目标和未来的理想，激励着人们走向成功。愿景定义了组织要前进到哪里？组织要成为什么样？组织长期的目标是什么？当我们完成改变世界的目标后，世界会是什么样子？**愿景描绘了一个组织内全体**

成员共同期待的情形和景象，在不确定的环境中激励、鼓舞着组织成员，牵引所有成员前进的方向。对于消极的人而言，现实和理想的落差会让他们痛苦、绝望，但对于组织内积极向上的成员来说，当他们将当下的状态与愿景相比较，即使发现二者之间存在着巨大差距，也会产生"革命尚未成功，同志仍须努力"的重大动力。没有共同的愿景，意味着组织的未来和自身无关，人们就会置身事外，而不会有投入、奉献，至多只是遵从。因此，愿景应该是、也必须是全体成员凝聚的共识，唯有如此，才能激励所有成员去拼搏、奋斗。随着时间的推移，愿景可能会实现，组织就需要为成员提供全新的组织愿景和抱负、未来画卷；愿景也有可能永远不能实现，但成员会永远矢志不渝地不断逼近这个终极目标。下面是全球知名企业的愿景宣言见表1-2。

表1-2　全球知名企业的愿景（Vision）宣言

公司	使命宣言
小米 MI	和用户交朋友，做用户心中最酷的公司 Make friends with users and be the coolest company in the users' hearts
可口可乐 Coca-Cola	打造人们喜爱的品牌和饮料选择，让他们的身体和精神焕然一新。以创造更可持续的商业和更好地共享未来的方式实现，从而改变人们的生活、社区和我们的地球 craft the brands and choice of drinks that people love, to refresh them in body and spirit. And done in ways that create a more sustainable business and better shared future that makes a difference in people's lives, communities and our planet
百事 PepsiCo	成为全球休闲食品和饮料领域的领军者 be the global leader in convenient foods and beverages by winning with purpose
凯捷 Capgemini	技术的商业价值源于员工并由员工体现出来 the business value of technology comes from and through people

价值观与组织实现愿景的方式和路径

价值观（Values）是人们在心智、思维层面对事物做出的认知、理解、判断或选择，是人们判定重要性、意义、是非的取向。 价值观对人们的动机具有导向作用，行为背后的动机受其价值观的影响、支配和约束。只有在经过价值观评估后被认为是有价值的，才会被转换成行为动机，并据此为目标引发人的行为产生。因此，一个公司的成败兴亡是公司所有员工行为总和的结果，价值观则是行为的决定性因素。**个人价值观是人对客观世界的评析和判断的结果，反映了人的主观认知世界**。价值观是人类辨别能力的最高层次表达，人们对真理和正义等自我设定的理想的追求改变了自身对世界的理解。

> 当你认清自己的价值观和行为准则后，决策就轻而易举了。
> ——罗伊·迪士尼（Roy Disney），迪士尼公司联合创始人

一个组织的价值观不是创始人、CEO 的个人价值观，而是组织所有成员个人价值观的交集、凝聚的共识，是群体在心智和行为上的连接点、黏合剂和组织的思想观念的交集。**组织的价值观定义了其全部成员当下和未来行事的方式、路径、原则。**

> 如果员工认同公司的价值观，那么他们就更有可能做出支持这些原则的决策。他们也更有可能觉得自己是组织的重要组成部分。他们更有动力，因为公司对他们有意义。
> ——特伦斯·迪尔（Terrence E. Deal），美国南加州大学罗斯希尔学院教授

价值观是文化的最高层次的表现，也是文化的内核。**组织价值观是一种群体默契的共同理想信念，决定了个体的思维方式、选择标准和行为模式。**个体做出符合群体价值观的行为，自身就会获得积极的情感回应，并获得群体的认可，继而不断地强化这样的行为从而塑造自身的行为模式。

> **价值观是任何企业文化的基石。价值观是公司成功哲学的精髓，它为所有员工提供了共同的方向感和日常行为准则。**
> ——朱利安·菲利普斯（Julien Phillips），麦肯锡公司前合伙人

很多时候，价值观并无对错，但在不同的价值观念下，相同的行为可以引发两种截然不同的解释。例如，中国人理解的勤奋工作，在其他国家可能认为是对财富的贪婪，中国人视节约不消费是一种美德，但在有些国家可能会被理解为吝啬和不分享给社区的自私行为。所以，很多时候价值观是一个组织的独特性所在，决定一个组织是谁的是其价值观念，而不是资产。

> **一家公司的价值观——它代表什么，它的员工信仰什么，这些对其竞争成功至关重要。事实上，价值观驱动着企业。**
> ——李维·斯特劳斯（Levi Strauss），牛仔裤发明者、LEVI'S（李维斯）公司创始人

在社会和经济学意义上，公司是一种以盈利为目的有限责任的经济实体和组织形式，通过雇佣关系把一群人组织在一起，为了客户价值而进行协作。在管理学意义上，公司则是一个价值观共同体。拥有强大的、积极的价值观，并且坚定地去捍卫它，是伟大组织和一般组织的主要差异。

组织的核心价值观是完成使命、到达目标过程中的需要全体成员坚持和遵守的基本原则、方式、底线、行为边界。**价值观为组织构建了内外部的秩序和可预测性，没有价值观或者为达目标不择手段将使得组织处于危险、混乱失序、不可持续的状态。**公司的核心价值观塑造企业文化，影响

商业战略，提高团队凝聚力，并在工作场所创造一种责任感。本质上，公司的**价值观是推动组织发展的信念、哲学和原则，它会影响员工体验，以及组织与客户、合作伙伴和股东发展的关系。**

> 大海之所以伟大，除了它美丽、壮阔、坦荡外，还有一种自我净化的功能。
> ——伊曼努尔·康德（Immanuel Kant），德国古典哲学创始人

核心价值观对于组织而言，具有五大重要作用，具体如下（见图1-1）。

1. 激励因素 MOTIVATOR
- ✓ 核心价值观有助于成为更好的自我；
- ✓ 驱动个人行为最深层、最强大的动力。

2. 重要性 IMPORTANCE
- ✓ 组织最重要的事情都与价值观有关；
- ✓ 价值观决定组织能否基业长青。

3. 行动 ACTION
- ✓ 目标、思维、理想、议题、动机、行为模式都基于价值观；
- ✓ 符合价值观的行为令个体减少内在冲突，产生自我认可、奖赏、回馈和动力。

4. 道义 MORAL
- ✓ 价值观是值得为之奋斗的品质，被认为是道德高尚的品质；
- ✓ 高尚的行为有助于个体的内在心理秩序和维系外部的群体和社会秩序。

5. 指导性 GUIDANCE
- ✓ 价值观是组织的最基本原则；
- ✓ 价值观为事业的路径、行为模式提供指引。

指导性 GUIDANCE
- 价值观是组织的最基本原则；
- 价值观为事业的路径、行为模式提供指引。

道义 MORAL
- 价值观是值得为之奋斗的品质，被认为是道德高尚的品质；
- 高尚的行为有助于个体的内在心理秩序和维系外部的群体和社会秩序。

行动 ACTION
- 目标、思维、理想、议题、动机、行为模式都基于价值观；
- 符合价值观的行为令个体减少内在冲突，产生自我认可、奖赏、回馈和动力。

激励因素 MOTIVATOR
- 核心价值观有助于成为更好的自我；
- 驱动个人行为最深层、最强大的动力。

重要性 IMPORTANCE
- 组织最重要的事情都与价值观有关；
- 价值观决定组织能否基业长青。

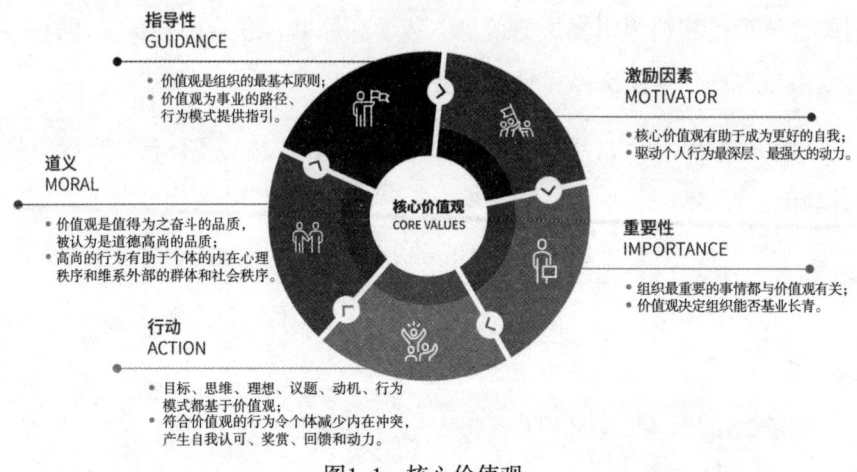

图1-1 核心价值观

核心价值观对于推动商业成功至关重要。没有共同价值观，意味着组织不可能让员工与组织战略目标保持一致，加强团队协作，或赋予员工权力。核心价值观对企业有以下重要帮助和益处。

（1）组织价值观帮助成员做出正确的决定。拥有一套清晰的价值观有助于成员理解组织的立场，价值观也为他们的工作和秩序感、安全感提供指导。这样，成员更有可能做出正确的决策——帮助组织实现愿景和目标的决策。更重要的是，**拥有一套定义明确的公司价值观，为在困难时期指导成员提供了伦理、道德指导**。在技术、环境和社会快速变化的动荡环境中，这是一个关键的常数。

（2）组织价值观帮助改善成员的沟通。员工沟通在建立更好的公司文化、提高员工满意度和提高员工敬业度方面，发挥着极其重要的作用。问题是，当组织没有明确的核心价值观时，成员间就很难找到共同点、信念交集，陷入各吹各的号、各吹各的调的混乱、嘈杂、无序状态，并且，**没有共同价值观，会导致信任很难构建；如果缺乏信任，会使得沟通、合作、交易的效率和深度都会很差，也会导致工作场所的错综复杂**。没有明确公司价值观的公司，通常会在沟通策略上苦苦挣扎。

（3）组织价值观直接影响员工的动机和敬业度。人们倾向于在选择、施行自身认可的价值观念中重要的、积极的、有利的事物，符合价值观的行为能够促进人的认知协调和幸福感，有助于提升员工的积极性和参与度，释放和引导能量，激励人们的内在动力。**成员对于组织价值观的理解和认同，与敬业度息息相关，因为人们对于自己都不认可的行为方式会倾向于抵触、消极应对。**

（4）组织价值观帮助客户理解公司的理念。价值观是品牌的身份和定位、特质，其高尚性只要被客户感知就会获得重要的共鸣、尊重和认可，并产生合作最重要的基础条件：信任。拥有一套具体而独特的核心价值观，可能是一种重要的竞争优势。**如果能根据共同的价值观与客户建立关系，必然会加强客户关系，因为这种关系不仅仅构建在商业、经济的互惠基础上，还建立在共同的信念和原则之上。**

（5）组织价值观帮助吸引并留住顶尖人才。加入一个组织，意味着成为组织的一部分，意味着自己的简历、个人介绍上都会存在这个组织的印迹，这种组织的价值观也会为其成员终其一生的个人品牌标签——也就是在什么企业或曾在什么企业工作就是什么样的人。这种个人标签、个人品牌会严重影响一个人的社会认知、社会认可、社会地位、社会关系，因此，**"正确""高尚"的价值观增加了人才选择的倾向性，也就是价值观令雇主品牌产生了对于人才的引力。**

（6）价值观为使命、愿景保驾护航。为实现组织的使命、愿景奠定了基本的原则、方法、途径，防止不择手段和行为脱轨，影响组织的长期生存和发展。

与价值观有关的一些数据和关键字

与价值观有关的一些数据和关键字见表 1-3 和表 1-4 所示。

表1-3　与价值观和企业文化相关的10条重要数据

序号	研究结果	研究机构
1	超过50%的CEO和CFO表示，价值观与企业文化影响生产力、创造力、盈利能力、公司价值和增长率	福布斯（Forbes）
2	88%的员工认为强大的价值观与企业文化是企业成功的关键	Bultin
3	47%的积极求职者认为价值观与企业文化是他们找工作的主要原因	Pivotal Advisors
4	76%的员工认为明确的业务目标有助于培养积极的价值观与工作文化	Bultin
5	15%的求职者因为价值观与公司文化而拒绝了工作机会	Jobvite
6	只有23%的美国员工强烈同意他们可以将组织的价值观应用到每天的工作中	盖洛普(Gallup)
7	35%的美国员工表示，如果他们觉得价值观与公司文化不适合，他们会放弃这份完美的工作	罗致恒富 (Robert Half)
8	不喜欢组织价值观与公司文化的员工辞职的可能性高出24%	TINYpulse
9	89%的人力资源主管认为同侪反馈和定期检查可以增强组织的价值观与组织文化	美国商业资讯（Businesswire）
10	消极工作的员工每年给美国公司造成4500亿~5500亿美元的生产力损失	Zippia

表1-4 基于世界500强企业核心价值观归纳出的最常见价值观关键字

序号	中文关键字	英文关键字
1	诚实正直	Integrity
2	勇敢	Boldness
3	多元	Diversity
4	创新	Innovation
5	诚实	Honesty
6	公平	Fairness
7	可信	Trustworthiness
8	纪律	Discipline
9	谦卑	Humility
10	主人翁	Ownership
11	结果导向	Result oriented
12	客户优先	Customer First
13	艰苦卓绝	Hard work
14	质量	Quality
15	团队合作	Teamwork
16	责任	Accountability
17	学习	Learning
18	激情	Passion
19	平衡	Balance
20	乐享	Fun
21	勇气	Courage
22	无私	Unselfishness
23	自律	Self-Discipline
24	简单	Simplicity
25	精益求精	Constant Improvement
26	领导品质	Leadership
27	合作与伙伴关系	Collaboration and Partnership
28	理想主义	Idealism

续表

序号	中文关键字	英文关键字
29	尊重	Respect
30	包容	Inclusion

有助于成员更好地理解所在组织价值观的关键问题：
- ✓ 我们是谁？
- ✓ 我们如何对待客户？
- ✓ 实现我们的使命、达成我们的愿景的正确方式是什么？
- ✓ 我们的竞争对手在行事原则上最大的差异是什么？
- ✓ 什么样的核心价值观对我们最重要？
- ✓ 我们在工作中如何对待彼此？
- ✓ 我们希望外界如何定义我们？

企业管理中"价值观验证"在很多场景中都是一个关键步骤，以下是在企业管理各种情境中我们需要思考的一个关键问题。

1. 招聘：这个人真的理解和认可我们的核心价值观吗？

2. 培训：讲授、传递的内容、原则符合我们的核心价值观吗？

3. 绩效评估：达成业绩的行为和过程符合组织的核心价值观吗？这个人的结果取得是否不择手段？

4. 加薪：这个人在积极践行我们的价值观吗？

5. 晋升：这个人能把我们的核心价值观传授给其他人吗？

6. 决策：这个决策符合我们的核心价值观吗？

7. 兼并收购：两家公司的价值观差异是什么？如何弥合分歧？能找到信念交集吗？

8. 留任：这个人是因为不认可组织的价值观、不能融入企业文化而离开的吗？

本章要点总结

✓ 意义赋予了人们以追求、寄托、希望、理解和情感。

✓ 个体的社会存在，需要构建一个强大的自我，高尚的自我，人们需要通过行为来证实这个自我的存在和价值。个体需要加入到群体、组织，才能实现自我的价值。

✓ 当组织的使命、愿景、价值观和个体的理想、信念相匹配时，就能产生强大的共鸣和内在驱动力。

✓ 使命是人们正确行动的重要指引，是组织的价值所在，也是组织承担的改变世界的历史责任。

✓ 愿景（Vison）描绘了一个组织内全体成员共同期待的情形和景象，在不确定的环境中激励、鼓舞着组织成员，牵引所有成员前进的方向。

✓ 价值观（Values）是人们在心智、思维层面对事物做出的认知、理解、判断或选择，是人们判定重要性、意义、是非的取向。价值观对人们的动机具有导向作用，行为背后的动机受其价值观的影响、支配和约束。

✓ 个人价值观是人对客观世界的评析和判断的结果，反映了人的主观认知世界。价值观是人类辨别能力的最高层次表达，人们对真理和正义等自我设定的理想的追求改变了自身对世界的理解。

✓ 组织的价值观定义了其全部成员当下和未来行事的方式、路径、原则。

✓ 组织价值观是一种群体默契的共同理想信念，决定了个体的思维方式、选择标准和行为模式。

✓ 价值观为组织构建了内外部的秩序和可预测性，没有价值观或者为达目标不择手段将使得组织处于危险、混乱失序、不可持续的状态。

✓ 价值观是推动组织发展的信念、哲学和原则，它会影响员工体验，以及组织与客户、合作伙伴和股东发展的关系。

✓ 拥有一套定义明确的公司价值观为在困难时期指导成员提供了伦理、道德指导。在技术、环境和社会快速变化的动荡环境中，这是一个关键的常数。

✓ 没有共同价值观，会导致信任很难构建；如果缺乏信任，会使得沟通、合作、交易的效率和深度都会很差，也会导致工作场所的混乱。

✓ 成员对于组织价值观的理解和认同，与敬业度息息相关，因为人们对于自己都不认可的行为会倾向于抵触、消极应对。

✓ 如果能根据共同的价值观与客户建立关系，必然会加强客户关系，因为这种关系不仅构建在商业、经济的互惠基础上，还建立在共同的信念和原则之上。

✓ "正确""高尚"的价值观增加了人才选择的倾向性，也就是价值观令雇主品牌产生了对于人才的引力。

第二章
管理的两只手与两种假设

泰勒与他的科学管理时代

企业通过两种方式来维持自身发展的秩序，一是制度和流程。这些会落实到书面上，而且尽可能事无巨细、不断地趋于复杂，当遇到新的情境、新的问题以及无法控制的行为和结果时，企业就会不断地修补、完善和增加。但是无论企业如何去增补，都无法对于未来尚未发生的新事物、新问题、新情境起到约束、指导作用。二是**共同价值观**。**这是一套基于信念的群体心智模式、态度和行为模式，可以自我生成、自我演绎的有生命力的社群治理体系**。

制度和流程，二者在客观上是把人"物化"的，或者是"去人格化""功能化""工具化"的"科学管理"思想的典型表征，来自于弗雷德里克·温斯洛·泰勒（Frederick Winslow Taylor）的这一思想的核心是"以效率为中心"，为了追求效率的最大化，通过分工并进行机械化的重复练习、操作来提高熟练度，并减少时间耗费。在这个过程中，任何"创新"的行为都可能会损害效率，因此，泰勒说："我们的体系不需要人们发挥主动性，我们根本就不需要主动性，我们只需要人们服从我们的命令，按我们说的做，手脚麻利。"

电影大师查理·卓别林（Charles Chaplin）的经典影片《摩登时代》（Modern Times），为我们展现的工业时代是一幅悲惨的图景：处于社会最底层的工人们，每天的生活就是日复一日发疯般地工作，只能获得可怜的工资，电影主角查理的任务只是拧紧六角螺帽，他眼睛里唯一能看到的东西就是一个个转瞬即过的六角螺帽。为了提高效率和节省时间，工厂老板甚至引进了"吃饭机"，以便于在最短的时间内"喂"工人吃完饭，这样就可以省下大量的时间用于工作。为了防止懈怠、偷懒，当时有一种岗位叫"监工"，他们是防止员工行为失控的保障、维持、惩罚力量。通过制度、流程、监督、检查，工厂保持其正常运作，而"人"在其中只是一个机器、系统的延伸，其对于人的假设是基于道格拉斯·麦格雷戈（Douglas McGregor）"X理论"的，即人本身是消极、被动的。组织的终极追求是效率，权力来自于组织赋予，任务是自上而下分配的，员工需要有服从性，不需要有太多的创造力，甚至不能有创造力。比如流水线上，公司真正用的是员工的双手而非大脑，不需要员工采用各种花式手法去拧螺丝钉，只需要用最高效率的标准方式循环往复地操作即可。为了保障人可以像机器一般可靠、高效，需要通过规章、制度、流程来监督、控制、管理。弗雷德里克·泰勒（Frederick Taylor）毕生致力于与冗余的动作、错误的流程、低水平的标准、人岗不匹配斗争。他认为："只有强制执行标准化的工作方法，强制使用最优化的工具，强制塑造最佳的工作环境，强制保证工人协作，才能实现高效工作法，这些强制执行工作是管理人员的责任！"管理人员通过指挥、控制、监督，强制性地把一群人组织在一起协作。这种工业化的管理方式极大地推动了工业时代的生产力，直到今天，这种管理方式也在演进，虽然人们已经不可能看到在工厂里拿着皮鞭的监工了，因为没人愿意在强迫下工作，不愿意被奴役，也很少有人在欺压下工作会忍气吞声，但是，"科学管理"思想直到今天并没有消亡，只是从工厂的"流水线"模式变成了办公室里的流程，看得见的流水线把"蓝领"固定在工位上，看不见的流程把"白领"固定在节点上。

> 当你长大后，会被塞进一个叫小隔间的容器里。残酷的压迫会压弯你的脊梁，摧毁你感受快乐的能力。老板通过教你害怕来催你奋进。
>
> ——美国漫画《呆伯特》

泰勒对于效率的极度执拗和沉迷源自于其个人经历，虽然他出身于美国费城的富贵家庭，并在欧洲留学三年，他却放弃了白领工作，而是到一家液压工厂当了一名学徒。这段经历让他深入地了解了工人的工作态度，但并没有激发他对于工人的关心、同情，却加剧了对工人们的反感。他认为，这些人就是好逸恶劳，消极怠工，同时认为，资本家和管理者对于高效工作毫无意识，并且束手无策。结束学徒生涯后，泰勒到了米德维尔钢铁公司（Midvale Steel Works），成了"车间魔鬼"和工人的敌人，每天训斥工人们并和工人粗鄙地对骂。离开该厂后，他决定改变这种敌对做法，并且认为解决问题的关键，不是在工人身上做文章而是在于办公室那些无精打采、松松垮垮的管理人员。一方面，他将管理人员分为多组，专门绘制工人的操作流程，寻找低效操作和冗余动作，为了确保快速并有效的工作，他安排专人用秒表给工人每项操作进行计时，然后，他对每项工作流程再进行分解，把分解后的每个操作模块设定标准速度。另一方面，他将薪酬体系弹性化，即根据工人在一定时间内完成的模块数量来计算，多劳多得。泰勒主义不仅仅是通过分工来提高效率那么简单，也把工人们从集体中"解放"，他认为工人应该是独立的，彼此利益应该是分开的，每个人为自己的回报负责，工人之间是相互竞争关系，并没有什么集体利益。他并不是为了工人个体谋取福利，相反，泰勒认为："过去，人是第一位的；未来，体系才是最重要的！" **泰勒主义实际上是将工作系统拆分成零碎的任务，并牺牲了工人对于工作和系统的理解，也就是用系统中个体的愚蠢化换取了效率。**

泰勒离开米德维尔后，受另一家钢铁公司伯利恒公司的大股东沃顿的邀请，担任公司的管理顾问。听到沃顿这个名字是不是很耳熟？对，他就是美国第一所商学院——宾夕法尼亚大学沃顿商学院的创立者，显然，沃顿本人明白也认可"科学管理"的巨大价值。

在伯利恒，泰勒开始全面进行他的管理实验。他请来了一批助手同他一道工作，他们中的一位叫甘特，即人际关系理论的先驱者之一，甘特图（Gantt Chart）的发明者！在泰勒的众多追随者之中，甘特是一位举足轻重的人物，他与泰勒共事多年，并且深得"泰勒制"的思想精髓。但是，与泰勒相比，他处理问题的方法要温和得多，这一点泰勒是大不满意的。因此，二人经常发生一些争执、吵架，导致两人关系最终破裂，甘特愤然离开了泰勒的研究行列。由于甘特的思想方法以及在处事风格上与泰勒的不一致，所以，有人称他为"最不正经的"追随者。甘特图在我们的今天工作中也经常被使用，它的作用是为了帮助我们排定项目中各项计划或任务的程序和时间，以保证其高效、按计划完成。管理学界认为，甘特用图表帮助管理进行计划与控制的做法是当时管理技术上的一次革命。

虽然关系破裂，但泰勒组建的这个团队的工作是卓有成效的。他在自己后来所写的《科学管理》一书中，提及的最有名的搬运生铁实验，就是在伯利恒进行的。不过，泰勒在这里遇到了另一种挑战。伯利恒的工人，开始担心像泰勒肆无忌惮地提高劳动生产率的做法会导致就业岗位减少。而公司的管理部门，充斥着大量毫无技术的工头，他们只会叫喊打骂工人，由于泰勒引进了成本会计法而无法继续滥竽充数胡搞蒙混下去，他们把泰勒看成砸饭碗的人。过去有句话叫：砸人饭碗、抢人钱财如杀人父母。由此可想而知泰勒在伯利恒的日子并不好过，基本上就是朝不保夕。所以在1901年，泰勒不得不离开伯利恒。具有讽刺意味的是，在泰勒离开后，伯利恒公司停止推行他的管理方法，效果也是立竿见影——生产效率极大下降！束手无策的基层管理人员又悄悄地把他的方法搬回来，只是向上级汇报时不承认而已。中国历史上也有过类似的事情，比如秦朝的商鞅变法。商鞅因为变法而损害了很多权贵的利益，他死后被示众，商鞅虽然被杀害，但新法却并未被废除，因为大秦上下均认为商鞅的新法可以富国强兵。

离开了伯利恒的泰勒，已开始著书立说——写他的新书《工厂管理》，同时爱上了每天修剪自家的草坪，又琢磨出了一种新的土壤混合配方，研究草坪种类，顺便还设计出一种全新的"Y"型高尔夫球杆，并开始疯狂练习高尔夫球，他把在工厂流水线研究分解工人动作的那一套方法应用到自己击高尔夫球方法的改进上，使他从一名名不见经传的新手快速成为在

1902年、1903年、1905年美国费城乡村俱乐部高尔夫障碍赛冠军。

伯利恒公司的奇迹让他慢慢出名，一些工厂陆陆续续地主动采用他的管理方法，支持他的学者也越来越多。在这种情况下，泰勒开始到处旅行，到处讲演，宣传和推广他的科学管理思想。不过，他有一个"美德"就是，任何讲演、培训和咨询一概不收取报酬，甚至路费都不要，完全是自己赔钱赚吆喝。

1910年的美国东部铁路运费案，使泰勒制名声大振。当时，铁路公司要求提高运费，客户当然反对运费涨价，双方打得不可开交，州际贸易委员会为此举行听证会。美国波士顿的一位名叫布兰代斯的律师，是个非常热心的公益代理人，这个人为泰勒的管理方法取名"科学管理"。听证会上，有人甚至算了一笔细账，认为实行"科学管理"后，铁路公司每天可节省100万美元，所以完全不必提高运费，真正要做的事情是改革管理。于是，当年11月10日的《纽约时报》头条赫然刊登的标题是"铁路每天节省一百万美金——科学管理实现此事！"这让泰勒一夜之间名声大噪，一下子成了网红，家喻户晓，从此开始，科学管理迅速广泛地传播开来，泰勒也顺水推舟地于1911年出版了他最重要的专著《科学管理原理》。

泰勒对自己的理论进行了系统总结并完成了《科学管理原理》（*The Principles of Scientific Management*）这一管理学历史上具有里程碑意义的书籍。他也成了商业界狂热崇拜的对象，信徒们把其理念当成了一种信仰；而另外一方面，他也成了另外一群反对的人怒骂和鄙夷的对象，因为他们认为泰勒剥夺了工人们休息、自由安排工作的权利，也让工人处于过度紧张的快节奏压力之中，变得筋疲力尽。所以，"科学管理"思想在推广过程中也遇到了强有力的抵制，最大的麻烦来自美国的工会。泰勒认为，美国工会就是效率的障碍，除了添堵，一无是处；除了鼓励劳资对抗，别无正业，毫无存在的必要性。1911年，泰勒受聘担任美国陆军军械部的顾问，在兵工厂推广泰勒制。他的助手在一家兵工厂进行工时研究时，一个工人以自己是工会会员为由拒绝配合，兵工厂的领导人同此人谈话后，该工人依然不合作。于是，工厂以"不服从命令"为由解雇了这个工人，由此引发了工人的集体罢工。当时的工会领导人趁机推波助澜，要求美国国会调查此事。美国众议院组织了一个特别委员会开始调查听证。在听证过程中，泰勒受到了审判式的对待，特别委员会明显地偏袒工会，对泰勒大加刁难。不过泰勒舌战群儒，不卑不亢，侃侃而谈，他在这次听证会上的证词也成了有关"科学管理"的主要文献之一。但是，因为美国当时的政治气氛原因，最终还是影响了美国国会的态度，国会两院形成了一项政府拨款的附加条款，该条款规定，凡是在政府拨款的企业中不得使用泰勒制的任何方法。直到1949年，这项附加条款才被取消。

除了这次刁难式的国会听证以外，市场上也冒出了很多鱼目混珠的"效率专家"，打着"快速提高效率"的招牌，照猫画虎式地搬来了泰勒制的一些措施引用到一些工厂，对于泰勒本人关于推广科学管理最少要三五年周期的告诫也置若罔闻，更听不进"科学管理"不是灵丹妙药的劝告。这些三脚猫功夫的"李鬼"们打着泰勒的旗号到处招摇撞骗，把客户坑惨了，也把大师给气坏了，他唯一能做的是到处演讲，为自己正名，他在做一次演讲后回来的火车上偶染风寒，后转为肺炎。

泰勒主义最后被形象化为一个穿着白衬衫拿着秒表的男人，传说泰勒早晨起床后第一件事便是给手表上发条，而在他59岁生日的凌晨，护士走进他的房间时，发现他已经离开人世，手中握着他的表。

不可否认，泰勒主义对人类的经济与生产效率的提高起到了大幅度的推动作用，并奠定和发展了管理学，使其从此真正成为一门科学。列宁曾给予了客观的评价："泰勒制是资本主义的最新发明，同资本主义的其他一切进步的东西一样，有两方面，一方面是资产阶级剥削的最巧妙的残酷手段，另一方面是一系列最丰富的科学成就。"（《列宁全集》第27卷，237页）显然，列宁对泰勒的看法是辩证的，一方面肯定其对于提升单点生产效率的贡献，另一方面批判的是其使工人受到更大的压迫和奴役，让工作变得单调、无趣、高压、劳累，这些非人性化原因导致了人的愤怒、烦躁、不满，进而产生罢工、高流失等一系列的社会经济恶果。

管理的边缘与极限

科学研究都需要一个前提假设，例如水的沸点是 100 摄氏度，而从物理学角度，这个结论的前提假设是一个标准大气压和纯水。经济学启蒙阶段对人的假设则是"经济人"（Homo Economicus），即假定人的思考和行为都是目标理性的，唯一的试图获得的经济好处就是物质性补偿的最大化。简单说就是，假设人是理性且自私的，基于此开展经济学的研究。"经济人"的原始概念来自亚当·斯密（Adam Smith）所著的《国富论》一书。约翰·斯图亚特·穆勒（John Stuart Mill）在此基础上总结出"经济人假设"，最后维弗雷多·帕累托（Vilfredo Pareto）将"经济人"这个专有名词引入经济学。这一假设直到 1978 年才被推翻，诺贝尔经济学奖得主赫伯特·西蒙（Herbert Simon）修正了这一假设，提出了"有限理性"（Bounded Rationality）理论，认为人是介于完全理性与非理性之间的"有限理性"状态。

泰勒制是建立在后来被道格拉斯·麦格雷戈（Douglas McGregor）总结出的"X 理论"即人性本恶的前提假设基础上的。泰勒认为："最佳的管理是一门实在的科学，基础建立在明确规定的纪律、条例和原则上。"他坚持认为工人的行动应该有章可循，否则，势必造成管理的随意和生产的混乱。直至今天，对于人的"被动消极"的假设仍在延续，泰勒的思想仍然在，哪怕是在 21 世纪才涌现出的新经济领域中仍然被奉为圭臬。比如"数字笼子"——前几年在互联网送餐平台领域，出现了使用人工智能（AI）算法去监督骑手的手段，迫使他们越来越快地去送餐，通过数字手段时刻监控他们的位置，通过经济惩罚来迫使他们以更快的速度完成任务。这是一种基于监督、控制和系统中心化的思维，把人作为机器和系统的延伸，人必须服从、服务于系统的意志，和泰勒时代的唯一差别，只是监工从人变成了人工智能，监控方式变得更加全方位，无所不在、无孔不入，更加冷酷和无情。

是以人为中心，还是以系统为中心，这两种底层哲学无所不在。它们决定了产品、组织的运作方式，后者必然将人进行"去人格化""功能化""工具化"假设，而不是有自由意志、积极、主动的。

几年之前，微博（Weibo）上出现了一个事件，一位博主在遍访各地时在大量的五星级酒店入住期间，在卫生间角落里面放置了一个摄像头记录酒店清洁人员的工作流程，结果看到很多非常不堪的做法——例如使用客人洗脸的毛巾来擦马桶等。毫无疑问，这些工作人员的不当甚至违法行为并不是企业所希望发生的，这会导致企业品牌和声誉严重受损、业务重创和来自监管部门的惩罚。而为了防止这些不当行为的发生，这些企业也一定制定了详细的操作规程，并且，也会有相当完备的制度和惩罚条款，但在无监督的情况下，不当的行为并不会被发现，也不可能被惩罚，哪怕制度流程再复杂、再详细、再具体、再具威慑性，也不会对这些行为有太大的约束作用。

复杂、完善的制度和流程设定了员工行为的边界和后果，也可能告知了员工如何去做，让员工明白何为正确何为错误，组织通过广而告之，希望成员强制性遵从这些要求，但事实表明，很多时候结果适得其反，这种**控制性做法可能换来的是员工的叛逆，情绪宣泄或者报复性行为，等等。因为这被认为是对自由意志的侵犯和强制、压迫，员工会通过逆反性行为来证明自己的自由意志和自我控制感。员工的行为如果没有规范和约束，组织就会丧失秩序，进入危险状态**。这时候修补和增加制度或是流程并不能解决任何问题，因为"上有政策、下有对策"，在个体的行为过程中，制度、流程并不会起到指导和规范作用。**驱使员工做出正确、积极行为背后的内在动机，源自价值观而不是制度、流程**。既然制度和流程此时不起作用，那么采用增加"监工"的方式来监督清洁人员工作是否有效呢？问题是：如果监工不作为怎么办？那只能再增加监工的岗位，而监工的监工不作为呢？再增加监工的监工的监工吗？这就进入了一个解决问题的死循环模式，而问题也永远解决不了。原教旨主义的"**科学管理**"思想是把人**高度"物化"的**，去思想性，去人格化，就像一个工具，能够被掌握和控制。但是，人是复杂的，是有自由意志的，不可能被另外一个人或某个组织完全控制，这就是管理学的极限，也就是说，传统的管理学无法彻底解决某些问题。例如人的复杂性。现场监督的高昂成本决定了数量规模是有限的，这一做法的本质就是低效的，是一种用复杂应对复杂的错误措施。

英国牛津大学的人类学家罗宾·邓巴（Robin Dunbar）在20世纪90年代，通过研究猿猴和古代人类的部落成员数量发现：人的大脑新皮层的大小有限，提供的**认知能力只能使一个人维持与大约150个人的稳定人际关系**，这就是著名的"邓巴数"。超过这个数量的社会关系，人们就会因为超出复杂驾驭能力而丧失对于复杂数量社会关系的控制力。"邓巴数"理论，现在已经被认为是很多人力资源管理以及互联网社交网络的基础，其在人力资源管理学的重要意义是：一个领导者能直线管理的下属数量是有限的（考虑到150个的社交关系中还有大量非同事关系和同事中的上级、平级），理论上最多不超过20个，一旦超过这个数量，管理者就需要通过授权来进行间接管理，而**授权是一种信托关系，也就是基于信任的委托，因此授权的前提是信任，如果没有信任，即使授权也是低质量的，需要耗费更多的精力去监督、控制**。而如果没有共同的价值观，信任就难以形成，授权等管理成本将激增。维萨（VISA）的创始人迪伊·霍克(Dee Hock)讲："**简单、清晰的目标和原则导向复杂而有智慧的行为；复杂的规则和规定导向是简单而愚蠢的行为**。"越来越复杂的制度和流程，只会让人们的行为变得越来越愚蠢，基于简单原则的价值观管理，反而赋予了敏捷、智慧和高效。

基于几个貌似简单规则的价值观来管理有现实可能吗？在自然界有

答案：鱼群、蚁群等其社会规则是极其简单的，聚集在一起以一个统一的动态系统集体工作时，解决问题和做决策上的表现会超越所有个体。生物学和计算机人工智能学科上，将这一现象称为群集智能（Swarm Intelligence）。**个体对复杂事物缺乏理解，但当个体加入一个群体时，智能有限的个体可以获得表现超凡的群体特性，也就是"涌现"的特性**，这种"涌现"出的智慧不存在于个体之中，比如蚁群、鸟群、鱼群。这种特殊现象的本质就是：**总体智慧大于个体智慧之和，它源于个体间的互动与连接。"涌现"的特性只有整体才有，任何组成部分或个体都不具有。**鱼群这种自组织不需要依靠外部指令，个体按照相互默契的几种简单规则，自动形成有序的结构。这种**简单规则可以产生对于复杂的认知，应对重大的危机**，比如鲨鱼对于鱼群的攻击。生物学研究发现，群集智能（Swarm Intelligence）的产生，源自于**个体能够基于信任有效连接和高效分享信息，让关键信息能在群体内迅速扩散**。同时，群体内也**通过连接和沟通构建了正反馈和负反馈机制**，正反馈是一个加强正确的决策、组织行为的过程，我们可以把它想象成"滚雪球"效应。负反馈则对错误的决策、组织行为有抑制作用，我们可以把它想象成"刹车皮"效应。通过这些机制，涌现出的**群集智能（Swarm Intelligence）让组织可以高效分配资源，不断修正自己，保持正确的战略方向**！

价值观模式和制度流程模式的一个重要差别是：始终保持简单、简化作用。从总体上看，**价值观给组织带来了三大帮助：一是简化，通过简化来应对复杂；二是传递组织的战略和愿景；三是获取员工实现目标和高绩效的承诺。**

现在可以做一个假设：某天，上面案例的清洁人员有了佛教信仰，那么他做这种不当行为的可能性会降低还是提高？毫无疑问，这一信仰背后的价值观念会深刻地影响其行为，当他在做这种伤害他人利益的事情时，他的自我解释系统是如此运作的——我做这种坏事会遭到惩罚的！人本身的价值观念里对很多行为和事物原本就有的基本的是非曲直的判断，不需要来自组织的制度或流程的解释，个体也知道对错。来自外部的制度和流程对人的行为有约束力，但人的行为更依靠内在价值观驱动的自律和自驱，基于这个行为是有益的、重要的、积极的等价值判断产生行为动机。来自外部的制度和流程在每一个瞬间、每一个当下并不能约束个体的行为，真正的、也是最有效的约束人的行为的力量来自于自身，而不是外部。**自律是最好的约束人行为的方式，作为一种内在约束方式，效果远远超越外部的制度、流程，而自律的源泉来自于人的价值观。**

> 一旦你形成了某种信念，它就会影响你对其他所有相关信息的知觉。
> ——罗伯特·杰维斯（Robert Jervis），国际关系专家

自律源自于内在的价值观念，它使人们在无监督的工作下，每时每刻、无所不在地影响着人们的动机，指导着人们的行为。**价值观是潜移默化的，甚至在人们无意识的状况之下给人们以指引、约束、激励和驱动。**

符合自身价值观的行为，会引发内在的积极回应：自我认可和自我奖赏，并更容易形成重复的习惯、行为模式。心理学研究发现，做正向、积极的行为，人们甚至不需要来自外部的回报。例如，一个小朋友捡了5元钱送给了老师，如果这个老师说："小朋友你做了好人好事，奖励你5毛钱。"这个小朋友很可能会非常不开心，他可能认为这是对他积极、无私行为的侮辱，他不想把自己的行为归因为自己是为了5毛钱的回报。即使没有外部的奖赏，他也是幸福的，因为他内心有自我奖赏——他觉得自己很强大、很正向、很积极，他有强烈的内在的情感回应和自我奖励。这时候给予5毛钱的奖励，实际上会扼杀他未来有类似这样的积极、利他行为。

在社会学、经济学包括管理学意义上，公司是一个以盈利为目的的、有限责任的经济实体和组织形式，通过雇佣的方式把一群人组织在一起为了客户价值而进行协作。

两种假设，两种理念

在社会心理学意义上，企业是一个价值观共同体，而企业里面的人之所以走在一起，是因为他们在某一些方面有共识、共念和共同的价值观。正是这个价值观把企业里的人、联结在一起，让他们为了一个共同的目标而努力。

前文提到，工业时代，对人的假设是 X 理论，即人是消极、被动的，物化的，去人格的。因此，在 X 理论下，制度流程是管理的核心，一个"成熟""规范"的企业会被认为是好企业，这意味着这家企业有着尽善尽美的复杂的制度、规范和流程，而同时这家企业付出的代价是企业组织结构的僵化和反应迟钝。这套运用于好企业的"你必须"的系统，事无巨细地规范了人们必须这么干，必须那么做！如果有人问为什么必须这样，答案可能是"这是我们的最佳实践""这是最低成本的方式""这是最高效的方式"，而本质则是为了帮助企业及其领导者实现秩序感，防止管理的失控。众所周知，企业及其领导者需要通过掌握企业控制权来管理企业人员，为了保障这种控制权的长期稳定存在，需要对员工进行大量统一性、强制性的教育，如通过监督、检查、考核、惩罚来保障这种控制感不受威胁。制度、流程通常是开诚布公的，并且强制通过自上而下来贯彻执行，每当新的情境、新的问题出现，就不断做加法来修补和完善，结果就是让制度和流程进一步变得复杂和冗余，本质上这种做法叫作"用复杂来应对和解决复杂"，导致最后企业自身也驾驭不了这种复杂，从而进入发展瓶颈或倒闭。

而企业内的个体面对这些复杂的制度和流程的应对之策是什么呢？由

于人脑认知能力有限，所以习得了一种自我保护机制，那就是将复杂和冗余的外部信息视之为杂讯和垃圾，并自动忽略和遗忘。

而在Y理论下，则是一种基于价值观的管理方式，虽然人们通常不会把自己的价值观写成条文来指导自己，但是人们每一个瞬间都在基于自身的价值观来做判断。价值观是内在的，而且是自愿的，企业的领导者对于个体的价值观要做的是引导、影响、激发和赋能，人自身的自我认可、自我奖励的情感回应机制会让其产生自律、自驱动的行为模式。X理论与Y理论的区别见表2-1。

表2-1 X理论与Y理论的差别

	X理论	Y理论
适合的时代	工业时代	数字时代
人的假设	被动、消极	主动、积极
工具/人	物化、去人格化的	拥有自由意志
主要管理手段	制度、流程	价值观
内部/外部	外在约束和规范	内在自律和自驱
影响方式	开诚布公	潜移默化
遵从方式	自上而下强制贯彻	自愿认同
效果	漏洞百出	全方位、无孔不入
管理手段	监督、检查、考核	激发、影响、赋能

我们不能高估人性，但更不能低估人性。如果完全基于X理论的假设，那么企业就会变成一部冰冷的机器，而失去人性的温暖和凝聚力，进行"以复杂应对复杂"的"熵增"恶性循环。当一家企业只有制度和流程，而没有信任，那么授权、沟通、协作、合作、交易成本就会变大，相应的企业的管理成本也会激增。本着"用复杂解决复杂"的一贯原则，这类企业通常会通过细化制度和增加流程来试图消除这种不信任的局面，但结果却是在冗余、繁复的制度和流程下，企业变得僵化和迟钝，逐渐失去了创新能力和灵活性。

> 如果管理层不将员工视为有价值、独特的个体,而是把他们当作利用完后可以随意丢弃的工具,那员工也会仅仅将企业看作发工资的机器,除此之外再无其他价值或意义。在此情况之下,很难做好工作,更别提乐在其中了。
>
> ——米哈里·希斯赞特米哈伊（Mihaly Csikszentmihalyi），著名心理学家

在工业时代，组织通过增加规章、制度、流程来控制和处理错综复杂的情势，而其副作用就是企业会变得僵化、迟钝、缓慢，抑或是通过精细的分工来降低个体的复杂性来提高效率，但工作会变得机械、枯燥、乏味。而未来通过固定的书面条款已经无法适应日新月异的变化（以不变应万变或以复杂应对复杂，即以固定不变或者更多更复杂的制度、流程应对内外部的日益复杂），通过精细的分工，最后提供的标准化产品将无法满足未来客户个性化、差异化的需求，因此转变为原则、信任、赋能和价值观管理是现代领导者最重要的未来思维之一，这是应对纷繁复杂现实的简化和抽象化应对策略。价值观与制度、流程的差别见表2-2。

表2-2 价值观与制度、流程的差别

	价值观	制度、流程
人的假设	基于人是可靠的假设	基于人是不可靠的假设
行为动力	内在动机:我希望怎么做	外部压迫:组织要我怎么做
遵从方式	自律、自愿遵从	被迫遵从
动机影响	导向	抑制
规范行为的方式	群体压力	惩罚压力
复杂度	简明扼要	时间层累后导致繁复、冗余
组织作用	黏合剂	沙砾
反消极机制	主动免疫系统	被动的条文
排异反应	主动排异	后置被动强制手段
解决复杂的方式	少即是多	以复杂（的制度）解决复杂（的问题）

续表

	价值观	制度、流程
信任的促进	促进信任	无法构造信任
优点	适应变化、灵活	一致性高，偏差低，对人要求低
缺点	存在不确定，对人要求高	复杂容易遗忘，压迫创新，适应性差

世界已经进入了数字时代，人才的服从性已经远远低于历史上的任何一代人，这是所有企业领导者必须认识到的一个重要的社会学底层规律的颠覆——现在的员工对于权力、权威有着本能的抗拒，对于自上而下的命令有着天然的抵触，倾向于挣脱规章制度和流程的束缚见表2-3。因此，组织让人才能产生更多绩效，要做的不是更多地施加外在压力和约束，而是需要激发他们的意义感、内驱力，同时，让他们产生自律。自律有时不是天生具备的，有时是受到人所在群体的影响的——近朱者赤，近墨者黑。群体环境会对人的行为产生无形的压力和约束，个体如果有与群体不一致的思维、行为，就会自然地产生"孤立感""挫折感""不安全感"，然后，就会自然而然地改变自己的观点、行为，希望与群体中的优势意见保持一致。当群体有了一致的思维、行为准则，价值观才真正形成，它会在无形中影响新加入群体的每一个个体，**价值观对于群体中的个体在无监督工作时可以指引、约束、驱动，形成主动、重复的习惯以及情感回应。个体做出符合群体价值观的行为，自身就会获得积极的情感回应，并获得群体的认可，继而不断地强化这样的行为，从而塑造自身的行为模式和习惯**。组织价值观是一种无形的"场"，潜移默化中改变着个体，它提供了向心力，赋予集体意愿以意义。高效的组织是通过原则而非制度和流程进行领导和管理，组织应根据实际情况，灵活、因地制宜地把这些原则应用到实践中去。

表2-3　过去和未来的思维在管理模式方面的巨变

	过去的思维	未来的思维
管理基础	强调制度	强调人本
公司	以营利为目的有限责任的经济实体和组织	价值观共同体
人性的假设	消极、被动地	积极、主动地
管理方式	通过规章、制度、流程来监督、控制	运用价值观去激发、影响、赋能
组织复杂情势的处理	增加规章、制度、流程来控制和处理	包容、开放，转变为信任、赋能和价值观管理
价值观形态	封闭于组织内部	组织与社会价值观形成对流
商业道德和价值观要求	企业自身	企业所处的供应链、商业系统
价值观的影响方向	自上而下的力量	自下而上、横向和自外而内的力量
价值观惩戒规则	"刑"不上高管	超越了权力、层级的公平对待

基于价值观的管理方式不是对于制度、流程的替代，而是一种补充和完善。二者并不是对立和冲突关系，也不需要做取舍，而是要双管齐下，相互融合运用。"此岸"和"彼岸"很多时候不是对立的，两种对立的理论或观点也许都没有错，而是有其对应的适用范围，组织要做的就是思考其适用的范围和对象，并在两种对立的观点之间权衡。这并不是妥协，正如公平和效率问题，**绝对的公平就会导致失去效率，绝对的效率优先就会导致丧失公平**，而采用折中的做法并不会兼顾公平和效率，在客观事实中，没法做到完完全全的不偏不倚，正确的做法是在匮乏时需要偏重效率，在富足时需要偏重公平。经济过度自由放任时会导致失控，这时需要采用"凯恩斯"主义，经济管控过度丧失活力时需要偏重"哈耶克"主义。只有从泾渭思维走向融合思维，才能到达最高的智慧状态。因为**真理不在两端，也不在正中间，真理不是静态，而是在两端呈动态游走**。

本章要点总结

✓ 共同价值观管理模式是一套基于信念的群体心智模式、态度和行为模式，可以自我生成、自我演绎的有生命力的社群治理体系。

✓ 控制性做法可能换来的是员工的叛逆，情绪的宣泄或者报复，等等。因为这被认为是对自由意志的侵犯和强迫，员工会通过逆反性行为来证明自己的自由意志和自我控制感。员工行为如果没有规范和约束，组织就会丧失秩序，进入危险状态。

✓ 人类学家罗宾·邓巴（Robin Dunbar）发现：认知能力只能使一个人维持与大约150个人的稳定人际关系。

✓ 授权是一种信托关系，也就是基于信任的委托。因此，授权的前提是信任，如果没有信任，即使授权也是低质量的，需要耗费更多的精力去监督、控制。

✓ 维萨（VISA）的创始人迪伊·霍克(Dee Hock)认为："简单、清晰的目标和原则导向复杂而有智慧的行为；复杂的规则和规定导向是简单而愚蠢的行为。"

✓ 个体对复杂事物缺乏理解，但当个体加入一个群体时，智能有限的个体可以获得表现超凡的群体特性，也就是"涌现"的特性。

✓ 总体智慧大于个体智慧之和，它源于个体间的互动与连接。"涌现"的特性只有整体才有，任何组成部分或个体都不具有。

✓ 简单规则可以产生对于复杂的认知，应对重大的危机。

✓ 个体能够基于信任有效连接和高效分享信息，让关键信息能在群体内迅速扩散。

✓ 群集智能（Swarm Intelligence）让组织可以高效分配资源，不断修正自己，保持正确的战略方向！

✓ 价值观给组织带来三大帮助：一是简化，通过简化来应对复杂；二是传递组织的战略和愿景；三是获取员工实现目标和高绩效的承诺。

✓ 自律是最好的约束人行为的方式，作为一种内在约束方式，效果远远超越外部的制度、流程，而自律的源泉来自于人的价值观。

✓ 价值观是潜移默化的，甚至在人们无意识的状况之下指引、约束、激励和驱动。

✓ 符合自身价值观的行为，会引发内在的积极回应：自我认可和自我奖赏，并更容易形成重复的习惯、行为模式。

✓ 没有了信任，不仅是授权、沟通、协作、合作、交易成本最大化，组织的管理成本也会激增。不信任的结果就是，制度和流程变得越来越冗余、繁复，束缚组织的创新能力和灵活性，导致僵化、迟钝。

✓ 价值观对于群体中的个体在无监督工作时可以指引、约束、驱动，形成主动、重复的习惯以及情感回应。个体做出符合群体价值观的行为，自身就会获得积极的情感回应，并获得群体的认可，继而不断地强化这样的行为，从而塑造自身的行为模式和习惯。

✓ 绝对的公平就会导致失去效率，绝对的效率优先就会导致丧失公平。

第三章
价值观从何而来?

每一个刹那间的判断

如果您今天约一个人吃饭，可能有两个结果——那个人来，或者不来。如果不来，只有一个原因，就是对方觉得另外一件事情比跟您吃饭更重要。因此，没时间永远是不重要的借口。人们在做出每个判断背后、每个行为背后都有价值评估，可以理解为人倾向于趋利避害：哪个对自身更重要？哪个更积极，哪个有利？每一个判断、选择背后的基准、标尺就是人们的价值观。

价值观存在于人们工作、生活的每一个瞬间、每一个时刻、每一个判断、每一个动机、每一个行为中，人们未必会把其价值观表达出来，但它却表现出典型的泛在性（Ubiquitous）——广泛存在，无所不在。

价值观是人们对于事物做出的认知、理解、判断、选择、判断重要性、意义和是非的一种取向。价值观是人们动机的源头，而动机则是激发和维持行为的心理倾向或内部驱动力，价值观激发行为，为个体指向目标，维持和调节行为的强度和方向。而**一个人的绩效，是其在一定时间内行为总和的结果，一个组织的成效则是其群体的行为总和所致。**

价值观对于人的行为模式具有间接和决定性作用，并对其绩效有重大影响。如果行为与自身价值观不一致，个体会进入认知不协调状态。克劳德·斯蒂利的自我肯定理论（Self-Affirmation Theory）认为：**失调的行为会令人尴尬，它使人觉得自己愚蠢和不诚实、不可靠，破坏其自我效能感和善良感。因此，符合价值观的行为和决定其实是一种自我肯定，保护和维持了人们的自信和自我价值。**

如果一个人的价值观是唯利是图，在其信念里，钱是最重要的，至于获得方式则是无关紧要的，那么其不择手段赚钱的可能性就会大增，因为价值取向决定其最终的行为模式。而组织的价值观，也决定了其成员的行为，例如那些制造三聚氰胺牛奶的企业，其道德水准必然是低下的，代表着损人利己的价值观念。组织有着什么样的价值观，实际上也决定了留在这个组织的是一群什么样的人。

迪士尼（Disney）公司的创始人华特·迪士尼（Walt Disney）说："当你知道自己的价值观是什么的时候，决策就不是一件困难的事情。"遗憾的是，很多时候人们并不能清晰地表达自己的价值观是什么，虽然事实上每个人都拥有，而且，在每天做出的成千上万的判断和选择中都在使用它。

那么价值观从何而来？这要从人脑运作的生理机制说起。人类身处的世界是复杂的，每天人们需要接收大量的信息，这其中大部分是无用信息。虽然大脑占据人体总量大概只有2%，但是却耗费了人体能量的20%以上，相对于其他器官而言，极为耗能，并且存储和处理资源有限。例如人们上班，一路上坐地铁的过程中，看到的面孔有成千上万，但大脑的机制是可以选择自动忽略和遗忘，以降低自身的耗能和负载。如果超过其处理能力极限，进入过载（Overload）状态，就会进入疲劳、焦虑、烦躁甚至易怒的负面情绪状态。这种状态下，人们倾向于短期导向和简单选择，也就是不想搞清楚那么多的信息、原委、背景，会下意识地做一个决策或选择，思维捷径和简单选择这种大脑"偷懒"模式降低了负担。这种模式和遗忘一样，是进化的结果，是存储资源和处理带宽有限的现实和必要选择。大脑自动过滤、遗忘一些信息，以保持其自身的可靠、稳定和持续的活力、高效。

人们在遇到任何事物时，大脑就会进入判断、选择模式以决定下一步的行为，基于资源和带宽有限性，在瞬间就完成了"好—坏""对—错"；"安全—危险""有用—无用""重要—次要""积极—消极"的二元判断。

这种模式在人类的幼儿时期就开启了。例如，看到一部电影里的人们，小孩会向父母询问："这个是好人还是坏人？"成年人知道，世界其实是复杂的，并不能简单地用好、坏来定义一个人，好人有时候也会干坏事，坏人也会干好事。但大脑没办法处理那么多的信息并进行详细的分析，大部分时候只能做简单选择，也就是处于低认知模式。

当人们试图去了解那些细节，采用复杂的演算、运算、判断、推导的方式，称为理性模式。理性模式对于人类而言，不过数千年之久，而简单选择、思维捷径模式则已经经历了几十万年的进化，所以后一种模式的速度更快。人们在看到一个人的时候，已经通过直觉判断出这个人可信，这人是好人，之后再通过搜集信息做出理性判断，因此理性判断是修复人们直觉判断错误的一种机制。**价值观是人脑的一套识别、分类过滤和遗忘机制，它的核心作用是为了降低我们大脑的负荷，防止超载。**

价值观是一套把复杂的世界，冗余的信息进行简单化处理的一套机制，帮助人类处理重要的、有意义的、有价值的部分，剩余的无用信息、杂念则被忽略、过滤。因此，价值观的本质是我们人脑过滤和处理的重要机制。

有一种常见的心理疾病叫抑郁，其本质是人的内心丧失了自我价值感和意义感，对外部世界完全失去了兴趣，变成退缩、哀怨、消极的解释风格。在某种程度上，可以把抑郁症这种缺乏了构建价值和意义的情感能力的病症理解为与人们价值观系统相关的心理和生理部分出现了情感障碍和系统故障，因为价值观是用于判断什么是有意义和有价值的，抑郁症状下的判断总是没有意义，没有价值，或者都是负向的价值和意义。由于负面思维、消极行为、恶劣的心境还会传染，因此还会导致出现社会性拒绝，产生更加强烈的孤独、无助，不安全的感受，并导致抑郁进一步加重。

人类如何认知世界

前文提及的价值观是人类由进化形成的处理与外部世界关系的机制。那与外部世界有关的信息从何而来呢?

主要来自两套系统,一套就是感觉(Sensation)系统(见图3-1),另一套叫知觉(Perception)系统。

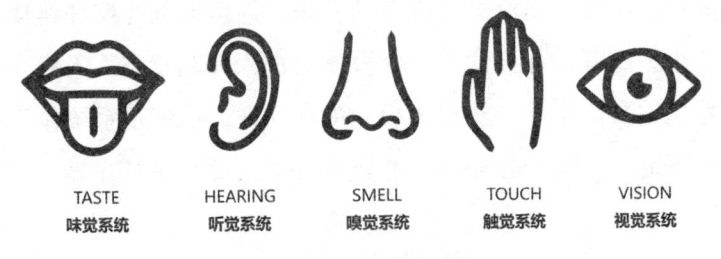

TASTE	HEARING	SMELL	TOUCH	VISION
味觉系统	听觉系统	嗅觉系统	触觉系统	视觉系统

图3-1 五大感觉系统

感觉系统指人类的味觉(Taste)、听觉(Hearing)、嗅觉(Smell)、触觉(Touch)、视觉(Vision)这五套感觉系统。

如果把人脑当成一台计算机,那么这五套感觉系统就是输入(Input)部分,而行为(Behavior)则是输出(Output)部分,人脑的信息处理(Process)部分则是换能(Transduction)和价值观相关的判断和选择机制部分。换能是人脑把从感觉系统获取的外部信息转化为大脑内的神经信号的机制,具体的处理过程如下(见图3-2)。

输入 INPUT → 处理 PROCESS → 输出 OUTPUT

图3-2 信息处理过程

这三套系统并不是割裂的,而是相互联系、融合的一个整体。通过一个简单的个人实验就能验证。比如闭上双眼,单脚站立,看自己能保持多久?作为对比,睁开双眼,单脚站立,再看自己能保持多久?

大部分人在闭上双眼的情况下,保持单脚站立的时间不会超过10秒。大脑从视觉系统获得外部的信息,大脑的换能(Transduction)机制转换为神经信号,小脑通过大脑、脑干和脊髓之间丰富的信号传入和传出联系,大脑通过神经系统参与和协调肌肉张力的调节,保持躯体平衡。如果没有感知信号输入(Input),后续的处理(Process)和输出(Output)机制就无法有效工作。人们对自己身体的平衡控制在没有外部信息的获取和反馈的情况下,视觉对于维持平衡则不可获取。这意味着,情境(提供给人信息的周边环境)对人类行为有着巨大影响。例如,将人放在一个昏暗的舞厅中央,播放震耳欲聋的音乐,周边人都在疯狂跳舞,如果不允许这个人离开,那么这个人大概率会进入舞蹈状态。人们是基于外部的信息反馈来决定下一步行为模式的。同样,价值观系统作为一个人脑的处理机制,依靠的是人的感觉(Sensation)系统的信息输入才能有效工作。

斯坦福大学(Stanford University)的福格教授(BJ Fogg)开创了一门新的学科,叫行为设计学(Behavior Design)。这门学科最重要的核心模型的公式是:M=mat,它的意思是行为(Behavior)是由动机(Motivation)、能力(Ability)和触发提示(Trigger)三种影响形成的。动机源自于人的内在需要和价值观,而行为主要指一个是否具备做某件事的技能和力量以及行为背后成本的大小。例如,请一个人吃饭,使用两个距离选项,一处距离对方50米,一处距离50千米,对方赴宴的可能性哪个更大?毫无疑问,后者赴宴的经济成本、时间成本,放弃的概率更高。比如使用智能手表给我们坐得太久需要站立的健康提示,就属于第三个行为变量——触发提示,当这三个变量都是积极的时候,行为大概率就会发生。所以,我们有的时候去控制别人的动机,有的时候去降低他的行为成本(见图3-3)。

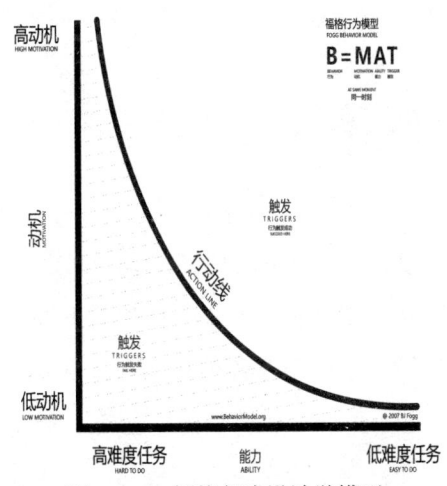

图3-3　BJ福格行为设计学模型

在App"今日头条"负面，每一篇文章下面的每条评论的右上角，都有一个大拇指形状的用来点赞的按钮。只要点击它，满屏幕就会出现天女散花一般的巨大点赞图标，而且有的手机还会震动。设置这个特效的意义是什么呢？人做出一个行为可以获得强烈的视觉和触觉反馈，这就刺激了两个感官通道，属于"触达重叠"(Reach Overlap)模式。研究表明，这种**即时反馈模式会大幅提升人们行为的发生概率，甚至表现出上瘾症状**（见图3-4）。

现在我们可以发现，人们通过感觉系统获得的外部信息对于人们的行为之间是有密切和重大的影响的，不过这其中还需要经过知觉、价值观、动机三种机制的转化，才能间接影响。

图3-4　从认识到行为

知觉（Perception）系统与意义

在图3-5中，本质上其实是由二维上的一些线条构成的图形，但是人们看到后，都会把其理解为是一个立方体。这是我们的知觉系统在起作用，把一个感觉到的二维图形转变为三维图形去认知，知觉系统建立了人的意义感。

知 觉
PERCEPTION

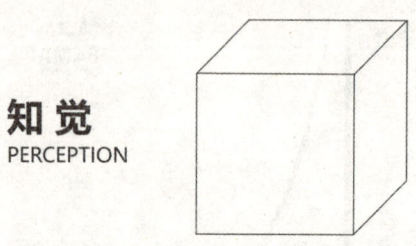

图 3-5 从感觉到的平面上的线条到知觉构建成立方体

知觉系统有几个建立意义感的方式，比如邻近性、相似性、同域原则等，这些原则的测试被大量应用在各种智商测试里面，所以知觉系统是智商的一部分，这部分能力可以在后天改善，它是以先天为主（见图 3-6）。

A.邻近性

B.相似性

C.同域原则

图 3-6 知觉的规律

在图 3-7 中，人们视觉（Vision）系统获得的信息是静态的，但是知觉（Perception）系统会对其进行加工，经过长时间紧盯后，大脑获得的信息认知是不断在旋转，类似的情况还有颜色视觉错觉、大小和位置错觉，也叫艾宾浩斯错觉（见图 3-8、图 3-9）。

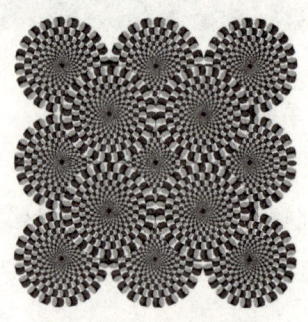

图 3-7 静态还是动态

图 3-8　颜色视觉错觉：水彩错觉（方格里面好像和周边背景颜色不同）

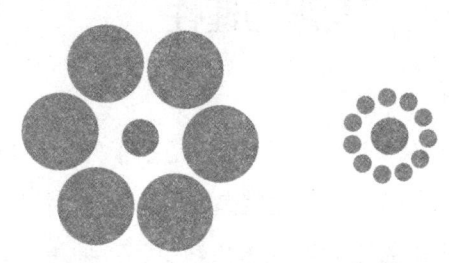

图 3-9　大小和位置视觉错觉：艾宾浩斯错觉（右边的橘黄色圆点好像比左边的大）

所以，当感觉（Sensation）系统获得来自外部的真实且客观的信息后，我们的知觉系统将其加工（海量神经计算）形成大脑认知，这是一个意义构建、重新编码、加工、理解的过程，是客观到主观的过程，很多时候也是一个"欺骗"的映射过程。虽然都说眼见为实，但是经过知觉处理过后的已经不是客观事实，而可能是谬误了，比较常见的是缪勒莱耶错觉（见图 3-10）。

缪勒莱耶错觉
Muller's illusion

图 3-10　缪勒莱耶错觉

而价值观又是构建在人的知觉系统之上的，是基于知觉系统所建立的意义，价值观再进行判断、过滤、筛选，对有意义和有价值的部分产生行为动机。

总结来说，感觉系统是基于原始刺激的一种输入，通过换能将信息外部刺激信号转化为神经信号。而**知觉是对于刺激进一步整理、解释、分析和建立意义感的过程**。

有限的理性

统计表明，人类80%的决策、决定，是基于知觉—价值观系统这样的直觉模式做出来的。反过来说，也就是80%的决定并非理性。这种模式下，人们先基于下意识来做出判断或得出结论，再搜集符合这个判断或结论的证据，自动忽略、排除不符合的证据，从而强化此前的判断和结论。而理性模式则是先收集论据，再推导出结论，最后才形成判断和结论。著名的社会心理学家乔纳森·海特（Jonathan Haidt）在其著作《象和骑象人》中把内心的感觉、本能反应、情绪、直觉比喻为大象，这是一种自动化力量，而把意识控制后的思考——理性比喻为骑象人，是人的一种控制性力量。理性作为一个控制性、修复性机制，大部分情况下可以驾驭"大象"，但也有例外，比如在人们情绪失控时。

关于人的假设，是管理学、社会学、心理学、经济学的研究基础。"经济学之父"亚当·斯密（Adam Smith）在其经济学奠基之作《国富论》（*An Inquiry into the Nature and Causes of the Wealth*）中，对人的假设是"自私且理性"的。亚当·斯密说："每个人都试图应用他的资本，来使其生产品得到最大的价值。一般来说，他并不企图增进公共福利，也不清楚增进的公共福利有多少，他所追求的仅仅是他个人的安乐，个人的利益，但当他这样做的时候，就会有一双看不见的手引导他去达到另一个目标，而这个目标绝不是他所追求的东西。由于追逐他个人的利益，他经常促进了社会利益，其效果比他真正想促进社会效益时所得到的效果为大。"正是这只被他隐喻为"看不见的手"（Invisible Hand），基于此构建了经济秩序。

图3-11 "经济学之父"亚当·斯密（Adam Smith）

现代边际效用理论的创始者、奥地利著名经济学家卡尔·门格尔（Carl Menger）将"看不见的手"称为"对社会现象的有机理解"。20世纪最具影响力的经济学家及社会思想家、1974年诺贝尔经济学奖得主弗里德里希·哈耶克（Friedrich Hayek）称之为"自发的秩序"。

图3-12 弗里德里希·奥古斯特·冯·哈耶克（Friedrich August von Hayek）

在经济学、政治学、管理学、社会学、心理学、运筹学、计算机科学领域都是大师级的赫伯特·西蒙（Herbert Simon）博士，深刻指出了存在于经济学理论中的"绝对理性"的谬误，他认为：①假定目前状况与未来变化具有必然的一致性；②假定全部可供选择的"备选方案"和"策略"的可能结果都是已知的。事实上，这两点在现实中都是不可能的。他提出以"有限理性"（Bounded Rationality）的"社会人"（Social Man）代替"完全理性"（Complete Rationality）的"经济人"（Economic Man），二者的差别在于"经济人"试图寻求最优，而"社会人"则寻求满意，也就是寻求一个令人满意的或足够好的就行了。有限理性和满意性纠正了传统的完全理性假设的偏激思维，让对人的假设更符合现实世界的人的特性。举个例子，当初奥巴马当选美国总统，中国的一只"奥马电器"股票涨停，而到了特朗普当选美国总统，中国的另一只"川大智胜"股票涨停，这些股票和谁当选美国总统有关系吗？当然是毫无关系！这就是典型的金融市场不理性的典型范例。在斯塔夫·勒庞（Gustave Le Bon）的著作《乌合之众》中，我们可以看到更多人们不理性的例子。例如，人形成群体后，因为风险转移和风险分散，就倾向于进入群体不理性，开始走极端，平时个人不敢做的事情却在群体里做得出来。

人的行为大部分时候是知觉—价值观这一直觉模式驱动的，只有少部分行为是被理性控制和修正过，也就是理性模式，二者之间的区别见表3-1。

表3-1 直觉模式和理性模式

直觉模式	理性模式
通过直觉、价值观模式简单选择	搜集信息、分析、思考推理得出结论，做出判断
毫不费力	耗费大量时间和精力
模糊概略的感觉	精准地了解判断

假设现在听说有一种手机叫"草莓"手机，那么处于直觉模式的人这时候的感觉是通过下意识判断："没听说过，一定是一个山寨货。"然后忽

略。这种模式下，苹果、三星等品牌处于优势地位，人们对于新品牌不了解，也不想了解，简单做出基本判断。在直觉模式下人们通过品牌做出判断，品牌本质是一种感觉或心智定位，一种概略的认知。对于新品牌，如果不能帮助消费者切换到理性模式就会始终处于严重的不利地位，而前面我们提及，人脑一般倾向于这种节能降耗的直觉模式，那怎么帮助人们切换到理性模式、专家模式呢？一般通行做法就是，使用对比表来帮助消费者进行模式切换，比如对方的手机屏幕是怎么样的，我们的手机屏幕是怎么样的，对方的存储空间多少，我们的存储空间多少等细分指标逐一对比，降低对方进入理性模式的认知负担和成本。这样就有可能把人们从对于现有口碑有利的模式转换到对于新品牌有利的模式。通过比较分析，消费者可能得出一个结论：这种"草莓"手机虽然没听说过，但是性能也不差，价格还更实惠，我为什么不买呢？

社会心理学研究发现，**直觉模式下的人更合适于外周路径说服模式，而理性模式下的人，适合中心路径说服模式**。不过前者效果可能是短期的，后者的说服效果是持续性的，二者的具体表现可以参考图3-13。

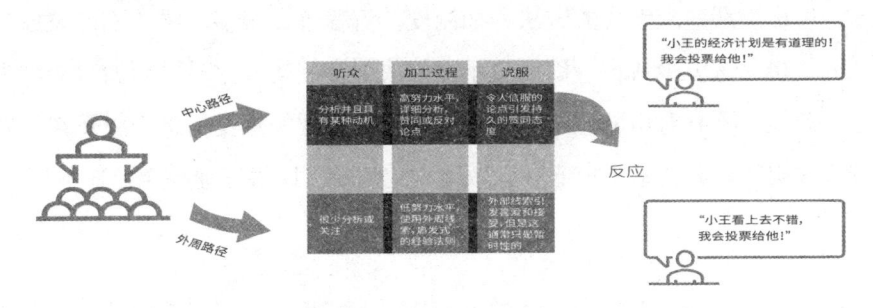

图3-13 说服的中心路径模式和外周路径模式

越战时期，美国的报纸写了很多评论性的文章，通过摆事实和数据分析的方式来说明结束越战的必要性，却没有形成强大的反战氛围，但是当一张照片公布后，人们看到远处战火纷飞，近处孩子衣不蔽体、满脸惊恐的状态后，公众迅速形成了强大的反战力量，这就是典型的外周路径说服模式。2015年，3岁的叙利亚小男孩阿兰·科迪（Alan Kurdi）跟随家人偷渡却不幸在海上遇难，他的身体伏尸于滩头的照片震惊了欧洲的公众，也影响了各国的难民政策。

一个心理学的实验证明，很多时候理性说服并不能奏效，反而是感觉—直觉—价值观这样的直觉模式更为有效。比如，向一群人募捐，一种说服方式是"如果您捐助100元，就能资助10000个X国的贫困儿童吃饱晚饭。"后一种说服方式是，"在X国的一个叫Y的小村庄，有一个叫Z的小男孩，因为贫穷，他每天只能睡在泥地上，也吃不饱晚饭，每天夜里肚子饿得咕咕叫，躺在地上翻来覆去地睡不着，只能起来喝大量水来缓解饥饿，如果您能捐助100元，就可以帮助他在下一个月吃饱晚饭。"实验证明，虽然两种方式的目的相同，但后一种方式下捐助数量比前一种高出了一个数量级。前者引导人们进入了理性模式，后者的场景感让人们自行想象进入了价值观——直觉模式，并激发了相应的情感。

我们简单地总结一下，**价值观是基于人类的生理规律，来自于人脑的节能降耗机制，就是思维捷径**，人们都是下意识地做出判断的，人们80%的决策行为是知觉、情绪等在起作用，而并非理性。

组织里那些理性化的做法，如制度、流程等，很多时候并不能被成员认同，也无法说服成员，因而也不能解决很多问题，这种强制力只会带来上有政策、下有对策的做法。而视觉等方式呈现的感觉信息，引发知觉系统方式构建意义，基于价值观念做出直觉判断可以很好地补充上述不足。

本章要点总结

✓ 价值观存在于人们工作、生活的每一个瞬间、每一个时刻、每一个判断、每一个动机、每一个行为中，具有高度的泛在性（Ubiquitous）。

✓ 一个人的绩效是其一定时间内行为总和的结果，一个组织的成效则是其群体的行为总和所致。

✓ 失调的行为会令人尴尬，它使人觉得自己愚蠢和不诚实、不可靠，破坏其自我效能感和善良感，因此符合价值观的行为和决定其实是一种自我肯定，保护和维持了人们的自信和自我价值。

✓ 价值观是人脑的一套识别、分类过滤和遗忘机制，它的核心作用是为了降低我们大脑的负荷，防止超载。

✓ 价值观是一套把复杂的世界，冗余的信息简单化处理的一套机制，帮助人们处理重要的、有意义的、有价值的部分，剩余的无用信息、杂念则被忽略、过滤。

✓ 即时反馈模式会大幅提升人们行为的发生概率甚至表现出上瘾症状。

✓ 知觉（Perception）是对于刺激（Stimulus）进一步整理、解释、分析和建立意义感的过程。

✓ 直觉模式下的人更适合于外周路径说服模式，而理性模式下的人，适合中心路径说服模式。

✓ 价值观是基于人类的生理规律，来自于人脑的节能降耗机制，就是思维捷径。

第四章
价值观为何会影响
个体与组织的成功?

柯达衰落的深层原因

投资领域有一个最重要的概念——"配置"。比如2000年，某个人拥有100万元人民币，当时有两个选择：一是在北京或是上海这种一线城市购买一套房；二是在某个三四线小县城买一套房。这两种不同的资产配置方式如果放在20多年后的今天，其个人财富可能相差数倍甚至数十倍。这几十年的时间，他的资产配置就已经导致结果、收益、成效的巨大差异。

在商业界有一个经典的类似案例就是柯达。1975年，在一群才华横溢的天才组成的技术攻关小组帮助下，柯达的工程师史蒂文·赛尚（Steven Sasson）利用电荷耦合器件发明了世界上第一台数码照相机和第一台数码录音设备。这台数码照相机的尺寸大约为烤面包机大小，重量则高达3.5千克，分辨率仅为0.01像素，最多能够拍出30张黑白数字图像。它还能把拍下来的数码照片储存在当时特有的，也是那时候唯一可以永久保存的存储设备——盒式磁带上。据赛尚后来回忆道，"在不用相纸印刷的情况下把它们的影像投射到电子屏幕上。1976年，我在柯达内部展示时就是这样做的。我还准备回答很多问题。我认为他们会问我一些技术方面的问题，例如，你是如何发明这个设备的？这台数码相机的工作原理是怎样的？等等。但是事实上，根本没有人问我这类问题。他们的问题是，这种相机什么时候才会迎来它的黄金时期？为什么会有人想在电子屏幕上看自己的照片而不是相纸上？"20年后的1996年，柯达的员工数量已高达14万人，作为一家以化学产品和纸张产品为主要业务的公司，在美国，柯达已经控制了90%的胶卷市场，并占据了5%的相机市场份额。2000年之后，全球数码相机市场连续高速增长，与原来相比增长了近2倍，而全球相机胶卷的需求则以每年10%的速度急速下降。2002年，柯达的数字化率只有25%左右，而竞争对手富士胶片已达到60%。随着数码相机和智能手机的崛起，2003年，柯达宣布停止投资胶卷业务。2004—2013年，柯达公司仅在2007年实现全年盈利，公司市值也从1997年2月的310亿美元下跌到2011年9月的21亿美元，14年时间里市值蒸发高达近94%。2012年1月19日，柯达公司提交了破产保护申请，这意味着该公司筹集资金进行业务转型的所有努力宣告失败。2013年5月，正式提交退出破产保护计划；到2013年8月20日，美国联邦破产法院批准柯达脱离破产保护、重组为一家小型数码影像公司的计划，柯达在当年9月3日正式退出破产保护。

很多人认为，柯达之所以走到如今这一步，原因是当时柯达的高管们已经忘记了数码相机技术；他们看不到数码相机才是未来；他们不能理解数码技术指数级的增长曲线和跳跃式的增长模式；柯达缺乏创新能力；也有人认为是柯达高管们认为数码相机将会削弱其自身的化学产品业务和胶卷业务，认为推出数码相机会导致自己"左手打右手"，迫使公司卷入自己与自己的竞争当中，因此他们雪藏了这项技术，结果柯达在胶卷相机转向数码相机的大潮中败下阵来，被市场逼入了绝境。

实则不然！作为行业霸主，其管理层不可能愚昧、短视到不知道数码相机是未来，而且这家公司也不缺乏创新意愿和创新能力，否则无法解释为何这家公司发明了划时代的数码相机技术。但是新的技术、产品在开始阶段都会有一个长期的低效期，在这一初始阶段，新产品的可靠性、稳定性、成本可能还不如上一代成品，也不为客户所理解和接受。因此，相同的资源投入到传统技术、产品中如果回报远大于新技术、新产品，这就让公司承担了巨额的机会成本。在短期回报、长期回报二者均衡时，企业很多时候会倾向于短期，因为股东、投资者更多时候是基于短期的季度财报来评估投资，资本的本性是贪婪、短视、嗜血的，会向投资对象施加巨大的压力，迫使其根据资本的意志行事。如果企业选择向长期收益倾斜，资本会考虑抛弃他们，选择当下能让自己迅速产生最大化回报的标的。当时，柯达公司存在三种配置方法：一是资源全部或大部分配置在数码相机这一未来业务上,结果是公司短时间收益大幅度下降,但长期的前景一片大好;二是资源全部或大部分配置在胶卷相机上,结果会是短期收益最大化,但长期前景堪忧甚至被淘汰;三是相对的平衡配置。结果众所周知,在资本强大的短期压力下,当时的柯达管理层只能接受资本的短期意志,选择第一种方法,因为如果不这样选择,管理层会遭受被资本剔除出局的风险。因为这一失败并非因为不具备创新能力、也不是因为愚蠢到不知道未来的方向,而是资本意志的资源配置不当。**资源的配置决定了短期和长期的回报,也决定了公司的前途命运和生死存亡。**

一个组织的成败或兴亡,是其所有的成员在一段时间内所有行为的总和的结果。**如果组织成员在这段时间内的行为总体是正确的、积极的、有效的,这个组织就会欣欣向荣;如果组织成员在这段时间内的行为总体是错误的、消极的、无效的,那么组织就会走向失败甚至土崩瓦解。**

价值观与机会成本

由于人们的行为是由其动机驱动,动机则是其价值观筛选、过滤、选择后的结果。这一行为做还是不做,甚至怎么做,和值不值得做,都是在一系列下意识判断中完成的。因此,没时间做永远都是不重要的借口!一个人对我们说他很忙,没空做某件事,本质上是指这件事对他不重要、没有价值、没有意义,他的时间愿意花在另外一件其自认为更重要、更有价值、有意义的事情上。不同的价值观,意味着人可能会把时间和精力分配到不同的事情上,这就会产生机会成本(Opportunity Cost),即"有得必有失"——获得某种收益的机会时所付出的代价,因为人的时间和精力是一种稀缺性资源,一旦选择配置在某个方向上以获得收益,就放弃了其他方向上获得收益的机会。人作为决策者的最重要任务就是,对资源的运用进行科学化的选择,即合理配置资源。有限的资源要运用到最有价值、最能创造价值的方向，或者说，要将有限的资源配置到付出代价最小的方向。

> 在任何场合，企业的资源都不足以利用它所面对的所有机会或回避它所受到的所有威胁。因此，战略基本上就是一个资源配置的问题，成功的战略必须将主要的资源用于利用最有决定性的机会。
> ——威廉·科恩（William Coen），科恩国际战略咨询集团创始人

而一个人的成就，由一定时间内的时间和精力如何配置决定，只有长期投入、专注在正确的事情上，才能取得重大成就。而事物的重要性、价值、意义是完全主观意义的判断，不同人的判断完全不同，甚至同一个人在不同时空、情境对该事物的判断也是不一样的。例如，常态下一个人是不可能愿意用100克金子换取100克水的，但是换一个情境，当这个人在沙漠上渴得奄奄一息，生命垂危，那么他对于100克金子和100克水的重要性和价值的判断就会截然不同。

组织的制度、流程对组织的成功构成的影响则相对有限。人们很少见到一个公司因为制度、流程，或是因为规范健全而成功的，否则其他公司进行简单的模仿、复制也能成功。制度告诉人们的是不能做什么，不能这么做，不能那么做，它是一个红线、高压线，不能触碰；流程告诉人们的是必须这么做，不能那么做。制度、流程都是刚性的、无生命力。**价值观是附着于人本身，它引导做还是不做，怎么做，这么做很重要，这么做的意义是什么。制度、流程是外部约束性的"不能做""要我做"的体系，而价值观是内在驱动性的"我要做"体系**，二者截然不同。牛顿在做实验时进入了"心流"状态，把手表当成了鸡蛋放在锅里煮了，这种废寝忘食、聚精会神的工作绝不是缘于压迫性的制度、流程，而是内在动机的驱动。这种由其价值观包含的重要性、价值、意义驱动科学家配置了更多的时间和精力到研究、实验上，从而取得了研究成果和实现了科学突破。

价值观决定了人们行为的导向，而行为决定个体的绩效，个体绩效的总和影响了公司的总体业绩。毫无疑问，群体价值观与组织的成败兴亡息息相关。

个人时间和精力的配置也会导致成就的巨大差异，也就是说，**价值观决定人的时间和精力如何配置，而这一配置模式深刻且重大地影响一个人和组织长期的成功。**

本章要点总结

- ✓ 价值观导致人在行为上趋利避害。
- ✓ 没时间永远都是不重要的借口!
- ✓ 个体在一定时间内的时间和精力配置决定其能够取得的成就大小。
- ✓ 价值观决定人的时间和精力如何配置。
- ✓ 资源的配置决定了短期和长期的回报,也决定了公司的前途命运和生死存亡。
- ✓ 一个组织的成败或兴亡,是其所有的成员在一段时间内所有行为的总和的结果。
- ✓ 群体成员在这段时间内的行为总体是正确的、积极的、有效的,这个组织就会欣欣向荣;如果群体成员在这段时间内的行为总体是错误的、消极的、无效的,那么组织就会走向失败甚至土崩瓦解。
- ✓ 获得某种收益的机会时所付出的代价是因为人的时间和精力是一种稀缺性资源,一旦选择配置在某个方向上以获得收益,就放弃了其他方向上获得收益的机会。
- ✓ 制度、流程是外部约束性的"不能做""要我做"的体系,而价值观是内在驱动性的"我要做"体系。
- ✓ 价值观决定了人们行为的导向,而行为决定个体的绩效,个体绩效的总和影响了公司的总体业绩。
- ✓ 价值观决定人的时间和精力如何配置,而这一配置模式深刻且重大地影响一个人和组织长期的成功。

第五章
价值观如何影响人们的行为?

"不死的中国人"与价值观冲突

  意大利人拉菲尔·欧利阿尼和李卡多·斯达亚诺合写了一本书，书名叫《"不死的中国人"》（社会科学文献出版社，2011-10），从欧洲人的视角描述了在意大利的中国人的真实生活——"不可想象地辛勤劳作，最大限度地攒钱。"这其中就涉及东西两种不同的价值观冲突内容。中国人在当地开小店都可以一天营业10多个小时，甚至24小时无休，每日营业时间远超过当地人开的店，中国人把这种行为定义为"勤劳"。在中国式的价值观里这是一种应被赞赏的美德，而在当地人眼里，这是一种劣行，在其价值观的判断中，这是一种应该被谴责的贪婪行为！中国人赚钱不花，最大限度地储蓄起来的行为，在中国人的价值观念里这是"勤俭节约"的美德，应该被歌颂，而当地人则认为这是吝啬，是无社会责任的行为，完全就是法国批判现实主义作家巴尔扎克笔下的葛朗台。所以，同一种行为，在不同的价值观念下，会有完全不同的对错、好坏的解读，反之，不同的价值观念也会导致不同的行为方式。中国人还有一个重要的观念，就是告老还乡，叶落归根，这导致意大利人几乎没有看到过当地中国人的葬礼，所以才有这"奇葩"的书名——"不死的中国人"。这两种价值观的迥异，本质上是无法弥合的，**不同价值观群体间能够达到的最好状态，就是经过彼此沟通后保持理解和尊重**——我理解你、你也理解我；我尊重你、你也尊重我，而不是相互否定、鄙视、斥责、攻击，强迫对方接受自己的价值观念。在有着强烈的历史、文化、种族、政治或宗教背景积淀的价值观问题中试图说服对方近乎于不可能（当然对方也无法说服自己），这些价值观念并不能简单地用是非、对错去判断。因此跨文化沟通，通常也是企业在全球化过程中面临的最严重的问题，其麻烦程度远远超过业务问题，如果企业习惯于**将自身的一套价值观输出给不同历史和文化背景的人们，试图让对方强迫接受，就只能获得反感、抵触和抗拒。**

从单向要约到双向契约

很多企业在价值观管理方面经常犯的错误就是，总是试图把企业价值观通过所谓的"宣贯"灌输给员工，这本质是一种"要约"行为，这是一种单方面向对方发出要求的行为，类似一位男生爱上一位女生，单方面发出了情书，并不断送花，但无论如何女生就是不喜欢这位男生。那么，这位男生就不是在传递价值而是在施加压力，送越多的花，只是在施加更大的压力，只会给对方带来更多的痛苦，带来更多的反感。"现代人力资源管理之父"戴夫·尤里奇（Dave Ulrich）说：**"价值由接受者决定。"** 反过来讲就是，价值不是由要约方、施予方决定，**单向的"要约"只有被对方接受、认同才能成为双向"契约"，合作关系才能构建，可持续的互惠格局才能形成。** 组织通过所谓的"宣贯"强迫成员接受价值观，效果往往适得其反，这种社会强制只要过于高调、惹人注目，人们就会表现出逆反（Reactance）心理——为恢复自由感而公然违抗强制力量的动机。个体珍视自身的自由感和自我效能感[这是幸福感（Well-Being）的两个基石]，当社会压力威胁到个体的自由感时，人们会寻求反抗，即逆反（Reactance）——采取反向行动来证明和保护自由感。

> 人们可能会把自己的工作看成简单的一份工作，必需但并非生活中重大的积极方面，也可以是一项需要"赢取"或"提升"的事业，或是一种使命的召唤，即所做的是有益于社会的事情，是喜悦和满足感的一种来源。
>
> ——艾米·卡钦斯基（Amy Kapczynski），耶鲁大学法律教授兼教务主任

价值观决定人们的行为模式，行为模式也在反向塑造人们的行为模式。春秋时期名著《左传·成公四年》中讲的"非我族类，其心必异"。本质上讲的就是不同族群的价值观必然有巨大差异，一方面**人们的价值观念和行为模式深受其所属的群体影响**。另一方面，价值观差异会导致人和人之间无法建立信任，而没有信任，则合作和交易的成本就会最大化，甚至无法合作和交易。

> 工作的最重要动力是工作中的乐趣，是工作取得成果时的乐趣以及对这个结果的社会价值的认识。
>
> ——阿尔伯特·爱因斯坦（Albert Einstein），史上最伟大的物理学家之一

本章要点总结

✓ 一种行为在不同的价值观念下会有截然不同的解读、理解。

✓ 秉持什么价值观念就会有什么样的行为模式。

✓ 只有共同的价值观念才能产生信任，只要没有信任，合作和交易成本就会最大化。

✓ 不同价值观的群体间能够达到的最好状态就是经过彼此沟通后保持理解和尊重。

✓ 将自身的一套价值观输出给不同历史和文化背景的人们，试图让对方强迫接受，就只能获得反感、抵触和抗拒。

✓ "现代人力资源管理之父"戴夫·尤里奇（Dave Ulrich）说："价值由接受者决定。"

✓ 单向的"要约"只有被对方接受、认同才能成为双向"契约"，合作关系才能构建，互惠格局才能形成。

✓ 社会强制只要过于高调、惹人注目，人们就会表现出逆反（Reactance）心理——为恢复自由感而公然违抗强制力量的动机。

✓ 个体珍视自身的自由感和自我效能感，当社会压力威胁到个体的自由感时，人们会寻求反抗，即逆反（Reactance）——采取反向行动来证明和保护自由感。

✓ 人们的价值观念和行为模式深受其所属的群体影响。

第六章
价值观为何会增加组织成本?

信任与社会成本

经济学家保罗·扎克（Paul Zark）研究发现：一个社会中，个体间相互信任度每增加15%，这个社会的年度人均国内生产总值就会增长1%。这一重要发现，充分揭示了社会价值观的经济学意义。

只要一个社会、一个组织中人与人之间的信任能够提升的话，他们沟通、协作、合作、交易等这样的互惠行为的数量就会增加、速度变快，深度和质量也会随着提高。人和人之间的互惠行为是建立在信任之上。**只要没有信任，合作就很难发生，交易也很难达成，合作效率和经济流动性就会降低。**而互惠行为和零和博弈行为的多寡，决定了一个群体和组织的生存。牛津大学（University of Oxford）动物学博士马特·里德利（Matt Ridley）发现，"我们的祖先智人和灭绝的尼安德特人的关键区别不是生存环境或基因的差异，而是交易行为。尼安德特人视陌生人为安全威胁，第一反应是杀死对方，和陌生人间是你死我活的零和博弈，而智人视陌生人为交换新事物的机会。"

在国际贸易中，买卖双方有时候无法达成信任关系，还需要借助于互相信任的第三方银行才能完成交易。买方担心付了钱收不到货，卖方担心发了货收不到钱，但是双方都信任第三方银行。这样，买方先把货款支付到银行担保账户，卖方才不需要担心收不到货款，得到买方确认收货后，再由银行将货款支付到卖方账户，现在这一模式也构成了今天跨国贸易和电子商务平台的基础。如果没有值得信任的第三方和交易模式，交易就无法进行。

价值观差异与沟通、协作、交易的成本

如果一个人的价值观和我们不同,那么就会在很多方面非常容易产生分歧,要做到亲密连接就非常困难,更可能倾向于情绪宣泄式的互动而不能正常沟通,信任的基础就很难达成。**缺少价值观层面的共鸣和支持,维持友谊或者做出认真的承诺会让人非常痛苦**。尽管人们可以用宽广的心胸来尊重他人的价值观,但是双方的信任在事实上也非常难以建立,没有共识作为基础,友谊和连接就难以存在。人们乐于与其喜欢、有共同语言和信任的人一起共事,因此没有价值观层面的共识,双方就会缺乏信任基础,团队内沟通、协作或交易的成本就会最大化。

同理可证:**组织的价值观的强弱程度决定了其成员间的信任的多寡和行为约束力的大小。价值观越强,组织内的个体间相互信任就越多,沟通成本和管理成本也越低。**

人和人之间必然会有各自的个人价值观的差异,但是一个组织的价值观,它应该是组织内成员价值观的交集部分,我们并不能强求所有人的价值观都要一致或者跟自己一样,但是起码可以达成一些共识。这个共识是组织内所有人的连接系统,其连接强度有强弱之分,如果不去有效地维系它、管理它、建设它,这个共识、共同价值观可能就是脆弱的,信任和互惠行为就会减少,团队成员的时间和精力的配置失当,当有限的时间和精力没有配置在正确的事情上,而是内耗,组织就会进入衰亡的螺旋。反之,如果组织内相互信任越多,内耗就会减少,管理成本、合作成本也会降低。

共同价值观能促进团队成员间的信任,而制度和流程则不行。因此,只注重制度和流程建设而忽略价值观建设的做法显然不足取。

本章要点总结

- 共同价值观是相互信任的基础。
- 不一致的价值观导致沟通、合作、交易成本最大化。
- 组织的价值观的强弱程度决定了管理成本的高低。
- 只要一个社会、一个组织中人与人之间的信任能够提升的话,他们沟通、协作、合作、交易等这样的互惠行为的数量就会增加、速度变快,深度和质量也会随着提高。
- 没有信任,合作很难发生,交易也很难达成,合作效率和经济流动性就会降低。
- 缺少价值观层面的共鸣和支持,维持友谊或者做出认真的承诺会让人非常痛苦。
- 组织的价值观的强弱程度决定了其成员间的信任多寡和行为约束力的大小。价值观越强,组织内的个体间相互信任就越多,沟通成本和管理成本也越低。
- 共同价值观能促进团队成员间的信任,而制度和流程则不行。
- 组织内如果没有建立共同价值观,就会导致成员倾向于不合作、时间和精力的配置失当,进入无休止的内耗状态,组织就会进入衰亡的螺旋。因此,共同价值观事实上能够决定组织的生死。

第七章
价值观在哪里?

谷歌（Google）的安迪·鲁宾事件

2005 年，谷歌（Google）以5000万美元的价格收购了安迪·鲁宾（Andy Rubin）的初创公司安卓（Android），在之后的几年里，他成功地帮助谷歌（Google）将该操作系统普及到全球80%的智能手机，并在科技界就此封神。不过在2014年10月，"安卓之父"的安迪·鲁宾突然离任谷歌，当时公司为他举办了盛大的告别仪式，谷歌（Google）公司创始人拉里·佩奇（Larry Page）在公开声明中说："我祝福安迪一切顺利。依托于安卓系统，他创造了一些非常了不起的奇迹，让超过十亿的海量用户获得了快乐。"不过，对于有员工指责鲁宾有性侵的问题，谷歌公司对此却讳莫如深。据《纽约时报》报道，2013年，一位自称与鲁宾有婚外情的女士投诉，鲁宾曾强迫她在酒店房间发生不当关系。谷歌调查后认为该女士的说法可信，并要求鲁宾辞职。根据法律和公司规定，谷歌解雇他可以不给任何赔偿，但据知情人士透露，谷歌为其提供了高达9000万美元的离职补偿。不过，鲁宾的发言人否认鲁宾有任何不端行为，并表示他是出于自愿而离开了公司。鲁宾在《纽约时报》相关文章发表后的一份声明中说："关于我在谷歌的工作，《纽约时报》的故事包含了许多不准确的描述，并且极大地夸张了我离职时拿到的赔偿金数目。具体来说，我从未强迫任何女人在酒店房间发生性行为。这些都是虚假指控，是我的前妻在离婚和监护权争斗中为了贬低我而进行的诽谤。"

针对此案，当时的谷歌人力资源负责人艾琳·劳顿（Eileen Naughton）在声明中说："谷歌严肃对待性侵事件并严格审查每一起投诉。我们会调查并采取行动，包括辞退涉事员工。近年来，我们对管理人士的不当行为采取了特别强硬的立场。我们正在努力,不断改进处理这些事件的方式。"而谷歌CEO桑达尔·皮查伊(Sundar Pichai)在向全体员工发送的内部邮件中称:"我们致力于确保谷歌是这样一个地方:既能让员工充满安全感地以最佳状态完成工作,又会让那些行为不当的人付出高额代价。"

该事件引发了谷歌员工的强烈不满,在《纽约时报》发布报道的4天后,谷歌内部200多名工程师计划组织罢工活动,2天后,CEO桑达尔·皮查伊批准了员工罢工,并发表了公开声明表示:"本周,我们让谷歌员工知道,我们已经知晓罢工计划,罢工的员工将得到需要的支持,他们提出建设性意见,希望我们改进,我们接受他们的反馈……"很快又引发了谷歌新加坡、日本、以色列、瑞士、德国等20多个谷歌全球分支机构员工的纷纷响应,直至11月2日,有上千名员工,以罢工和集体散步的形式,抗议谷歌管理层包庇性骚扰职工、性别歧视。罢工员工提出5项诉求:

(1)结束骚扰和歧视案件中的强制仲裁;

(2)承诺终止薪酬和机会的不公平;

(3)公开披露的性骚扰透明报告;

(4)一个明确、同意、全球包容的过程,以及安全和匿名的方式报告性不端行为;

(5)让首席多元化官直接向首席执行官汇报,并直接向董事会提建议。

这次罢工引发了全球媒体的关注和争相报道。同时,这一事件也有着重要的社会背景——自2018年10月份开始,从好莱坞突然兴起了"MeToo"运动,并开始在各行各业和很多国家地区扩散。"MeToo"运动鼓励更多女性将被骚扰的经历公布,从而对不法分子形成威慑,并让更多人意识到性骚扰等犯罪行为对女性群体造成的伤害,以及女性所处的不平等的社会环境,结果很多知名人士纷纷落马。"MeToo"运动在迅速席卷硅谷后,谷歌、Facebook等科技巨头成为大家所关注的重点,此次安迪·鲁宾深陷舆论的旋涡之中。

过去，价值观是封闭于一个组织内部的，现在则越来越多地受到外部社会价值观运动的影响，组织内部价值观与社会价值观会形成物理学上的对流效应，并产生能量传递，组织内部价值观需要逐渐融入社会价值观，并接受社会价值观的影响，其自身无法孤立地存在和抵触外部社会价值观。美国反性骚扰运动"MeToo"渗透到了谷歌内部，这种社会价值观不但有传导，而且有对流（Convection）（见图7-1）。

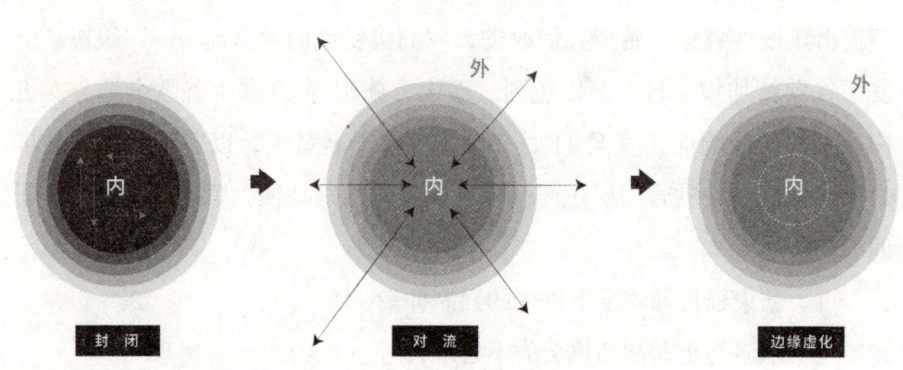

内:组织内部　外:组织外部

封　闭　　　　　对　流　　　　　边缘虚化

图7-1　组织价值观形成的变迁

这种对流的结果，是组织的价值观不断融入社会价值观体系，没有明显的边界，一个只有被社会价值观体系兼收并蓄、包容接纳的组织，才有可能基业长青。

> 变革的意愿是一股强大的力量，即使它会让公司的某些部门在某段时间内陷入混乱。
>
> ——杰克·韦尔奇（Jack Welch），通用电气前CEO

价值观本质是组织的"黏合剂"，如果在这种重大事件中不能有效维护，那么这个组织的价值观可能瞬间崩溃，这群人就会变成一盘散沙而不再是一个组织。员工的组织向心力也会陡然丢失，开始大量离去，作为"自我实现"需求强烈的高科技公司成员，这些顶尖人才不能容忍自己为一个被社会价值观摒弃、排斥的企业工作。

组织的免疫系统

价值观是组织的免疫系统，对于损害、不利于组织的负面、消极力量可以有灭杀、排异作用。一个人的免疫系统如果出了问题，必然就容易进入疾病状态，甚至威胁到生命。只要一个组织拥有强大的价值观，就会产生防止进入堕落、恶质化的强大力量，这是保障组织基业长青的积极因素，通过"排异"反应来维系组织的健康、安全、可持续。

拥有强大的、积极的价值观，并且坚定地去捍卫它，是伟大组织和一般组织的主要差异。从某种意义上，捍卫价值观也是确保这个组织基业长青的核心关键，就像有一些企业，表面上经营情况良好，但是却一夜坍塌，比如帕玛拉特、安然、世通，还有安达信。**公司最初的价值观是由创办人的思想状态决定的，也就是他的个人价值观、偏好、信仰、个性等，因此组织也可以理解为创始人影子的延伸。**

过去，一个公司的价值观最主要、最坚定的捍卫者是创始人和顶层的高管团队，比如马云在阿里巴巴开除掉当时的 CEO 和上百名销售，并表明这是在捍卫公司"诚信"的价值观。过去，组织顶层创建了基础价值观后，价值观就像瀑布一样倾泻、贯彻下去，而谷歌的安迪·鲁宾事件让我们看到：企业的底层力量，普通的员工成了比创始人、CEO 更为坚定的价值观捍卫者，他们集结在一起，形成新的价值观共同体，产生了一种自下而上的反制力量，要求高层以及组织遵从价值观。

> 世界上唯有两样东西能让我们的内心受到深深的震撼，一是我们头顶浩瀚灿烂的星空，一是我们心中崇高的道德法则。
> ——伊曼努尔·康德（Immanuel Kant），德国古典哲学创始人，《实践理性批判》

从谷歌这个事件上，让我们看到了价值观的泛在性（Ubiquitous）：无论何人（Everyone）、无论何地（Everywhere）、无论何时（Everytime），所有人都必须严格尊重价值观的要求。当公司的价值观不仅仅有自上而下（Top Down）的力量，也有自下而上（Bottom up）的力量和横向的力量，这个组织的价值观才真正地建立起来了。

> 在知识经济中，一个好企业是拥有目标和价值观的团体，而不是仅仅拥有一堆资产。
> ——查尔斯·汉迪（Charles Handy），管理思想家

在公司高管因为利益、情感因素等对于价值观的捍卫表现出有些动摇时，员工形成的价值观共同体，通过抗拒、抵制等，迫使组织通过坚定的行动来捍卫价值观，如果公司、高管做不到，这批员工可能就会果断地离开公司而去，哪怕这个公司是全球最佳雇主、全球最佳职场。一旦公司的价值观不能得到高层的有效维护，价值观就会变质，黏合剂作用就会突然丧失。此外，价值观在过去是封闭于一个组织内部的，现在则越来越多地受到外部社会价值观运动的影响，组织内部价值观与社会价值观会形成物理学上的对流效应（Convection），并产生能量传递，组织内部价值观需要逐渐融入社会价值观，并接受社会价值观的影响，其自身无法孤立地存在和抵触外部社会价值观。组织价值观从封闭走向开放性，内外部不断在进行交互。一个生产毒奶粉、毒疫苗的公司因为其负面的"损人利己"的价值观最终会被市场、社会、法律严厉制裁，因为它是反社会的。过去也许会有员工为这些"有毒价值观"的公司工作，但是未来则越来越困难，一个价值观有毒的公司可能会出现无人可用的尴尬局面。如果价值观不能

被社会接受，这个人或这个组织在失败前，必然会遭遇大量的社会性拒绝，内外部的连接全部丢失，毕竟一个人或组织无法孤立地存在，**所有生存都是建构在社会网络之上的**。因为这个组织的价值观不能被社会和生态接受，即使还有大量的经济资本，但其社会资本已经归零，实质上已经社会性死亡了。一个人在生理死亡之前，他可能已经社会性死亡了，一个公司破产倒闭前，他早已社会性死亡了。

> **人的思想是万物之因。你播种一种信念，就收获一种行为；你播种一种行为，就收获一种习惯；你播种一种习惯，就收获一种性格；你播种一种性格，就收获一种命运。总之，一切都始于你的信念。**
>
> ——威廉·詹姆斯（William James），美国实验心理学家

内部价值观和外部价值观的影响也会表现在一个价值链上。比如，今天像苹果（Apple）这样的公司对其供应链上的供应商、合作伙伴也会提出很多要求；比如不能雇用童工、不能超时工作、工作条件需要达标，等等。也就是说，一家公司对其供应链上所有伙伴强势地提出了基本的价值观要求，只要不达标，就会从供应链上摒除出去。今天越来越多的企业客户要求供应商、合作伙伴必须签署"反商业贿赂协议"，并要求强制遵守；越来越多的企业加入了ISO37001反贿赂管理体系，商业系统自发地产生更高的道德标准和价值观要求。价值观作为组织的免疫系统，过去有着"刑不上高管"的潜规则，但是安迪·鲁宾事件让我们看到，**价值观共同体超越了权力、层级，要求所有人都必须严格遵守**。就算是安迪·鲁宾这样的"科技大神"也概莫能外。价值观标准表现出高度的一致性，并且，对于过激、不当、损人利己的负面行为表现出高度的不可容忍特性。

本章要点总结

✓ 过去，价值观是封闭于一个组织内部的，现在则越来越多地受到外部社会价值观运动的影响，组织内部价值观与社会价值观会形成物理学上的对流效应，并产生能量传递，组织内部价值观需要逐渐融入社会价值观，并接受社会价值观的影响，其自身无法孤立地存在和抵触外部社会价值观。

✓ 随着组织的价值观不断融入社会价值观体系，没有明显的边界，一个只有被社会价值观体系兼收并蓄、包容接纳的组织，才有可能基业长青。

✓ 价值观本质是组织的"黏合剂"，如果在这种重大事件中不能有效维护，那么组织的价值观可能瞬间崩溃。

✓ 价值观也是组织的免疫系统，对于损害、不利于组织的负面、消极力量可以有灭杀、排异作用。

✓ 只要一个组织拥有强大的价值观，就会产生防止进入堕落、恶质化的强大力量，这是保障组织基业长青的积极因素，通过"排异"反应来维系组织的健康、安全、可持续。

✓ 拥有强大的、积极的价值观，并且坚定地去捍卫它，是伟大组织和一般组织的主要差异。

✓ 公司最初的价值观是由创办人的思想状态决定的，也就是他的个人价值观、偏好、信仰、个性等。因此，组织也可以理解为创始人影子的延伸。

✓ 一旦公司的价值观不能得到高层的有效维护，价值观就会变质，黏合剂作用就会突然丧失。

✓ 所有生存都建构在社会网络之上。

✓ 强大组织的价值观共同体超越了权力、层级，要求所有人都必须严格遵守。

第八章
人和组织的价值观会变吗?

价值观的蝶变

宋朝时，王谠在《唐语林》中写道："上谓曰：'汝何为作贼？'对曰：'饥寒交迫，所以为盗。'"后被引申为"饥寒起盗心。"当一个人无法生存时，人们就没法对其有很高的道德水准要求。对一个温饱无忧的人而言，晚上可以不吃饭，也要去听音乐会，而对一个无法吃饱的乞丐而言，音乐会毫无意义。个体当下的生活状态会对人的价值观念迅速产生影响，对于一个终日吃不饱饭的人而言，道德、声誉迅速变得无关紧要。人的价值观是判断先后、主次、好坏、轻重的标尺和潜意识，具有不同背景、不同状态、不同境遇的人对同一事物会得出完全不同的选择。前文我们提及常态下一个人是绝不会用100克金子换取100克水的，但是换一个情境，当这个人在沙漠上渴得奄奄一息，生命垂危时，他会毫不犹豫地用100克金子换100克水。因此，**当一个人的境遇遭遇重大变化，当一个组织遭遇生存困难，其对于道德水准的要求、价值观的坚守，可能会立即发生变化，甚至会走到其反面。**

当然，陡然变化这种极端情况在现实中并不多见，但"温水煮青蛙"一般的逐步改变则比比皆是。多年前，A公司为自己制定的使命是：让天下没有难做的生意。多年后，这家公司平台内的商家提出"二选一"要求，被相关部门定性为：滥用市场支配地位，损害商家和消费者利益。本质上"让天下没有难做的生意"是一种"利他"的价值观念和行为，而"二选一"行为的本质是一种"损人利己"的价值观念和行为。判断一个公司的价值观不是"听其言"，而是"观其行"。尽管那个使命还在，但是观察该企业的行为，人们明显发现这个组织的价值观的性质已经悄悄地发生了变化，已经走到自己初心的反面，即屠龙少年已经长出了鳞片，成为一条恶龙。**基于损人利己的价值观做出的行为，可能短期获利，但结果只能是社会资本不断流失，最终进入社会性拒绝和社会性死亡。**企业必然浸润商业生态系统和社会的憎恨、敌意之中，最终付出惨重代价。可能有一些企业因为利益还会与其合作，但利尽则散，社会连接全部断裂。一个企业最大的失败就是，很多供应商、合作伙伴通过与其合作而获益，而内心却恨得咬牙切齿。所谓**社会资本（Social Capital）**指的是一个人外部的**支持性的联系、信息交流、信任与合作行为**，这些因素保证了自身的正常运转。

> 公司会具有破坏性，这是可能的，甚至是自然的。公司有时会与我们所追求的某些社会价值背道而驰，因为公司需要回报那些投资者。
> ——大卫·施密特雷恩（David Schmittlein），麻省理工学院（MIT）斯隆管理学院（Sloan School of Management）院长

这提醒我们：**如果不善加管理，组织的价值观就可能会老化、退化、异化、恶化。**董事会和高管层需要对于价值观的变化趋势保持高度警惕，尤其是在业务高速发展期、组织规模快速膨胀期。因为这种时候，大家工作繁忙，没有太多的时间警惕、思考，同时大量外部人员加入，带着自己和原有组织的价值观念，每天都在冲击、稀释这家公司的价值观体系。企业不断累积的成功必然导致成员盲目自信、过度乐观、傲慢，从而可能导致做出蠢事，而**价值观应该抑制而非加速组织内个体出现懈怠、堕落、作恶的可能。**

加州大学伯克利分校教授，社会学大师菲利普·塞尔兹尼克 (Philip Selznick) 提到：一个组织的建立，是靠领导者对价值观的执着，也就是决策者在决定企业的性质、特殊目标、经营方式和角色时所做的选择。组织中的领导者，必须善于推动、保护这些价值。组织的生存，其实就是价值观的维系，以及成员对价值观的认同。某一位非常谦逊的人，在加入一

家极为成功的企业之后，突然开始变得非常高傲，但当他离开这家公司后，又开始恢复了谦逊。人们由此发现，组织价值观是一种无形的"场"，潜移默化中改变着组织内个体的价值观和行为模式，使得群体内部倾向于价值观念和行为模式的一致性。组织有着改变个体价值观和行为模式的强大魔力！

> 我们的世界将是这样的，社会会问，你获得了利润，但是如何获得的呢？
>
> ——本·韦华恩(Ben Verwaayen)，阿尔卡特·朗讯前CEO

本章要点总结

✓ 人和组织的价值观是与时俱进的，不断变化的。

✓ 如果不善加管理，组织的价值观就可能会老化、退化、异化、恶化。

✓ 董事会和高管层需要对于价值观的变化保持高度警惕，尤其是业务高速发展期、组织规模快速膨胀期。

✓ 公司在业务高速发展期、组织规模快速膨胀期，价值观体系最容易崩溃！团队成员因为工作繁忙，没有太多时间保持警惕和思考，同时大量外部人员加入，带着自己和原有组织的价值观念，每天都在冲击、稀释这家公司的价值观体系。

✓ 当一个人的境遇遭遇重大变化，当一个组织遭遇生存困难，其对于道德水准的要求、价值观的坚守，可能会立即发生变化，甚至会走到其反面。

✓ 判断一个公司的价值观不是"听其言"，而是"观其行"。

✓ 基于损人利己的价值观做出的行为，可能短期获利，但结果只能是社会资本不断流失，最终进入社会性拒绝和社会性死亡。

✓ 社会资本（Social Capital）指的是一个人外部的支持性的联系、信息交流、信任与合作行为，这些因素保证了自身的正常运转。

✓ 价值观应该抑制而非加速组织内个体出现懈怠、堕落、作恶的可能。

✓ 组织的生存，其实就是价值观的维系，以及成员对价值观的认同。——菲利普·塞尔兹尼克 (Philip Selznick)

✓ 价值观从来不是通过说教、灌输、宣贯的，而是承载在企业的每一个选择、行为之中。

✓ 公司秉持积极、正向的组织行为，会提升所有成员的自我价值感，并使其产生强烈和持续的积极的心境。

✓ 延迟满足（Delay of Gratification）是一种能为更有价值的长期结果而放弃眼前利益诱惑、欲望和即时满足的抉择取向。

✓ 延迟满足并非纯粹的忍耐，也不只是压制欲望，而是一种远见、自律和理性，是一种短期克制获得长远利益的能力。

✓ 作为高管人员要慎言"自己年龄大了，价值观不会改变"，因为这会给下属拒绝改变的理由和借口，导致组织陷入固定型心智（Fixed Mindset）模式。

第九章
组织的价值观是谁的?

公司的哲学与法律基础

不少人认为一个组织最初的价值观是由创始人的思想状态决定的，源自于其个人价值观、偏好、信仰、个性等，因此把组织的价值观理解为创始人影子的延伸。不少企业家甚至把企业价值观理解为就是自己的价值观的复制品。

一个公司的主要特征是具有法人属性、有限责任和股权、投资权益的自由转让。企业组建时，股东以出资额为上限对企业承担责任，公司法人以其独立财产对公司债务承担相应的经济责任。法人组织是若干人联合建立起来的一个拥有人格化、独立生命的组织，这个组织是独立于创始人、股东的法理存在。公司作为法人，是法律意义上的社会组织，不同于自然人；法人拥有独立的财产，独立享有民事权利和承担民事义务；独立承担民事责任。法人以自己的名义参加民事活动时，法人的人格独立于其成员或创立人的人格。通俗来说，创始人和公司是相互独立的，公司不是创始人的一部分、寄生、附庸。而有限公司的创始人或股东也只需要承担"有限责任"（Limited Liability），也就是法人的成员或创立人个人对法人的债务不承担责任，而应由法人以自己的财产承担民事责任，"有限责任"解放了投资人，建立了风险隔离墙，使得创办企业的意愿和动机大为增强。

因此，**法律赋予了公司也就是法人以独立的人格权、生命权、自由意志权，也就赋予其可以有独立于创始人的价值观念**。契约和法律精神在思想深处构建了强大的力量，保护了公司在商业社会的有效运作。法人的概念是人类史上最伟大的发明之一，构建了人类历史上的最重要的组织形态、合作交易的方式、规则和秩序体系。因此，认为公司的价值观就是创始人的价值观是对于"法人"概念的无知和浅薄理解，当然，任何人也不能否认创始人对于公司价值观的巨大影响。

当创始人、领导者向组织成员表达组织的价值观就是自己的价值观时，实质上是把自己当成"主"，把他人当成"次"、寄生和附庸，这就摧毁了成员的主人翁意识和组织公民意识。同时，还会带来一个恶果：成员会下意识地认为这是对自己自由意志的侵犯、禁锢和控制，所以自然而然地产生反感、抗拒、逆反。当来自于尾部的社会强制过于明显、高调时，人们会表现出逆反心理，从而产生为恢复自由感而公然违抗强制力量的动机。因为**个体非常珍视自身的自由感和自我效能感，当外部压力威胁到这种个体的自由感时，人们会寻求反抗，即通过逆反（Reactance）来保护自由感，并采用反向行为来证明自身的自由意志**。

进化的结果是人类倾向于最大化快乐，最小化痛苦，但人们也可能会通过克制自己的快乐，增加自己的痛苦来遵从社会规范。人类有三种比众行为：顺从（Compliance）、服从（Obedience）、接纳（Acceptance）。这三种比众行为的差别是：因外部力量施压而产生违心的从众行为叫作顺从（Compliance），这种行为是为了得到奖励或逃避惩罚；由明确的命令所引发的行为称为服从（Obedience）；内心认可外部压力并在行动上保持一致，发自内心的真诚的从众行为叫作接纳（Acceptance）。当外部的压力与个体价值观达到高度一致时，可能获得个体对于组织价值观的接纳，但大部分情况下，人们对于外部强制性的压力会表现出排斥和抗拒。

历史上中国封建社会的皇帝中，昏君和明君的一个重要的区分就是：昏君认为"普天之下，莫非王土；率土之滨，莫非王臣"。即天下是自己的附属品，将自我定位到一个比江山社稷更重要的位置，这是一种以自我为中心的自大心态。而明君则认为"社稷为重，君为轻"，这是一种带有敬畏感并谦卑地将天下苍生放置到一个更加优先、重要的位置。这种对于二者先后主次关系的认知差异，决定其决策、行事模式上的差异——昏庸、贤明。正如诗人、哲学家拉宾德拉纳特·泰戈尔（Rabindranath

Tagore)在《飞鸟集》中写道："当我们是大为谦卑的时候,便是我们最近于伟大的时候。"孔子曾说道："夫君者,舟也;庶人者,水也。水则载舟,亦则覆舟,君以此思危,则危将焉而不至矣?"而北宋政治家司马光在其所著的《资治通鉴》中写道："水可以载舟,亦可以覆舟;民犹水也,君犹舟也。"以告诫后世君王要保持谦卑、敬畏之心。自我中心主义本质是一种激进的自私思维,主张完全自由,随心所欲,没有伦理约束,一切决定根据"我"的意愿,这通常是认知比较浅薄,性格相对偏执所致。作为企业家或领导者必须认识到自身只是一个独立的个体,并建立清晰的自我边界感,学会尊重、理解、谦卑和敬畏。

组织的基石——共同体感觉

个体心理学的创始人,奥地利心理学家阿尔弗雷德·阿德勒(Alfred Adler)认为**"共同体感觉"是人际关系的终极目标,这是一种人们在群体中找到自己合适"位置"的感受和状态**。基于进化的原因,人们都有着归属于群体的需要,因为即使在远古时代,独立的个体也难以生存。何况在今天,我们生存所必需的各种资源都来自他人的劳动。社会学的最小单位是个体,即"你""我""他",两个个体一起存在就可产生共同体、社会。"我"是自己的主人,让"我"成为"我们"的主人,**唯有找到归属感和平等感,感受到群体对自己的包容、尊重、保护,个体才能主动参与和融入共同体。**

> 真正有力的组织大部分的力量,都在于能够将虚构的信仰建立在一个让人顺从的现实之上。
> ——克莱顿·克里斯坦森(Clayton Christensen),哈佛商学院教授,《创新者的窘境》作者

组织的价值观不是包括创始人在内的所有个体的私有，而是所有组织成员的价值观的交集、共识、最大公约数。组织价值观的构建，是全体成员共建、共创、共同刷新、共同迭代的过程，而不是某一个或一部分人让另一部分人灌输、宣贯、强加意志、强制执行的过程。**没有对于自由意志的尊重，就没有成员对于组织价值观真正的理解、接纳、认同。**晋朝时，陈寿在《三国志·夏侯玄传》中写道："和羹之美，在于合异。"意思是制作美味的汤羹，关键在于调和各种不同的滋味。**组织价值观的构建，核心是调和所有成员的个人价值观，找到共识，让所有人相互获益、相互帮助和相互促进，最终形成共同体。**共同体的特征是有限性、主权，接受自己作为共同体的一员是个体从"我"到"我们"的过程，认同自己是主体而非被动的客体、对象，这带给个体强大的主体意识、自我效能感，从而更加认同、拥护组织的价值观念，这是一种强大的力量源泉。

本章要点总结

✓ 法律赋予了公司也就是法人以独立的人格权、生命权、自由意志权，也就赋予其可以有独立于创始人的价值观念。

✓ 当创始人、领导者向组织成员表达组织的价值观就是自己的价值观时，实质上是把自己当成"主"，把他人当成"次"、寄生和附庸，这就摧毁了成员的主人翁意识和组织公民意识。

✓ 个体非常珍视自身的自由感和自我效能感，当外部压力威胁到这种个体的自由感时，人们会寻求反抗，即通过逆反（Reactance）来保护自由感，并采用反向行为来证明自身的自由意志。

✓ "共同体感觉"是人际关系的终极目标，这是一种人们在群体中找到自己合适"位置"的感受和状态。——阿尔弗雷德·阿德勒（Alfred Adler）

✓ 唯有找到归属感和平等感，感受到群体对自己的包容、尊重、保护，个体才能主动参与和融入共同体。

✓ 组织的价值观不是包括创始人在内的所有个体的私有，而是所有组织成员的价值观的交集、共识、最大公约数。

✓ 没有对于自由意志的尊重，就没有成员对于组织价值观真正的理解、接纳、认同。

✓ 组织价值观的构建，核心是调和所有成员的个人价值观，找到共识，让所有人相互获益、相互帮助和相互促进，最终形成共同体。

第十章
组织的价值观体系
是怎么老化的?

IBM的生死时刻

在全球商业史上衰败和灭亡是一种常态,而复兴和重振则凤毛麟角,寥寥无几,宛若奇迹。IBM历史上就曾经遭遇这一幕,通过回溯这段历史,可以让我们一窥价值观的伟大力量。

1993年4月1日,愚人节。路易斯·郭士纳(Louis Gerstner)从前任埃克斯手中接过IBM的权力之柄,担任董事长兼首席执行官。在纽约希尔顿饭店举办的新闻发布会上,人们对他充满了好奇:让一位来自食品烟草公司的"外行"执掌全球最大的计算机公司——极为官僚和保守的IBM,这让所有人都觉得委实不可思议。这天,郭士纳贯穿整个发布会的基调是:我是新来的,别问我任何问题,我完全不知道。

此时的IBM已经病入膏肓。1992年,郭士纳上任的前一年,IBM亏损高达50亿美元;1993年,郭士纳执掌时,IBM面临着被肢解的危险,这一年IBM亏损更攀升到81亿美元。但是,郭士纳用短短一年,就力挽狂澜:1994年,IBM扭亏为盈,利润达到30亿美元,并且此后连年丰收。

一个公司的成败兴亡是公司所有员工行为总和的结果。郭士纳到底做了什么改变了员工的行为,挽狂澜于既倒,扶大厦于将倾呢?他来到IBM时看到的是一幅怎样的场景?要回答这些问题,需要从IBM最初的价值观说起。

郭士纳认为,一个公司最初的价值观深受创始人的思想状态决定,**但是组织的价值观会不可避免地老化**。IBM的创始人是托马斯·沃森,他为IBM的价值观总结出三个基本信仰:

- 精益求精;

- 优质服务；
- 尊重个人。

这些价值观反映在公司的一切制度和员工的行为之中，也奠定了 IBM 过去的巨大成功。

价值观的老化

一个公司越成功，就会整理并总结自己成功的原因。虽然这是好事，但是随着外部世界的变化，这些规则和指南不可避免地与外部脱节，IBM 公司的这三个价值观也不例外。郭士纳就任后，在公司内看到一系列机械、僵化地遵从价值观的现象。比如，创始人老沃森当时基于对于客户的尊重，要求员工着装必须西装革履，并形成了着装规范。但在郭士纳看来，这样机械地执行过于呆板，于是将其调整为根据时间、场合以及对象来决定着装的新规定。他认为，尊重客户才是老沃森最初的意图，不能拘泥于条条框框。他还观察到"优质服务"这一价值观已经从公司与客户的双边互动变成了单向的输出行为。"精益求精"这个价值观从过去对于卓越的追求，变成了对于完美的固执迷恋，并导致僵化的企业文化产生——检查、批准、生效等一系列缓慢的决策过程。

> 大公司欢迎创新和个性化，就如同恐龙欢迎大个头的流星。
> ——《呆伯特》（Dilbert）漫画

当时甚至有一种笑话："产品不是 IBM 发布出来的，而是从 IBM 逃离出来的。""尊重个人"的价值观已经演变为理所当然的津贴式文化氛围，在这种氛围下，员工个人即使无所作为也可以获得尊重，甚至逐渐演变为为所欲为；"尊重个人"这一价值观也演变成了任何人、部门都喜欢说

"不"，公司内不合作行为成了常态，进而导致部门间各自为政，恩怨越来越多，项目被人为撕裂、决策被延误、资源则被浪费；"尊重个人"的价值观导致的"不"文化还典型地表现为"沉默"，并且在决策时出现，即在决策做出后仍以自己的意愿为主，对于决策置若罔闻。这种"不"文化足以让庞大的系统停止运转，并且导致部门、事业部之间的争斗似乎要比公司与竞争对手之间的竞争更严重和激烈，他们之间互相倾轧、隐瞒、争权夺利、讨价还价。当时的IBM变成了一个颠倒过来的世界——"'客户变成次要的'，做事的出发点是'我们能做什么'，而不是'客户需要什么'"。

> **公司文化通常深埋在仪式、假设、态度和价值中。这些东西只会在为了某些原因经历变化的时候，才让身处其中的人清楚地体会到。**
>
> ——罗博·高菲（Rob Goffee）、学者

郭士纳来到IBM时，吃惊地发现公司里没有客户和竞争对手的任何信息，市场份额数据是根据自己想象出来的，员工不关注客户和市场，而是关注内部的职位变动。

> **大企业不是"无所不能"的，它们通常又"无所不能"，即看不见用户、看不起需求、看不懂模式、学不会组织、跟不上市场。**
>
> ——克莱顿·克里斯坦森（Clayton M. Christensen），哈佛商学院教授，《创新者的窘境》作者

郭士纳认为："我们能成为这个新时代所需要的吗？换句话说，我们是否能够再次领先？我无法想象许多公司在任何行业都能领先两个时代。但我现在可以告诉你，在黑暗的日子里，我们开始相信我们可以改变历史。"经过多年自我强化，从价值观演化出的这些问题变得越发根深蒂固，难以撼动和摧毁。郭士纳当时开玩笑说："我们总不能把洗澡水和孩子一起倒掉啊！"即价值观和员工已经错综复杂地纠缠在一起，难以分离，无法简单去改变价值观这盆"洗澡水"。

第十章 组织的价值观体系是怎么老化的？

刷新运动

改变几十万人的思想观念和行为模式难于登青天，**无法简单地发动一场革命，取消、推翻原有的价值观，再凭空创造出新的价值观，唯一能做的，就是为价值观转型创造条件，要做的是鼓励，并指出现实状况和目标**。从终极意义上说，**并不是管理者改变文化，而是管理者邀请员工改变文化、价值观**。郭士纳发现，努力让员工倾听、理解并向目标前进时，还必须告知他们不要做一个盲从者，这不是一个关于逻辑和线性的挑战，而是反直觉、以社会心理暗示为中心并且感性的，这是一个极其艰巨的挑战。为了让组织成为这样的新物种企业，IBM在诸多方面都进行了改革。从改变招聘流程和建立以绩效为基准的薪酬，到创新性的远程教学；为员工的工作与生活平衡提供工具、机会与灵活机制；不仅创造新的组织程序，而且，建立进行实践和相应的思维方式。

如果组织程序已经不受来源也就是价值观和其内容的约束，那么，现在的任务就是抹掉这个程序。郭士纳把这个做法称为"封闭的系统呼吸新鲜空气"，只保留极少数几个正面的规则、条例和指导。他认为，**高绩效的公司是通过原则而非程序进行领导和管理，组织应根据实际情况，灵活、因地制宜地把这些原则应用到实践中去**。无情的现实已经证实创始人老沃森时代制定的三条基本价值观已经被恶性演化为陈词滥调，缺乏现实指导意义，一家历史优秀的企业的价值观会不可避免地老化，IBM需要有与时俱进的价值观作为发展指南。

于是，在上任后的第6个月——1993年9月，郭士纳起草了8个原则，作为全新价值观，希望成为 IBM 新文化的核心支柱。这 8 个原则以信件方式邮寄给了 IBM 全球的所有几十万员工。

郭士纳当时提出的 8 个原则分别是：

- 市场是我们一切行动的原动力；
- 从本质上讲，我们是一家科技公司，一家追求高品质的科技公司；
- 我们成功的标准是客户满意和实现股东价值；
- 我们是一家具有创新精神的公司，要尽量减少官僚习气，并永远关注生产力；
- 绝不忽视我们的战略性远景规划；
- 我们的思想和行动要有紧迫感；
- 杰出和有献身精神的员工将无所不能，尤其当他们团结一心工作时更是如此；
- 我们将关注所有员工的需要，以及我们业务得以开展的所有社区的需要。

价值观不只是发布在官网上的标语，亦不是对员工宣传的口号，如果公司内部实践和流程无法推动价值观的践行，那么价值观只是空头口号，员工无法理解其精髓。为了将这 8 个原则融入 IBM 全体员工的一言一行中，郭士纳积极推动系列措施，以改变员工的思想、态度和行为，进而实现这场文化变革。

1994 年，郭士纳上任后召开了首个高管会议，有来自全球各地的 420 名高管参加。郭士纳通过展现两张图，成功地激起了危机感：一张图显示了公司市场份额自 1985 年开始下降了一大半；另外一张图显示了公司的客户满意度位列行业第 11 位，名落孙山！郭士纳说道："我们正在成为市场上的笑柄，竞争对手正在抢夺我们的业务。"他甚至搬出了甲骨文公司 CEO 拉里·埃里森的照片，大声朗读拉里·埃里森的原话："IBM？我们甚至连想都不想这家公司了。它虽然还没死，但已微不足道了。"通过这些视觉、听觉的感官刺激，郭士纳成功地激发了高管团队的危机感和斗志。郭士纳在会上还陈述了产生这一切现象的根源：在公司内部很多人眼里，公司外部的竞争远没有公司内部的竞争重要，如果改革不符合个人利益，就会反对改革，通过说"不"对于正确的决策置之不理。

在取得大家共鸣后，郭士纳顺势提出行为变革要求见表10-1，并发出警告："对于这场变革不要有任何借口，只要加入这场改革的人就会获得授权和机会，不适应、反对的人就只能离开。"

表10-1　IBM行为变革要求

从	到
公司自己自行推出产品	以客户为导向，按需生产
以公司自己的方式我行我素	以客户的方式行事
道德式管理	成功导向型管理
决策建立在秘密和神话基础上	决策建立于事实和数据基础上
以关系为导向	以绩效和标准为导向
一言堂	百花齐放、百家争鸣
对人不对事	对事不对人
良好的愿望甚至比良好的行动更重要	职责明确
总部主导	全球共享
规则导向	原则导向
个人主义	集体主义
追求百分之百完美	有紧迫感地做出决策和行动（有八成希望就可以）
缺乏创新	学习型组织
平衡性资金投入	重点型资金投入

当然，所有参会人员都表达了对于改革的认同，但是否真正践行还需要观察。接下来的几个月，这些人中的大部分投入变革之中，但同时也深感震惊，因为这个改革的很多做法违背IBM根深蒂固的传统，比如"击败对手""猛打猛冲"等这些激进策略不符合IBM过去的温和做派。但是，

郭士纳对这些声音并未理会，他认为 IBM 已经病入膏肓，处于生死存亡关键期的 IBM 需要一剂强心针式的休克疗法，并且，需要打开腹腔进行一场大刀阔斧的"外科手术"！

随后，郭士纳在 1995 年 2 月成立了 300 人规模的"高级领导集团"（SLG）。这个集团的首要任务是关注领导和改革方面的事务，每年定期聚集在一起讨论，而且每年进行一次淘汰率非常高的改选活动，到 2002 年时，"高级领导集团"只有 71 个初创人员留任。郭士纳认为，IBM 过去的一些高层领导人缺乏领导力，且高层团队又缺乏流动性，是阻碍改革的关键要素，新的管理层会让文化转型速度加快。

尽管转型的初期非常顺利，但是由于多数老方法死灰复燃，人们很容易再次陷入路径依赖，两年后，IBM 的文化转型又走向僵化。为了让新的价值观深刻地烙印在每位成员心中，在 1994 年下半年，郭士纳做出简化原则的决定，因为他意识到，一个人无法同时关注太多的原则。少即是多，最终简化后的价值观是"力争取胜""快速执行""团队精神"。这是对于原有价值观采取了去其糟粕、取其精华的做法，IBM 恢复了久违的激情、活力和动力。**随着时间的推移，使命、目标的推力逐渐衰减，习惯的引力逐渐加强，直至无法摆脱习惯的引力场。**

尽管如此，郭士纳仍然保持着清醒的头脑，他相信几年之后公司又会陷入过于自信的陷阱，新的价值观又会开始变质，但是他坚信会发现新的方法并不断实现自我更新迭代。他强调，对于 IBM 这样一个大型而复杂的公司，十年的时间足以成为行业领导者，关键是要站到几乎每十年一变的大趋势和潮流前头，"你需要新思维和领导令人痛苦的转型和勇气"。郭士纳认为，当时的 IBM 已经领先于电子商务组织发展的趋势，而他的继任者彭明盛也将会面临另一个十年之变的大趋势。郭士纳曾经鼓励他的继任，到那个时候需要勇于抛弃所有郭士纳曾经做过的决定，要"根据市场进化而调整，这是 IBM 的成功之道"。

IBM确实做到了。2002年10月，彭明盛接替功成名就的郭士纳出任IBM首席执行官，次年，他就发起并领导了史上最大的价值观重塑运动。当年，IBM在全球范围展开了72小时的即兴价值观大讨论，高达32万名员工一起在网上自由探讨什么是IBM的核心价值观，讨论的结果是员工们一致认为"创新为要"、"成就客户"和"诚信负责"是公司现在和未来最为重要的三个原则。于是，这三点要素顺理成章地成为IBM的全新核心价值观。因为是全体共同参与讨论、创立并确定，也是全体员工共同认可的，代表了全球IBM人的共识，新的价值观立刻得到了IBM全球员工的热烈响应。新价值观也代表了员工对公司现状和未来的判断及期望，产生了非同一般的凝聚力和向心力。全体员工自然而然地就把这些核心价值观谨记于心并付诸行动。从表10-2中，可以清晰地看到IBM价值观重塑轨迹。

表10-2　IBM价值观重塑轨迹

价值观	创建人	创建时间
精益求精、优质服务、尊重个人	创始人老托马斯·沃森	1924年
力争取胜、快速执行、团队精神	郭士纳	1994年
创新为要、成就客户、诚信负责	彭明盛领导全体员工创建	2003年

综合而言，郭士纳在进行价值观重塑过程中有如下几个关键动作。

- 让全体特别是高层团队意识到危机的存在，建立紧迫感，激发斗志；
- 建立变革领导团队；
- 发出具体的行为变革要求；
- 根据现实发出"要么改变，要么出局"的严厉警告；
- 变革中保持领导团队的流动性和先进性；
- 少即是多，精简价值观以便简单易行；
- 不断去宣传标语和口号，让所有人理解并加入；

而彭明盛的做法则是更为简单，具体如下：
- 发动全球员工进行发散性讨论、收缩式归纳；
- 达成全员共识；
- 推动全体践行。

> IBM的企业精神是人类有史以来无人堪与匹敌的，没有任何企业会像IBM公司这样给全世界和人类生活方式带来和将要带来如此巨大的影响。
>
> ——美国《时代》周刊

第十章 组织的价值观体系是怎么老化的？

本章要点总结

✓ 一个公司的成败兴亡是公司所有员工行为总和的结果。

✓ 随着时间的推移，一个组织内部必然会出现一系列机械、僵化地遵从价值观的现象。

✓ 人们只有在有强烈的危机感时，才会产生强大的变革意愿和动机。

✓ 公司发展壮大的过程，必然导致僵化、缓慢的决策和流程。

✓ 公司的企业文化很多时候会地久天长，企业文化层面的刻板行为可能长期存在，但是文化的内核——价值观反而被人们遗忘。

✓ 不是领导者奠定、改变文化，而是领导者邀请员工刷新、改变文化、价值观。

✓ 价值观转型中，领导者不但需要努力让员工倾听、理解并向目标前进，还必须告知他们不要做一个盲从者，这不是一个关于逻辑和线性的挑战，而是一个反直觉的、以社会心理暗示为中心并且感性的、极其艰巨的挑战。

✓ 价值观转型不是简单地否定、取消、推翻，而是去其糟粕、取其精华式的迭代。

✓ 高绩效的公司是通过原则而非程序进行领导和管理。

✓ 价值观转型需要让组织这个"封闭的系统呼吸新鲜空气"，变得开放，要打开腹腔进行"外科手术"。

✓ 组织的价值观不是历久弥新的。随着时间推移，价值观会变得无法与时俱进，也会腐朽变质。而且，价值观会变成陈词滥调，在组织内被扭曲，被机械、僵化地执行，因此每隔一段时间组织就需要对价值观主动进行自我更新。

✓ 时间越久，价值观的糟粕部分变得越来越根深蒂固，难以触动和摧毁。

✓ 权力的固化是变革的阻力之源，团队高层缺乏适度的流动性，会导致组织僵化、迟钝，难以推动任何改革。

✓ 少即是多，价值观原则需要简单易行。

✓ 变革必然打破现有利益格局，也必然遭遇巨大的阻力，必要时需要鸣枪示警，发出"要么改变，要么出局"这样的警告，明确只要加入改革的人就会获得授权和机会，不适应、反对的人就只能离开。

✓ 全员参与式的价值观重塑，更容易让新的价值观成为共识，更加容易让员工谨记于心并付诸行动，并且具有更强的凝聚力和向心力。

✓ 随着时间的推移，使命、目标的推力逐渐衰减，习惯的引力逐渐加强，直至无法摆脱习惯的引力场。

✓ 价值观的老化、异化、退化，以及曲解、错误践行，是时间推移所导致的必然结果，因此价值观的定期刷新极为重要。

第十一章
价值观和文化的关系与差别

文化的真谛

人类学家克利福德·格尔茨（Clifford Geertz）将"文化"定义为：**一个社会的全部生活方式，包括价值观、习俗、象征、体制及人际关系，等等**。当代著名政治学家萨缪尔·亨廷顿（Samuel Huntington）在他的著作《文化的重要作用：价值观如何影响人类进步》一书中，从纯主观的角度界定文化的含义，指**一个社会中的价值观、态度、信念、取向以及人们普遍持有的见解**。可见，在两位大师的定义中，价值观是文化的一部分。

中国人有很多特有的文化习俗，比如端午节就是中国人重要的非物质文化遗产。通过吃粽子、赛龙舟等一系列行为习俗延续了2000多年。因此，**文化是一个群体的对于事物的态度，偏好和仪式、行为习惯**。而吃粽子这个习俗的背后，是中国人为了纪念战国时期楚国诗人、政治家屈原，屈原代表着爱国、忠诚、不屈的精神力量和价值观念。因此，**价值观是文化的精神内涵和内核，包含了某一时期一定群体的共同信念。而文化是价值观的图腾，也是一个群体的象征，将一个群体和另一个区分开**。

过去人们一般认为：一种长期存在的信念或习俗，必定有它好的社会理由或文化理由。但事实上人们并不总是聪明的，他们所建立的文化也不都是理想的适应机制而能完善地满足人们的需要。一种传统的信念或习俗既然多年沿袭下来，就一定在当地人的生活中起到有益的作用，这是错误的观点，因为在世界各地人们都不难找寻到愚昧的文化现象。传统的信念和习俗可能是有用的，甚至可能充当重要的适应机制，然而，它们也可能是无用的，有害的，甚至是致命的。**文化可能有利于一个组织的发展，也可能会构成阻碍。**

刻板效应与文化自闭症

前一章提及 IBM 创始人托马斯·沃森（Thomas J. Watson）在 20 世纪 30 年代制定"西装革履"的着装规范，初衷是"尊重客户"的价值观念。经过大半个世纪后，"西装革履"这个着装文化传统被保留了下来，而"尊重客户"的价值观念却被大部分人抛诸脑后，这就是典型的文化传承了下来，而价值观退化的现象。或者说，**价值观的退化、固化是为了文化，这种现象就是价值观的"刻板效应"。** 也就是**随着时间的推移，很多组织内部都会出现一系列机械、僵化地遵从源于组织文化的行为习惯。** 所谓刻板行为，指的是一种重复的、固定的、无明确意义的行为。表现出这类行为特征的人通常称之为自闭症，所以在某种程度上，**如果没有周期性的价值观刷新运动，那么组织就会患上"文化自闭症"。** 举例来说，如果我们只是保留了吃粽子、赛龙舟这样的习俗，而遗忘了端午节文化中屈原所代表着爱国、忠诚、不屈的精神力量和价值观念，那这个丧失了思想、精神内涵的文化就会丧失生命力。**文化通过仪式性、提示性、周期性和坚固性，从而天然地获得关注度、抗打击能力，并通过循环往复和不断地重复从而强化、容易传承，但价值观可能会被遗忘。**

除此以外，**文化作为群体特征和识别标志，本质上也能帮助群体提高凝聚力和满意度。企业文化有助于改进群体内人际关系和组织氛围。** 对一个企业而言，通过群体欢庆等做法，企业文化可以传递关爱、尊重等个体心理需要，从而增强群体凝聚力和个体满意度，提高敬业度、降低流失率。**价值观的强化需要通过文化活动来刷新和强化，文化活动是一个循环**

和自动化的机制。文化有很强的稳定性，因其可以可视化且能周期性触发和强化，但是价值观念极不稳定，且空洞、抽象，难以与现实、情境连接，所以价值观需要通过外在、表象、可视、物质、仪式的文化作为中介传导给人，从而形成泛在性（Ubiquitous）。文化是人和价值观的中介。

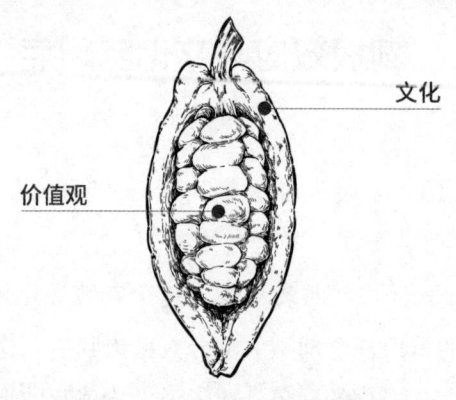

图11-1　文化是价值观的坚壳

文化是价值观的外延和坚壳（见图11-1），文化对于价值观起到表达、保护和连接作用——通过类比思维和象征性活动展示表达；强化后的文化构成了价值观的坚固外壳，抵御对价值观的攻击、摧残；同时，因为价值观具有的抽象性，文化通过艺术化、可视化的感觉呈现起到与外部世界的连接作用，帮助和增加外部世界对于价值观的认知。

本章要点总结

✓ 克利福德·格尔茨（Clifford Geertz）将"文化"定义为一个社会的全部生活方式，包括价值观、习俗、象征、体制及人际关系，等等。

✓ 萨缪尔·亨廷顿（Samuel Huntington）对文化的含义表述是：一个社会中的价值观、态度、信念、取向以及人们普遍持有的见解。

✓ 价值观是文化的精神内涵和内核，包含了某一时期一定群体的共同信念。而文化则是价值观的图腾，也是一个群体的象征，将一个群体和另一个区分开。

✓ 文化可能有利于一个组织的发展，也可能会构成阻碍。

✓ 刻板行为是指重复的、固定的、无明确意义的行为。

✓ 随着时间的推移，很多组织内部都会出现一系列机械、僵化地遵从源于组织文化的行为习惯。

✓ 领导者要警惕价值观的"刻板效应"，也就是机械、僵化地遵从源于组织文化的行为习惯，避免组织患上"文化自闭症"，因为丧失了思想、精神内涵的文化会丧失生命力。

✓ 文化通过仪式性、提示性、周期性和坚固性，从而天然地获得关注度、抗打击能力，并通过循环往复和不断地重复从而强化、容易传承，但价值观可能会被遗忘。

✓ 文化作为群体特征和识别标志，本质上也能帮助群体提高凝聚力和满意度。

✓ 企业文化有助于改进群体内人际关系和组织氛围。

✓ 价值观的强化需要通过文化活动来刷新和强化，文化活动是一个循环和自动化的机制。

✓ 文化有很强的稳定性，因为可以可视化且能周期性触发和强化，但是价值观念极不稳定，且空洞、抽象，难以与现实、情境连接，所以价值观需要通过外在、表象、可视、物质、仪式的文化作为中介传导给人，从而形成泛在性（Ubiquitous）。

✓ 文化是人和价值观的中介。

✓ 文化是价值观的外延和坚壳，文化对于价值观起到表达、保护和连接作用。

第十二章
价值观与仪式的惊人力量

仪式与焦虑缓解

仪式由固定且连续发生的行为组成,作为一组预先设定好的象征性动作序列,以形式和重复为特征,一般缺乏直接的功能效用目的。**仪式是文化的一种重要表现形式和载体。文化是价值观的护城河,通过物质、仪式等形式帮助传递、继承、强化价值观。**

人类形成了基于价值观的仪式。例如,有基督教信仰的人给婴儿洗礼,作为精神重生的象征;有佛教信仰的人上香,作为人与神佛的沟通方式,以表达尊敬、感激与怀念。但仪式的作用远不止帮助人们实现价值观,仪式也可以让人们不那么焦虑。

具有仪式性的行为有助于给不确定的未来带来一定程度的可预测性,让人类大脑相信可以带来稳定感和可预测性,是对抗不确定性、不安全感和焦虑的习惯性"缓冲器"。

研究表明,仪式减轻焦虑的效果几乎适用于任何场景。哈佛商学院(Harvard Business School)谈判、组织和市场部门负责人弗朗西斯卡·吉诺(Francesca Gino)组织了一项有趣的实验,研究人员指导参与者执行一项诱发焦虑的任务——在陌生人面前唱歌。参与者被分成两组,其中一组被要求事先进行一项仪式(例如在自己绘制的图画上撒沙子)。第二组则是直接进行。通过测量参与者的心率、焦虑感和演唱完成度来确定他们的焦虑程度,结果显示:完成仪式的参与者唱得更好,心率明显更低,他们的焦虑感比没有进行仪式的参与者少许多。

心理学家还发现,体育比赛开始前的仪式可以给运动员带来许多好处,比如拥有更好的信心、心理优势和力量,并降低焦虑水平。分析机构统计，曾赢得 20 个网球大满贯单打冠军的拉斐尔·纳达尔（Rafael Nadal）在每场比赛前平均有 19 次这样的仪式。2012 年，他在自传中解释说，这些仪式是"一种让自己置身于比赛中的方式，让周围的环境与我在脑海中寻找的顺序相匹配"。

心理优势与群体社会联系

心理学相关研究还发现，仪式的种类对于减少焦虑没有差异，而且，即使是简单的仪式也可能非常有效。有趣的是研究表明，**涉及疼痛、伤害或创伤的仪式会让进行这些仪式的人建立一种心理优势**。例如，参与"踏火"仪式的人，在经过严酷考验后，其快乐水平更高。社会心理学研究表明，**参加宗教仪式可以提高疼痛阈值和体验积极情绪的能力，并增强群体中的社会联系**。

仪式还帮助人们应对生活中的挑战和伤痛。在 2014 年的一项研究中，研究人员发现，进行个人仪式（比如每周为死者献花）的参与者悲伤程度较低。当经历失去时，人会感觉失去控制，**仪式可以创建一种表面秩序，来让人感觉重新获得控制感和能力感，缓解不安、紧张和焦虑**。

当人们进行仪式这样的集体实践时，过程可以改善相互的社会关系。英国考文垂大学(Coventry University)的心理学家瓦莱丽·范·穆鲁科姆(Valerie van Mulukom)认为，拥有社会网络经常与幸福感联系在一起。人们认为仪式特别擅长促进这种网络，比如频繁的团体聚会。**幸福感（Well-Being）的来源是自由意志、自我效能、社会联结**。团体仪式让成员觉得相互间有相同的思维模式和相同的价值观，并促进信任的产生。对于世界级歌手，28 座格莱美奖（Grammy Awards）得主碧昂丝·吉赛尔·诺斯（Beyoncé Giselle Knowles）认为，自己在表演前和所有工作人员围成一圈祈祷是一种"精神练习",能够帮助她带来完美的表演。心理学家认为,她的这种习惯,帮助她带来一种秩序感和控制感,构建了一种心理优势和心理稳定性。

新西兰的惠灵顿维多利亚大学(Victoria University of Wellington)的研究发现,仪式影响人际联结和心理健康——参加集体仪式后,**多数人认为自己与群体中的其他人的联系更紧密,信任增加**。有趣的是,哪怕只是观察仪式,也会取得相同效果。

尽管仪式有很多好处,但也不能滥用和误用。例如,某些企业采用一些令人不安的仪式,如"真心话大冒险"这样的突破隐私底线或者欺辱、残酷地加入仪式,突破人格底线的行为往往涉及个人尊严、人格侮辱、隐私保护,在少数情况下甚至会让参加者精神崩溃。这种**有害的群体仪式,不但不会带来秩序感、控制感、社会联结,还会破坏关系和谐,带来恐惧不安等情绪**。

第十二章　价值观与仪式的惊人力量

本章要点总结

✓ 仪式是文化的一种重要表现形式和载体。

✓ 文化是价值观的护城河，通过物质、仪式等形式帮助传递、继承、强化价值观。

✓ 仪式是一组预先设定好的象征性动作序列，通常以形式和重复为特征，缺乏直接的效用目的。

✓ 具有仪式性的行为有助于给不确定的未来带来一定程度的可预测性，让人类大脑相信可以带来稳定感和可预测性，是对抗不确定性、不安全感和焦虑的习惯性"缓冲器"。

✓ 仪式可以给人们更好的信心、心理优势和力量。

✓ 仪式可以提高疼痛阈值和体验积极情绪的能力，并增强群体中的社会联系。

✓ 仪式有助于给人们带来心理优势、动力、快乐、秩序感、控制感和执行力，并在群体中构建更好的人际关系。

✓ 社会网络与幸福息息相关，仪式对于促进这种网络有巨大效果。

✓ 仪式促进成员间的相同想法和相同价值观，从而促进了信任。

✓ 仪式可以创建一种表面秩序，来让人感觉重新获得控制感和能力感，缓解不安、紧张和焦虑。

✓ 有害的群体仪式，不但不会带来秩序感、控制感、社会联结，还会破坏关系和谐，带来恐惧不安等情绪。

✓ 仪式影响人们的社会联系和健康，并可以提高疼痛阈值和体验积极情绪的能力。

第十三章
相同的表述就是相同的价值观吗?

赋能的两种解读

人们经常有个疑问：很多公司的价值观表述看上去都差不多，比如很多公司的价值观表述里面都有"诚信正直"，那么，这些公司的价值观都一样吗？答案是：否。了解一个公司的价值观，不仅要"听其言"，更重要的是"观其行"。**一样的价值观表述，在不同的组织里可能有截然不同甚至完全相反的内涵和理解，即使在一个公司里面也可能会出现一个价值观各自表述的情形。**互联网上可以找到一段马化腾先生在《财富》杂志举办的一个活动上，讲述他所理解的"赋能"的内容：

我们希望是更加 Open(开放) 一点，所以说你看看我们公司，在这五六年的策略，其实是做"两个半"，第一做通信和社交，第二做数字内容，第三是"半"个业务。"半"是指它不太成熟，主要是指互联网+这方面，还有一个"半"的意思是指我们是"半条命"，因为在这个领域中，我们不是整条命都掌握在我们自己手上，而是"半条命"，另外"半条命"就是靠我们生态里面的其他合作伙伴，不管是跟金融有关的、O2O 有关的、交通出行有关的。电子商务、搜索引擎我们全部都不做了，全部都给我们生态合作伙伴来做，然后我们支持他。因为对我们来说，我们自己能做的事情已经太多了，所以我要求我们的团队，我们的定位不要跟他们竞争，而是帮助他们。我们定位在支持他们，这也就叫"赋能"，我知道马云也提"赋能"，但是我想趁机讲一下我们的不同。"赋能者"，我觉得是要看最终的格局是被赋能者的安全程度，如果一个中心化的（Centralized）

的赋能者（Enabler）会让大家觉得以后我百分百的渠道都在你的生态里的时候，基本上你的命运就掌握在别人手上了，你的利润也掌握在别人手上了，什么时候想把你的利润拿过来，一句话。但我们推的方式叫作"去中心化的赋能"，我们不拥有这个Mall（卖场），不会让你来要我的柜台出租给你做生意，而是你自己建这个房子，建完之后就是你的，你的粉丝、你的客户以后就是你的了，不需要再交月租，不需要每年涨价，这就是去中心化。

通过这段讲话，我们可以发现：马化腾先生所讲的两种赋能——中心化赋能、去中心化赋能，前者本质上就是控制他人的利己型赋能，后者是不控制的共益型赋能。两种模式导致的结果是，前者因为终极目的是控制他人实现自身利益的最大化，最终导致赋能对象的创业者精神的丧失，打工者心态出现，内驱力逐渐涣散。

其实，早年的腾讯被中国互联网行业称为"山寨大王"，业界很多人认为其很多软件都是靠复制小公司的产品做起来的，本质上这是一种"打砸抢"的策略，借助于自己的用户规模、流量和平台优势，通过打死对方、砸了对方的市场、抢走对方的业务这样的方式来发展壮大自己，导致的结果是树敌太多，一度甚至成为行业公敌，当敌意到达高峰时，著名的《计算机世界》杂志甚至出了一期封面叫《"狗日的"腾讯》。有媒体报道称：当时腾讯紧急召开了总裁办会议，大家面对报道复印件，面面相觑，无人发言。最后，马化腾开口了，他喃喃自语："他们怎么可以骂人？"后来，《计算机世界》杂志正式道歉，腾讯虽然赢了面子，但却输了里子。

2010年10月，"360和QQ大战"爆发，发展到"二选一"，政府部门介入调停的程度，持续1个多月的舆论谴责和攻击，成了腾讯历史上最大的灾难和危机。作为交战方的腾讯极为被动，最后靠着"一个艰难的决定"也就是"二选一"才勉强扳回胜局，但舆论层面已完败。此后相当长时间，腾讯被妖魔化，品牌不断被舆论拉扯，甚至发展到在互联网行业的企业骂腾讯成为一种"政治正确"！

　　但腾讯在"黑暗时期"开始了转型，选择"以资本推动开放"的战略变得开放——投资别人，支持别人、和别人一起发展壮大，也就是把自己的"半条命"交给自己的合作伙伴。这就是腾讯能取得今天巨大成就的一个重要原因。开放并逐渐发展到"去中心化"的赋能的商业哲学，这也是一家公司价值观转变的"蜕变"过程，利他型价值观有助于一家企业的长期生存，一家企业只有为他人所需要、为市场所需要、为社会所需要，才能实现基业长青。**企业领导者必须从短期的、有限的、零和的有限思维，走向长期的、共益的、无限的思维模式才能保障企业基业长青。**

　　人们能从不同的公司的价值观表述中看到相同、相似的关键字，比如"创新""诚信""专业""责任"等，但这不意味着两家公司的价值观在内涵、实质上是相同的。例如"赢"的精神，可以理解为自己单赢，也可以理解为双赢，而双赢甚至也可以被理解为彼此共赢，也可以理解为自己单方赢两次。不同群体、不同组织对于相同的价值观关键字可以有完全不同的解读、诠释、理解。真正了解一个组织的价值观需要对其内涵做深入的了解，并且还不能只是"听其言"，还要"观其行"。

底线、自尊、自我认知与表露

　　一个公司的价值观关键字就是这个组织的最重要的信念缩写、自我认知最简单化的素描，是去除一切冗余后的抽象，是这个组织成员最接纳的自我，和这个组织希望外部社会接受的自身的心智定位，也是这个组织深层意识中造就自身成功和未来生存发展的核心基础和关键，以及精神、心理和思想力量。核心价值观是组织的底线，是其信念系统最核心、最无法妥协和退让的部分。每个个体和组织都渴望获得自尊（Self-Esteem），这是自我提升的需要。**自尊是个体和组织对自我的全面评价，它是我们所有的自我透视和可能**，自尊是对自我价值的整体认识，能够影响人们如何评价自己的特点和能力。价值观关键字及其描述是一个组织构建自我认知和自尊的简化与抽象，也是对其内部成员和外部市场、社会的自我表露和坚定承诺。当组织的行为符合价值观导向时，就能获得内、外部的接纳、支持、认可、赞赏，反之则因为言行不一，导致内部的士气涣散、自我否定、认知不协调和外部市场与社会的鄙视、否定、抵制、排斥。

> 社群主义建立在个人神圣的价值观基础之上，但它同时认可团结一致的核心价值观，通过人与人之间的关系，我们成为我们自己。
> ——罗伯特·贝拉（Robert Bellah），美国加州大学伯克利分校社会学荣休教授

从进化的角度，个人与组织的承诺行为一致性有非常重要的社会作用：在群体和社会中，无信的人被认为是无法预知的不稳定因素，这种不稳定是安全隐患，会导致群体和组织的不接纳，很难融入群体，并遭受社会性拒绝，从而很难生存和成长。而**符合社会规范的价值观有助于企业获得社会资本（Social Capital）：支持性的联系，信息交流，信任与合作行为**，这些保证了组织和社会的正常与良好运转。

一致性与认知不协调

相关的心理学研究发现，**个体和组织倾向于表现行为一致性，而且对一致性行为感受良好，即使后期有证据证明其决策是错误的**。美国社会心理学家利昂·费斯廷格（Leon Festinger）发现了认知失调（Cognitive Dissonance）现象——当个体知觉有两个认知（包括观念、态度、行为等）

彼此不能调和保持一致时，会感觉心理冲突、紧张不适，为了减少这种感受体验，人们会产生改变自己的压力，促使放弃或改变认知之一，迁就另一认知，以恢复调和一致的状态。社会心理学家克劳德·斯蒂利（Claude Steele）提出的自我肯定理论（Self-Affirmation Theory）认为，**失调的行为会令人尴尬，它使我们觉得自己愚蠢和不诚实、不可靠，破坏我们的自我效能感和善良感，因此证明自己的行为和决定其实是一种自我肯定，保护和维持了我们的诚信和自我价值**。信念和行为自相矛盾的人难以构建自我价值，自我概念的恢复需要人们保持一致性。对个体而言，失调是一种令人不适和紧张的激活状态，可以通过流汗和心率加速等生理状态表现出来。如果行为不能用外部回报或强迫因素来解释，人们会体验到失调，然后，通过相信自己的行为来减少失调。做出自我定义或重大决策后，人们倾向于更高评价自己的选择而贬低放弃的选择，以减少失调。

承诺和行为一致性在社会层面也有其他现实意义：**个人或组织一旦做出了决策、承诺或表明了某种立场，就会感受到自身或群体、社会的压力令自身表现得与承诺一致**。这些群体压力会让自己以符合早前决策的合理的方式进行做出反应。例如，我们下了决定承诺了下周上班不迟到，自己就会觉得有必要去遵守，这在个人心理层面会形成心理压力——遵守自己决定的压力。而在外部的群体与社会层面，这种压力会更强烈：当我们向周围的同事承诺了下周不迟到，意味着这个承诺是公开的，即包含他人的，自身就会觉得更应该坚定决心，也更可能坚持到底。社会心理学研究发现：**个体一旦对自己的立场做了承诺，就会变得坚定**。例如，比赛中裁判员很少推翻自己最初的决定。公开的承诺让人们难以后退。自己的言行不一会引发愧疚感受，并且，对他们的**承诺破产也会引发评价顾忌（Evaluation Apprehension）和社交危机**。社会普遍性认为言行不一的行为是恶劣的品质，与道德水准、缺乏自律、不理性、欺骗甚至无能相关，会让他们产生困惑、厌恶、失望、愤怒的感觉。这些危机造成了巨大的社交压力，让个人与组织保持言行一致。社会性拒绝会带来巨大的痛苦，如果偏离了群体规范，常会付出巨大的情感代价，**群体负面评价和社会性拒绝带来的痛苦会激活人脑的疼痛区域**。因此，人们只能确保他们的行为与之前的承诺匹配，从而避免过度的来自内部的心理压力和外部的社会压力。

> 知易行难，要将想法付诸实践是世界上最困难的事。
> ——约翰·歌德（Johann Goethe），德国诗人、作家

组织对外公示其核心价值观关键字和诠释，就会存在被判断、被评价的可能，这种可能会大大强化个体和组织遵从社会价值观和道德规范的倾向，被他人评价的感觉会转化为自我控制的意向，促使个体和组织承担社会责任。**一旦成为社会焦点，人们就会自觉地监控自己的行为，一旦受他人观察，个体评价的顾忌就会有所增强**。

对外公开展示自身的价值观，对于组织及其成员实现目标、使命、愿景有很强的驱动作用，也会获得更多的社会接纳、信任、期望价值。组织的价值观通常考虑了社会规范的影响，通常都考虑到社会的最大限度接纳和融入，构建和谐的自我环境，良好的社会关系有助于定义自我。社会心理学上，**规范影响（Normative Influence）是指个体或组织需要与群体、社会保持一致，以免造成社会性拒绝，并获得群体、社会的接纳或赞赏**。

> 人们倾向于积极地描述自己的群体，以便于能够积极地评价自己。
> ——约翰·特纳（John C. Turner）

除了社会的规范影响（Normative Influence），另一种对于企业价值观的影响来自于信息影响（Informational Influence）。个体或组织遇到困难、危机、恐惧时，从众程度较高，源自于人们希望正确行事，而从众的对象往往来自于公认的成功企业，越是在模糊、混乱、手足无措的场景中，他人成功的做法、经验和"专家"的指导越有价值。

世界名企的核心价值观

让我们来看看世界 500 强企业部分前 20 名企业核心价值观关键字，感受这些企业的精神力量见表 13-1。

表13-1　世界500强企业部分前20名企业核心价值观

沃尔玛（STATE GRID）公司核心价值观	
关键字	诠释
服务顾客 尊重个人 追求卓越 诚信行事	创始人山姆·沃尔顿为沃尔玛注入了独特的文化信仰。**服务顾客、尊重个人、追求卓越、诚信行事**，这四大核心价值观是沃尔玛的基石，也是所有同事每日工作的行为准则

注：2021年《财富》世界500强排行榜第1位

国家电网（STATE GRID）公司核心价值观	
关键字	诠释
努力超越 追求卓越	始终保持强烈的事业心、责任感，向着国际领先水平持续奋进，敢为人先、勇当排头，不断超越过去、超越他人、超越自我，坚持不懈地向更高质量发展、向更高目标迈进，精益求精、臻于至善

注：2021年《财富》世界500强排行榜第2位

联合健康集团（United Health Group）公司核心价值观	
关键字	诠释
诚实正直	我们致力于最高水平的个人和机构诚信。我们做出诚实的承诺，并努力始终如一地履行这些承诺。我们不会损害道德。我们努力兑现我们的承诺，我们有勇气承认错误，并采取一切必要的措施来纠正错误

续表

同情	我们尝试站在我们服务的人和我们在整个医疗保健社区工作的人的立场上实践。我们的工作是同理心倾听，然后为每个个人、每个群体或社区以及整个社会提供适当、快速的服务。我们庆祝我们在为公众和社会服务的过程中所发挥的作用，这是一个与人类健康息息相关的领域
关系	我们通过与政府、雇主、医生、护士和其他医疗保健专业人员、医院以及医疗保健的个人消费者建立关系并开展富有成效的合作来建立信任。通过诚实、正直、积极参与以及与同事和客户的合作来赢得和维护信任。我们鼓励各种想法和观点，以反映我们市场、客户和劳动力的多样性
创造	我们追求持续、积极和务实的创新，利用我们在医疗保健方面的丰富经验，成为变革的深思熟虑的倡导者，并利用我们获得的见解，创造一个更美好的未来，使医疗保健环境发挥作用，更公平、更高效、更始终如一地为所有人服务
成效	我们致力于在我们所做的每一件事中提供并展示卓越。我们将负起责任，始终如一地提供高质量和卓越的结果，从而改变我们接触的人的生活。我们继续挑战自己，努力在所有关键绩效领域取得更好的成果

注：2021年《财富》世界500强排行榜第8位

中国平安（Ping An）公司核心价值观	
关键字	诠释
专业领先 诚信服务 创造价值 回馈社会	中国平安以"成为国际领先的个人金融生活服务提供商"为愿景，恪守企业社会责任，为客户、员工、股东和社会创造最大化的价值，倡导"以优秀的传统文化为基础，以追求卓越为过程，以价值最大化为导向，做一个品德高尚和有价值的人"的价值观，弘扬"专业领先、诚信服务、创造价值、回馈社会"的平安精神，坚持"专业创造价值"的品牌定位，在"综合金融+"和"互联网+"的新时代，实现"专业，让生活更简单"的客户体验

注：2021年《财富》世界500强排行榜第16位

英国石油（BP)公司核心价值观	
关键字	诠释
"安全、尊重、卓越、勇气"和"一个团队"	我们始终坚信成功来源于每位员工散发的能量。通过践行"安全、尊重、卓越、勇气"和"一个团队"的核心价值观，我们努力创造充满包容性的工作环境。在BP，每个人都能充分发挥自己的潜力、优势和影响力，为公司创造价值
注：2021年《财富》世界500强排行榜第18位	

通过表13-2我们发现，《财富》世界500强企业前列企业在企业核心价值观方面在"追求卓越"和"诚信"方向能找到共识。

表13-2　世界500强企业部分前20名企业核心价值观比较分析图谱

	沃尔玛	国家电网	联合健康	中国平安	BP公司
诚信	■	■	■	■	
专业			■	■	
追求卓越	■			■	■
回馈社会		■	■		
客户为先	■			■	
尊重	■				■
责任		■			
创新		■	■		
安全					■
勇敢					■

生物医药领域企业的价值观是社会和公众关注的重点，因为其产品、服务关系到生命、健康，因此社会对于这一领域的企业有着更高的道德要求，根据相关企业的官网信息，整理如下见表13-3。

表13-3　全球领先生物医药企业的核心价值观

强生（Johnson & Johnson）公司核心价值观	
关键字	诠释
关爱	强生的关爱文化来源于"我们的信条"，信条要求每个强生人，在日常的工作中要始终遵循对病患和消费者、员工、社会**负责**的价值观。强生以优质的产品、持续性的公益项目和志愿服务，支持那些帮助他人的人，积极改善人们的健康福祉。"因爱而生"弘扬了强生信条的核心理念：关爱是**推进社会**迈向更健康、更快乐、更长寿的重要力量之一，也是强生作为企业公民履行对病患、消费者、医护工作者、员工和社会的**责任**的出发点。秉承"因爱而生"的公益理念，2015年以来，强生先后推出爱的呼吸、爱的微笑、天使有爱、心灵花语主题活动，携手各方开展线上、线下多元传播，用行动讲述关爱，实践"关爱全世界，关注每个人"的承诺 关爱客户：在信条精神的指引下，强生通过不断完善产品质量、提升客户服务、加强供应链合作，坚持为我们的病患和消费者提供高质量的医疗保健产品、服务和解决方案，并致力于通过研发**创新**，解决未满足的客户需求，同时将这些产品、服务和解决方案带给世界各地需要帮助的人们 关爱员工：员工是强生的宝贵财富，在信条精神的指引下我们用价值观**凝聚**每一位员工。我们始终坚持以人为本，维护员工权益，倡导员工**多元化**融合，完善员工职业晋升路径，全方位关怀员工，倡导员工工休平衡，满足员工的需求。我们将关爱传递给每一名员工，认真践行对员工关爱的承诺 关爱社会：在信条精神的指引下，强生秉承"因爱而生"的理念，积极利用优势资源，倡导并投身于各项社会公益及环境保护事业，我们用行动诠释"关爱"，以持续的付出践行"关爱全世界，关注每个人"的承诺
多元	创造多元化价值：强生努力创造员工的多元化价值，积极承诺并保障员工的各项基本权益，倡导并推动女性员工发展，维护员工的职业健康与安全，实现企业与员工的共同进步与成长。在强生，员工的多元化丰富了我们的工作环境，帮助我们更好地接触新思维和了解服务对象的需要。我们为所有符合资格的应聘者提供**平等**的就业机会，不论种族、肤色、宗教信仰、性别、性取向、性别认同、遗传信息、原籍、受保护退伍军人身份或残疾状况，或者是任何其他受法律保护的特定人群，均有机会获得聘用

续表

关键字	诠释
创新	为创新喝彩：针对世界性医疗难题，强生运用科学与智慧，用数十年的心血，坚持**创新**，研发耐多药肺结核等疾病的治疗方案。强生承诺，支持万千医务工作者，用巨大的爱，做细小的事，以创新，时刻守护每一个人的健康，生命因创新而绚丽，与强生一起，为创新喝彩

诺华（NOVARTIS）公司核心价值观	
关键字	诠释
激发	激发工作热情、致力于服务患者、践行我们的使命
求知	好学、**开放**、**自省**
赋能	明晰方向、**服务**他人、对自己的行为**负责**
诚信	**诚实**、有**勇气**做正确的事情

默沙东（MSD）公司核心价值观	
关键字	诠释
患者为先	默沙东致力于增进人类和动物的健康和福祉，让更多的人可受益于我们的药品和疫苗。我们每个人都对提供高质量的产品和服务承担**责任**
尊重他人	我们的卓越取决于**诚信**、知识、想象、技能、**多元**、**安全**和员工的团队**合作**。为了达到这个目标，我们努力营造**相互尊重**、**兼容并蓄和勇于承担责任**的氛围。我们嘉许员工的**全力**投入和业绩，对员工及其家庭的需求做出反馈
道德与诚信	我们以最高标准的道德与诚信要求自己。我们对我们的客户、员工、竞争者、经销商和供应商、股东以及我们为之服务的全球社区负有**责任**。在履行责任过程中，我们不会在专业或道德上有所回避。我们同社会各界的所有互动都必须是**透明**的，并且要反映这一高标准
创新和科研卓越	我们致力于创新和科研卓越。我们的研究以改善健康及生活质量为导向。通过持续不断的**创新**，我们努力发现和满足患者与客户最迫切的需求

葛兰素史克（Glaxo Smith Kline）公司核心价值观	
关键字	诠释
以患者为中心 正派诚实 尊重他人 公开透明	我们的价值观和期望是我们所做一切工作的核心，并有助于定义我们的文化，以便我们共同为患者和消费者提供更好的服务，并使GSK成为一个人人都心之向往的工作场所。我们的核心价值观是：**以患者为中心，正派诚实，尊重他人，公开透明**。我们期望我们的员工拥有同样的价值观，并始终行事**透明、诚实**。我们每个人都专注于三大战略优先事项：**创新，绩效，信任**。我们鼓励员工在作出任何决策时胸怀价值观，展现领导力，提供个人发展机会，并奖励员工的工作方式和工作成果。我们希望每一位GSK人都为自己的所作所为，为他们辛勤付出的公司，以及他们所带来的改变而骄傲

辉瑞（Pfizer）公司核心价值观	
关键字	诠释
勇气	突破始于挑战传统，尤其是在面临不确定性或逆境时。当我们有**远见卓识**、敢于**直言不讳**、果断决然时，就会发生这种情况
卓越	只有当我们一起表现到最好时，我们才能改变患者的生活。当我们**专注**于重要的事情，同意谁做并衡量产出时，就会发生这种情况
平等	我们相信每个人都值得被看到、听到和关心。当我们**包容**各方、**正直**行事、缩小医疗差距时，就会出现这种情况
欢乐	我们把自己**奉献**给工作，但它也回馈给我们。当我们感到自豪，认识彼此并享受快乐时，我们会感到快乐

拜耳（Bayer）公司核心价值观	
关键字	诠释
领导	对员工和工作充满激情 **积极主动**，善于鼓舞和激励他人 勇于对行动和结果、成功和失败承担责任 **正直公平**，尊重他人 **明确、坦诚和及时**地给予反馈 有建设性地处理矛盾 为我们所有的股东创造价值

续表

正直	起到表率作用 遵守法律、规章和良好的商业惯例 **坦诚相待**,建立互信 **诚实可靠** 认真倾听,有效沟通 确保**可持续性**:权衡短期结果和**长期要求** 关心他人、关注**安全**、善待环境
灵活	积极推动**变革** 调整自己适应未来的趋势和需求 勇于挑战现状 思考及行动均**以客户为导向** **勇于**抓住机遇,冒有备之风险 **开诚布公** 活到老,学到老
效率	**高效**利用资源 专注于可创造价值的行动 行事简练、**高效** 以合理的成本、适当的进度及良好的质量提供产品和服务 **加速**好决策的制定 以公司持续、稳定的运行为己任 共同合作,寻求**更佳**的解决方案

表13-4 全球领先生物医药公司核心价值观比较分析图谱

	强生	诺华	默沙东	葛兰素史克	辉瑞	拜耳
诚信						
专业						
追求卓越						
回馈社会						
客户为先						
多元包容						
相互尊重						
责任						
创新						

续表

	强生	诺华	默沙东	葛兰素史克	辉瑞	拜耳
安全						
勇气		■	■	■	■	
团结协作		■				
开放		■		■		
高效			■			
可靠						■
信任						
透明	■	■	■	■	■	
远见						
博爱	■					
正直			■	■	■	
平等						
奉献						
积极主动						
公平						

通过表13-4比较分析图谱发现，主要生物医药企业对于"诚信""客户（患者）为先""勇气""透明"四个方面的重视程度最高。而通过对医疗器械企业的核心价值观比较，是否能得出相似的结论呢？见表13-5

表13-5 全球领先医疗器械公司核心价值观

雅培（Abbott）公司核心价值观	
关键字	诠释
积极达成	每天充满活力和热情地投入工作，因为我们深知自己的工作对于**信赖**我们公司和产品的人意义非凡，我们知道，全世界的人都依赖我们来确保他们的身体强健，能够在生命的每个阶段充分发挥自己的潜力。这类工作旨在对世界健康产生持久的积极影响
创新文化	好永远不够好。我们为伟大的事业而奋斗，并致力于创造不断改进的方式，帮助人们过上更健康的生活。我们如何培养这种创新精神？通过挖掘不同的视角、人员、专业知识和想法，形成新的护理方法。最终的结果是不断开发独一无二、改变生活的产品和解决方案，并使公司保持在科学的前沿

续表

增长和进步	我们在健康解决方案以及员工的生活和职业生涯方面都处于领先地位。我们在世界各地以及医疗保健的许多领域的工作为我们的员工探索职业道路、兴趣和机会提供了丰富的环境。我们通过培训、指导、学费报销、发展计划等鼓励和促进这种增长。我们努力提供充满挑战和回报的职业,以及个人和职业发展
生计和福祉	我们吸引最优秀、最聪明的员工;我们的福利套装、薪酬计划和工作选择旨在帮助员工在工作和家庭中获得成功

波士顿科学(Boston Scientific)公司核心价值观	
关键字	诠释
多元融合	我们最大限度地发扬多元和包容的优势,鼓励并倡导独特才能,创意及经验分享
有效创新	我们努力营造创新氛围,鼓励将新的想法转变为突破性的服务和解决方案,从而为患者、客户和员工创造价值
关爱之心	我们本着诚信和关爱之心去帮助患者,服务客户和效力社区
卓越之志	我们以追求卓越之志造福患者、服务临床
致赢精神	我们适应市场变化并以**高效**、敏锐和**责任**感为原则制定行动方针,提高服务病患水平
全球协作	我们携手合作寻求全球化商机,延伸我们的服务

丹纳赫(Danaher)公司核心价值观	
关键字	诠释
最佳团队制胜	● 优秀人才在丹纳赫快节奏、注重结果的文化中茁壮成长。我们的价值观始于我们全员。 ● 我们珍视我们的同事及其独特的贡献,并投资于他们的成长。 ● 我们热衷于招募、发展和留住最有才华、最**多元化**的团队。 ● 我们每天都让最有技能、最具**协作**精神、最敬业的团队上场比赛
倾听客户声音	● 我们团队最重要的职责之一就是倾听客户的意见。 ● 我们不断寻求深入了解客户的需求,无论是显性需求还是隐性需求。 ● 我们对客户的高度关注有助于我们创建直接满足这些需求的**创新**解决方案。 ● 通过我们的流程和产品,我们寻求每天提供更大的价值,并改善客户的体验,使其超出预期

续表

丹纳赫（Danaher）公司核心价值观	
关键字	诠释
改善永无止境	● 通过**改善**或持续改进，我们通过有利于更大利益的行动来满足客户需求。 ● 客户挑战我们，我们也挑战自己，不断改进。我们为自己和彼此设定了很高的标准。 ● 凭借扎根于丹纳赫商业体系的强大文化，我们不断努力以有意义的方式为我们的公司、我们的客户和世界做得更好。 ● 我们不断改进的动力使我们领先于竞争对手，在全球范围内创造**持久**价值和持久影响
创新决定未来	● 我们推动持续改进的最重要的方式之一是通过创造不同的创新。 ● 客户期待着我们寻求机会并定义未来，以提供创新的产品、服务和解决方案，满足他们最迫切的需求。 ● 创新是我们的终极竞争优势。我们追求开箱即用的想法，无论大小，以增加价值和推进创新。 ● 我们通过提供重要的技术来改善人们的生活。通过帮助客户实现惊人的成就，我们提高了世界各地的生活质量
赢取股东投资	● 通过践行我们的核心价值观，我们为股东提供尽可能高的价值。我们良好的业绩记录使我们能够继续投资于我们的企业和员工，帮助他们充分发挥潜力。 ● 我们通过保持最高的**诚信**标准、为客户提供**卓越**的服务以及每天建设更好业务的坚定承诺来赢得股东的投资

费森尤斯卡比（FRESENIUS KABI）公司核心价值观	
关键字	诠释
客户至上	我们以客为尊
品质为先	我们追求卓越
正直诚信	我们值得信赖
合作共赢	我们齐心协力
坚持创新	我们致力完善
热情承诺	我们关爱生命

从表 13-6 中，可以发现有趣的是医疗器械公司对于"追求卓越""创新""客户（患者）为先"价值观非常重视，这与生物医药公司相比有很大的差异。

表13-6　全球领先医疗器械公司核心价值观比较分析图谱

	雅培	波士顿科学	丹纳赫	费森尤斯卡比
诚信			■	
专业				
追求卓越	■	■	■	■
回馈社会	■			
客户为先		■	■	■
多元包容	■			
相互尊重	■			
责任	■			
创新	■	■	■	■
安全				
勇气	■			
团结协作		■		
开放				
高效				
可靠				
信任	■			
透明				
远见			■	
博爱	■			■
正直				
平等				
奉献				
积极主动	■			
公平				

再来看另外一个至关重要的行业——汽车业的核心价值观见表 13-7。

表13-7　全球领先汽车企业的核心价值观

特斯拉（Tesla）公司核心价值观	
关键字	诠释
开放 高效 平等 安全 创新 包容	我们倡导**开放式沟通**及**高效协作**，**拒绝等级制度和官僚作风**。我们倡导**安全**、**创新和包容**的企业文化，任何才华出众、**热诚**和专注于解决棘手问题的人都有机会一展才能

大众集团（Volkswagen Group）公司核心价值观	
关键字	诠释
责任	我们是社会的一部分。我们承担**社会责任**。我们每天都关注产品和工艺的**环境兼容性**，并对其进行改进
诚信	我们做正确的事情是出于内心的信念，即使没有他人在场。我们不怕等级制度，**公开**说出我们的想法。我们互相倾听，共同寻找最佳解决方案
勇敢	我们**大胆**、**创新**、发明、先行。我们放手，重新思考。我们塑造了明天的移动性
多样	我们五彩缤纷、不同、唯一，是更大整体的一部分。我们对其他思维方式、新经验和解决方案持开放态度。我们以**平等**的态度相互**尊重**
自豪	我们支持可持续发展的产品和质量。我们满怀**激情**、坚定信念、**高效**地为公司的成功做出了重要贡献。我们为我们所做的和我们如何做到这一点感到自豪
团结	我们在全球范围内毫不犹豫、毫不复杂地共同努力。我们是桥梁建设者，而不是看门人。一起无敌。我们团结一致，我们是一个团队
可靠	我们可以信赖。我们言行一致，**坦诚**相待。我们**信守诺言**。我们重新获得失去的**信任**

宝马集团（BMW Group）公司核心价值观	
关键字	诠释
责任	我们会做出始终如一的决策，并亲自做出承诺。这使我们能够**自由**和更有效地工作

续表

宝马集团（BMW Group）公司核心价值观	
关键字	诠释
赞赏	我们**反思**自己的行为，相互**尊重**，提供明确的反馈，庆祝成功
透明	我们承认关切，并以建设性的方式找出**不一致**之处。我们行事**正直**
信任	我们彼此**信任**和**依赖**。我们**迅速**采取行动并实现我们的目标，这一点至关重要
开放	我们对变化感到兴奋，并愿意接受新的机会。我们从错误中吸取教训

梅赛德斯–奔驰（Mercedes-Benz）公司核心价值观	
关键字	诠释
激情	我们的品牌和遗产是世界一流的，是我们的领导和成功的基础；我们思维灵活，乐于学习，每天都有出色的表现；我们认识到人才和潜力，并鼓励同事优化他们的努力和贡献；我们的方法是积极的，拒绝消极的；无论我们做什么，我们都带着真正的热情和承诺去做
尊重与正直	我们总是以我们希望的方式对待同事、客户、供应商和外部合作伙伴；我们创造了一个基于共享和理解的价值观和行为的环境；我们在公司内部合作并公开分享知识和信息；我们履行承诺，从不拖延艰难的决定；我们的行动始终体现了我们的高质量价值观
自律	我们致力于以可靠和负责任的方式运营；我们以身作则。我们讨论并分享经验教训；我们专注于交付成果。我们鼓励发展规划、奖励和表彰辛勤工作，并为员工提供积极的行动
卓越	我们努力做到最好；我们拥抱创新和变革。我们以身作则，传递清晰一致的信息；我们被公认为业内最佳实践；我们通过公开透明的措施进行监测、评估和报告，取得了显著的成果；我们承认并奖励我们的成就

第十三章 相同的表述就是相同的价值观吗？

通用汽车（General Motors）公司核心价值观	
关键字	诠释
兼容并蓄	始终看重与自己不同的背景、观点和想法
客户为先	做每件事都充分考虑客户的需求
时时创新	不拘泥于事物现状，积极探索更好的可能性
放眼未来	从长远的角度出发来做决策
同心合力	通过跨部门的团队协作，取得惠及整个公司的成果
直言无畏	在尊重他人的同时能直言不讳，大胆地交流和分享观点
勇于担当	敢于担责，对安全、自身行动、行为和结果负责
诚信制胜	始终以赢为念，以诚为先

福特汽车（Ford Motor）公司核心价值观	
关键字	诠释
以人为本	我们是一家目标驱动的公司。无论是我们的客户、员工、合作伙伴还是社区，我们都痴迷于人们推动人类进步的愿望和需求
做正确的事	我们首先相信，对我们的品牌和彼此的信任来自于正直和透明的行为。我们营造安全、包容的工作环境，创造自由，让我们成为完整的自我，并尽全力工作
保持好奇	我们带着一种兴趣和惊奇的感觉去接触世界和彼此。我们足够谦虚，知道我们可以从每一种情况中学习，并积极提问以理解和批判性思考
创造明天	我们培养有意义的变革，优化今天，创造明天。我们展望未来。我们创造性地解决问题，接受风险，大胆尝试
坚韧不拔	我们以信心、勇气和乐观的态度接受挑战并克服它们。我们让世界运转起来，拥抱变革。我们很有韧性，并且长期坚持下去
为胜利而战	我们有责任。我们的业务是为了创造价值，当我们创造价值时，我们会庆祝。我们专注于竞争适应性、效率和灵活性。我们做出高质量的决策，每个人都有能力实现卓越
一个福特	我们相互依赖、尊重和关心。我们无国界地建立网络和合作伙伴。我们欢迎每个人的独特贡献，坦诚沟通，并作为一个团队一起工作——我们是一个大家庭

丰田汽车（TOYOTA MOTOR）公司核心价值观	
关键字	诠释
为了他人	人为了他人，而努力，想办法，尽全力。今天也一样，站在客户的视角，站在对我们抱有期待的人的视角，超越现在的自己
踏实行动	我们总在思考，今天的工作，应该向着哪个方向前进，朝着目的，坚定地踏实行动
保持好奇	像对待自己的事一样，对一切事物都持有好奇，洞察现象背后的本质。好奇心，引领我们找到新的创意
洞察事物	人类是最好的传感器。现地现物去观察、感受，在心中重塑的内容，将成为创造力的种子
磨炼技能	洞察今天的工作所必需的技能。全身心投入，磨炼技能，为同伴，为社会，做出贡献
持续改善	无论多微不足道的工作，都不满足于现在的做法，总是追求不断的进化。无论多微不足道的改善，都会通向明天的变革
创造余力	质朴刚健，消除浪费，创造余力。余力是应对变化的反射神经，是孕育想象力的土壤
享受竞争	对任何人都保持谦虚的态度，学习对方的做法。预判对方的下一步，和对方共同成长
信赖伙伴	一个人是完成不了工作的，任何工作都不属于一个人。尊重同伴，将彼此的不同之处转化为力量，通过信赖来强化团队
大声说"谢谢"	向今天和你有关的所有人，说一声"谢谢！"

表13-8 全球领先汽车公司核心价值观比较分析图谱

	大众	特斯拉	丰田	宝马	奔驰	通用汽车	福特
诚信			√				
专业			√				
追求卓越	√	√		√			
回馈社会							
客户为先	√						
多元包容							
相互尊重	√						

续表

	大众	特斯拉	丰田	宝马	奔驰	通用汽车	福特
责任		√					
创新							
安全				√			
勇气				√			
团结协作							
开放							
高效							
可靠							
信任							
透明							
远见							

从表13-8可以看出，缘于汽车处于复杂系统，需要大量的内、外部协作，所以"团结协作"这一价值观被大部分汽车企业重视。而汽车行业正处于从燃油引擎时代向电动时代的巨大变革期，所以"创新"被大部分企业作为核心价值观就不足为奇了，创新能力在一定时间内事关汽车行业企业的前途命运和生死存亡。再来看另外一个风口浪尖的行业——全球IT与互联网企业的核心价值观见表13-9。

表13-9 全球IT与互联网企业的核心价值观

Facebook（Meta）公司核心价值观	
关键字	诠释
快速行动	快速行动帮助我们比其他任何人更快地建立和学习。这意味着要紧急行动，不要等到下周才去做今天可以做的事情。在我们的规模上，这也意味着通过有条不紊地消除阻碍我们的障碍，不断努力提高我们最优先项目的速度。这是关于快速合作的——作为一家公司，而不仅仅是个人，朝着一个方向
聚焦长线	聚焦长期影响强调长线思维，并鼓励我们延伸影响的时长，而不是为短期胜负而优化。我们应该迎接最具影响力的挑战，即使多年来无法看到整体结果

续表

Facebook（Meta）公司核心价值观	
关键字	诠释
构建极致	建造令人惊叹的东西推动我们交付的产品不仅是好的，而且是令人敬畏的。我们已经开发出帮助数十亿人的产品，但在下一回合中，我们将更加关注激励人们。这个质量标准应该适用于我们所做的一切
活在未来	"活在未来"引导我们构建我们想要的分布式工作的未来，机会不受地理位置的限制。这意味着我们将作为一家分布式为先的公司来运营，并成为我们正在开发的未来产品的早期采用者，以帮助人们无论身处何处都能感受到共同的存在
直截了当，尊重同事	要直截了当，**尊重**同事，就是要创造一种文化，让我们直截了当，愿意彼此进行哪怕艰难的对话。同时，我们也尊重他人，当我们分享反馈时，我们认识到许多世界顶尖专家都在这里工作
Meta，同事，我	"Meta，同事，我"理念是关于成为我们公司和使命的好管家。这是关于我们对集体成功以及作为队友对彼此的**责任**感。这是关于照顾我们的公司和彼此的要务

苹果（Apple）公司核心价值观	
关键字	诠释
辅助功能	真正强大的科技，应该是让每一个人都能使用的科技
环境责任	我们的目标是为世界留下更美好的印记
隐私	我们在设计Apple产品时致力于保护你的隐私，并让你全权掌控自己的信息
供应商责任	我们坚定地认为，每个人都应拥有一个**安全**、有**尊严**、受到支持的工作环境

亚马逊（Amazon）公司核心价值观	
关键字	诠释
顾客至上	领导者从客户入手，再反向推动工作。他们努力工作，赢得并维系客户对他们的**信任**。虽然领导者会关注竞争对手，但是他们更关注客户
主人翁精神	领导者是主人翁。他们会从**长远**考虑，不会为了短期业绩而牺牲长期价值。他们不仅仅代表自己的团队，而且代表整个公司行事。他们绝不会说"那不是我的工作"

续表

亚马逊（Amazon）公司核心价值观	
关键字	诠释
创新简化	领导者期望并要求自己的团队进行**创新**和发明，并始终寻求使工作简化的方法。他们了解外界动态，四处寻找新的创意，并且不局限于"非我发明"的观念。当我们开展新事物时，我们要接受被长期误解的可能
决策正确	领导者在大多数情况下都能做出正确的决定。他们拥有卓越的业务判断能力和敏锐的直觉。他们寻求**多样**的视角，并挑战自己的观念
好奇求知	领导者从不停止学习，并不断寻找机会以提升自己。领导者对各种可能性充满好奇并付诸于行动加以探索
选贤育能	领导者不断提升招聘和晋升员工的标准。他们表彰杰出的人才，并乐于在组织中通过轮岗磨砺他们。领导者培养领导人才，他们严肃地对待自己育才树人的职责。领导者从员工角度出发，创建职业发展机制
最高标准	领导者有着近乎严苛的高标准——这些标准在很多人看来可能高得不可理喻。领导者不断提高标准，激励自己的团队提供优质产品、服务和流程。领导者会确保任何问题不会蔓延，及时彻底解决问题并确保问题不再出现
远见卓识	局限性思考只能带来局限性的结果。领导者大胆提出并阐明大局策略，由此激发良好的成果。他们从不同角度考虑问题，并广泛寻找**服务客户**的方式
崇尚行动	**速度**对业务影响至关重要。很多决策和行动都可以改变，因此不需要进行过于广泛的推敲。我们提倡在深思熟虑前提下进行冒险
勤俭节约	力争以更少的投入实现更大的产出。勤俭节约可以让我们开动脑筋、自给自足并不断创新。增加人力、预算以及固定支出并不会为你赢得额外加分
赢得信任	领导者专注倾听，**坦诚**沟通，**尊重**他人。领导者敢于自我批评，即便这样做会令自己尴尬或难堪。他们并不认为自己或其团队总是对的。领导者会以最佳领导者和团队为标准来要求自己及其团队
刨根问底	领导者深入各个环节，随时掌控细节，经常进行审核，当数据与传闻不一致时持有怀疑态度。领导者不会遗漏任何工作
敢于谏言，服从大局	领导者必须要能够不卑不亢地质疑他们无法苟同的决策，哪怕这样做让人心烦意乱，精疲力竭。领导者要信念坚定，矢志不移。他们不会为了保持一团和气而屈就妥协。一旦做出决定，他们就会全身心地致力于实现目标

续表

亚马逊（Amazon）公司核心价值观	
关键字	诠释
达成业绩	领导者会关注其业务的关键决定条件，确保工作质量并及时完成。尽管遭受挫折，领导者依然勇于面对挑战，从不气馁
致力于成为全球最佳雇主	领导者致力于打造一个更安全、更高生产力、更**高效**、更**多元**、更**公平**的工作环境。领导者具备**同理心**，享受工作乐趣，并帮助他人也在工作中获得乐趣。领导者时常自省：团队成员在成长吗？他们是否被赋能？是否准备好迎接未来？领导者对员工的个人成功拥有愿景和承诺，无论这成功是在亚马逊还是在其他地方
成功和规模带来更大的责任	亚马逊诞生于车库，但并未止步于此。亚马逊的业务规模庞大，对世界产生着影响，但我们还远非完美。我们必须时刻保持**谦虚**，并谨慎思考我们的行动带来的潜在影响。我们所在的社区、地球和后代需要我们每日精益求精做到更好。为了惠及客户、员工、合作伙伴以及全球更多人，我们必须抱着进步的决心开启每一天，并在每天结束时，深信明天可以更有作为。领导者要创造远超其所消费的更多价值，做到发现问题并推动事物向更好的方向发展

微软（Microsoft）公司核心价值观	
关键字	诠释
尊重	我们认识到，他人的想法、感受和背景与自身的同等重要
诚信	我们诚实可靠、遵守道德且值得信赖
责任	我们对自己的决策、行动和成果全权负责

谷歌（Google）公司核心价值观	
关键字	诠释
以用户为中心，其他一切自然水到渠成	自创建伊始，Google 就一直以提供最佳用户体验为宗旨。无论是设计全新的网络浏览器，还是对首页外观进行新调整，我们都非常用心地确保最终的结果能够很好地满足用户需求，而不是为了实现公司自身的目标和经济利益。我们的首页界面简单明了，网页加载速度非常快。我们从不对外出售搜索结果中的展示位置。对于广告，我们不仅清楚地将它们标记出来，而且广告内容也会与搜索相关，从而确保广告不会分散用户的注意力。在开发新的工具和应用时，我们都会努力做到尽善尽美，尽可能赢得用户对产品设计的认同感

续表

谷歌（Google）公司核心价值观	
关键字	诠释
专心将一件事做到极致	Google 以搜索起家，而搜索也一直是我们的核心业务。我们拥有世界上最大的研究团队之一，可以心无旁骛地攻克搜索方面的难题，我们知道自己擅长什么，也知道如何可以做得更好。由于要不断应对各种棘手状况，Google 已深谙复杂难题的解决之道。我们的服务已让上百万用户能够方便快捷地找到所需信息，但我们不断探索、追求更高境界的脚步不会停歇。我们为不断地改进搜索服务所做的投入，也有助于我们将掌握到的知识和技术应用于 Gmail 和 Google 地图等新产品。我们希望将搜索所蕴含的无限力量应用于未曾探索过的领域，并帮助用户在生活中更多地获取和使用越来越丰富的信息
越快越好	我们很清楚，您的时间非常宝贵，因此，当在网络上寻找某个问题的答案时，您一定希望瞬间就能找到，而我们的目标就是满足您的这些需求。我们的目标是让用户尽快离开我们的网站——世界上大概只有 Google 能这么说。我们不断精简网页并提高服务环境的效率，一次次地打破自己创造的速度纪录，现在的搜索结果响应时间平均只有几分之一秒。我们推出的每款新产品都非常注重速度，无论是移动应用，还是 Google Chrome（一款可快速加载现代网页的浏览器）都是如此。我们将继续努力提高所有产品的运行速度
网络上也讲民主	Google 搜索之所以能快速找到相关信息，是因为它能根据数百万人在网站上发布的链接，判断有哪些其他网站提供了有价值的内容。在评估每个网页的重要性时，我们采用了 200 多种指标以及大量的技术，其中包括我们的专利算法 PageRank™，它可以分析出哪些网站被网络中的其他网页"票选"为最佳信息来源。随着网络规模的扩大，这种方法也会越来越完善，因为每个新网站在提供信息的同时，也是另一张待统计的"选票"。秉承同样的民主精神，我们积极从事开放源代码软件的开发，集众多编程人员的努力和创意，不断推出各种创新产品
信息需求无处不在	如今，全世界正日益"移动化"，人们希望能随时随地获得所需信息。为此，我们正不断开发新技术，推出新的移动服务解决方案，以帮助全球用户通过手机处理各种事务：从查看电子邮件和日程安排到观看视频，不一而足；至于在手机上通过多种不同的方式使用 Google 搜索功能，那就更不在话下了。此外，我们希望通过 Android 激发更多创新，为全球移动用户谋福利。Android 是一个免费的开放源代码移动平台，它将开放性这一让互联网大获成功的因素带入了移动世界。Android 不仅能使消费者受益，让他们拥有更多选择余地，享受更富创意的移动体验，也为运营商、制造商和开发者创造了营收机会

续表

谷歌（Google）公司核心价值观	
关键字	诠释
君子爱财，取之有道	作为一家公司，Google 有两个收入来源：一是向其他公司提供搜索技术，另一个则是向广告客户提供在我们的网站上和网络中的其他网站上投放广告的服务。全球有数十万的广告客户使用 AdWords 推广他们的产品，还有数十万的发布商通过 AdSense 计划投放与自己网站内容相关的广告。为了确保最终能够服务所有用户（无论他们是否属于广告客户），我们针对我们的广告计划和实际做法制定了一系列指导原则：除非广告内容与搜索结果页的内容相关，否则，就不能出现在我们的搜索结果页上。我们坚信，只有广告与您要查找的内容相关时，它提供的信息对您来说才算有用。因此，您可能会发现，执行某些搜索后看不到任何广告。我们相信，广告即使不"喧哗夺宠"也能取得应有的效果。所以，我们拒绝弹出式广告，因为这种广告会妨碍用户浏览所请求的内容。我们还发现，如果文字广告与受众高度相关，则点击率就会远远高于随机显示的广告。任何广告客户（无论规模大小）都可以从这种针对性极强的广告媒介中受益。在 Google 上投放的广告都会明确标注"赞助商链接"字样，因此，不会影响我们搜索结果排名的真实性。我们绝对不会操纵排名，将我们的合作伙伴的排名提到靠前的位置；另外，也没有任何人可以购买到更高的 PageRank。我们的用户信任 Google 的客观性，我们绝不会为任何短期利益去破坏这份信任
信息无极限	当 Google 索引中的互联网 HTML 网页数量超过其他任何搜索服务时，我们的工程师便会将精力转到那些不那么唾手可得的信息上。有时，我们只需将新的数据库集成到搜索中即可，例如添加电话号码、地址查询以及商家目录；但有时，却需要发挥一些聪明才智，例如扩大搜索的范围，将新闻存档、专利、学术期刊以及数十亿张图片和数百万本书籍全都纳入到搜索范围内。我们的研究人员会继续研究如何将世界上所有的信息提供给有需要的人们，满足大家的求知欲望
信息需求无国界	我们的公司是在美国加利福尼亚州成立的，但我们的目标是帮助全世界使用各种语言的人获取信息。为此，我们在 60 多个国家/地区设立了办事处，拥有 180 多个互联网域名，在我们的总搜索结果量中，超过半数是为美国境外用户提供的。我们提供 130 多种语言的 Google 搜索界面，能让用户将搜索结果限定为以他们自己的语言撰写的内容；对于 Google 的其他应用和产品，我们也希望推出尽可能多的语言版本和可使用的形式。有了我们的翻译工具，哪怕内容是用地球另一端您完全不懂的语言所撰写的，您也可以浏览和探索。在这些工具和志愿译者的帮助下，我们能够大幅改进服务的种类和质量，即便用户身处地球最偏远的角落，也依然能享受到优质的服务

续表

谷歌（Google）公司核心价值观	
关键字	诠释
认真不在着装	我们的创始人秉承着"工作要有挑战，挑战带来快乐"的理念创立了 Google。我们相信，恰当的企业文化更容易孵化出绝妙的、富有创意的产品。这样的企业文化绝不是熔岩灯和橡胶球就能营造出来的。我们重视团队成绩，也推崇个人成就，因为这都是公司全面成功的基础。员工是企业的宝贵资产，我们极为重视。他们背景不同，但都活力四射、热情洋溢。无论是工作、娱乐还是生活，他们总是充满创意。我们的工作氛围可能非常随意，但就是在排队等咖啡的过程中、在小组会议上或在健身房中，新的想法不断涌现，并以令人目眩的速度完成讨论、测试及付诸实现的流程——也许在我们聊天的不经意间，一个世人称道的新项目就诞生了
追求无止境	我们始终将自己在某方面的优势视为继续发展的起点，而不是终点。我们目标远大，因为我们知道，只有不断朝着这些目标努力，才能超越预期，走得更远。对于任何产品和服务，Google 都会通过创新和不断推陈出新，以超出想象的方式加以完善，令其好上加好。例如，我们的一位工程师发现，用拼写正确的字词进行搜索时得到的结果更准确，于是他就开始思考应当如何处理错别字，最后他开发出了一种直观且更加实用的拼写检查工具。即使您也不太清楚自己要查找的确切内容，在网络上寻找答案也不是您的问题而是要由我们来解决的问题。我们会在全球用户的需求尚不明朗时，尽量先行预测出你们的需求，并开发出日后可能会成为新标杆的产品和服务来满足这些需求。以我们发布 Gmail 时的情况为例，与当时的其他电子邮件服务相比，Gmail 提供的邮箱存储空间最大。虽然现在去看这似乎不算什么，但别忘了，这是因为如今的邮箱存储空间标准已大不相同。我们要的就是这样的改变，今后，还将不断寻求打破常规的新领域。归根结底，正是这种永不满足现状的精神，推动着我们不断进步

三星（Samsung）公司核心价值观	
关键字	诠释
员工	很简单，一个公司是由它的全部员工组成的。在三星，我们致力于为员工提供丰富的机会，以充分发挥他们的潜力
追求卓越	在三星，我们拥有追求卓越的热情，我们所做的一切都源自于对持之以恒打造优质产品和服务的承诺

141

续表

三星（Samsung）公司核心价值观	
关键字	诠释
改变	自三星公司成立以来，我们一直着眼未来，同时预测市场的需求，来引领公司走向可持续发展的明天
诚信	遵循道德准则开展业务。我们所做的事，都要以道德准则为指引，对利益相关方建立公平、尊重且透明的合作关系
共同繁荣	在全球不同的办公地，三星致力于成为一个对当地社会和环境负责任的企业公民

表13-10　全球领先IT与互联网公司核心价值观比较分析图谱

	Facebook (Meta)	苹果 (Apple)	亚马逊 (Amazon)	微软 (Microsoft)	谷歌 (Google)	三星 (Samsung)
诚信	●	●	●	●	●	●
专业					●	
追求卓越	●			●		
回馈社会	●					
客户为先			●			
多元包容	●					
相互尊重	●			●		
责任			●			
创新		●		●		
安全		●				
勇气		●				
团结协作				●		
开放						
高效						
可靠						
信任			●			
透明						
远见	●				●	
正直					●	
共赢						

从表 13-10 可以看出，有趣的是，作为最需要创新的行业，IT 与互联网行业的全球主要企业没有将"创新"放在特别显著的位置，可能的原因是他们在这方面已经做得很好。而"追求卓越"这一价值观反而被大部分企业视为要务，比如中国一些主流互联网公司见表 13-11。

表13-11 中国主流互联网公司价值观

腾讯（Tencent）公司核心价值观	
关键字	诠释
正直	坚守底线，以德为先，坦诚公正不唯上
进取	无功便是过，勇于突破有担当
协作	开放协同，持续进化
创造	超越创新，探索未来

阿里巴巴集团（Alibaba Group）公司核心价值观	
关键字	诠释
客户第一，员工第二，股东第三	这就是我们的选择，是我们的优先级。只有持续为客户创造价值，员工才能成长，股东才能获得**长远利益**
因为信任，所以简单	世界上最宝贵的是信任，最脆弱的也是信任。阿里巴巴成长的历史是建立信任、珍惜信任的历史。你复杂，世界便复杂；你简单，世界也简单。阿里人真实不装，互相信任，没那么多顾虑猜忌，问题就简单了，事情也因此**高效**
唯一不变的是变化	无论你变不变化，世界在变，客户在变，竞争环境在变。我们要心怀敬畏和谦卑，避免"看不见、看不起、看不懂、追不上"。改变自己，创造变化，都是最好的变化。拥抱变化是我们最独特的DNA
今天最好的表现是明天最低的要求	在阿里最困难的时候，正是这样的精神，帮助我们渡过难关，活了下来。逆境时，我们懂得自我激励；顺境时，我们敢于设定具有超越性的目标。面向未来，不进则退，我们仍要敢想敢拼，自我挑战，自我超越
此时此刻，非我莫属	这是阿里第一个招聘广告，也是阿里第一句土话，是阿里人对使命的相信和"舍我其谁"的**担当**。认真生活，快乐工作
工作只是一阵子，生活才是一辈子	工作属于你，而你属于生活，属于家人。像享受生活一样快乐工作，像对待工作一样认真地生活。只有认真对待生活，生活才会公平地对待你。我们每个人都有自己的工作和生活态度，我们**尊重**每个阿里人的选择。这条价值观的考核，留给生活本身

143

百度（Baidu）公司核心价值观	
关键字	诠释
简单可依赖	人一定要做自己喜欢且擅长的事情
	认准了，就去做；不跟风，不动摇
	专注如一
	保持学习心态
	公司离破产永远只有30天
	每个人都要捡起地上的垃圾
	百度不仅是李彦宏的，更是每一个百度人的
	一定要找最优秀的人才
	给最自由的空间
	允许试错
	证明自己，用结果说话
	让优秀人才脱颖而出
	愿意被挑战
	说话不绕弯子
	对事不对人
	百度没有公司政治
	遇到新事物，先看看别人是怎么干的
	听多数人的意见，和少数人商量，自己做决定
	一个人最重要的能力是判断力
	用流程解决共性问题
	创新求变
	不唯上
	问题驱动
	让数据说话
	高效率执行
	少许诺，多兑现
	把事情做到极致
	用户需求决定一切
	让产品简单，再简单
	迅速迭代，越变越美
	你不是孤军
	打破部门樊篱
	主动分享
	帮助别人，成就自己
	只把最好的成果传递给下一环节
	从可信赖到可依赖

第十三章 相同的表述就是相同的价值观吗？

<table>
<tr><th colspan="2">字节跳动（ByteDance）公司核心价值观</th></tr>
<tr><th>关键字</th><th>诠释</th></tr>
<tr><td>追求极致</td><td>不断提高要求，**延迟满足感**；在更大范围里找最优解，不放过问题，思考本质；持续学习和成长</td></tr>
<tr><td>务实敢为</td><td>直接体验，深入事实；不自嗨，注重效果，能突破有担当，打破定式；尝试多种可能，**快速**迭代</td></tr>
<tr><td>开放谦逊</td><td>内心阳光，**信任伙伴**；乐于助人和求助，**合作**成大事；格局大，上个台阶想问题；对外敏锐谦虚，ego小，听得进意见</td></tr>
<tr><td>坦诚清晰</td><td>敢当面表达真实想法；能承认错误，不装不爱面子；实事求是，暴露问题，反对"向上管理"；准确、简洁、直接，有条理有重点</td></tr>
<tr><td>始终创业</td><td>自驱，不设边界，不怕麻烦；有韧性，直面现实并改变它，**拥抱变化**，对不确定性保持乐观；始终像公司创业第一天那样思考</td></tr>
<tr><td>多元兼容</td><td>理解并重视差异和多元，建立火星视角；打造多元化的团队，欢迎不同背景的人才，激发潜力；鼓励人人参与，集思广益，主动用不同的想法来挑战自己；创造海纳百川，兼容友好的工作环境</td></tr>
</table>

表13-12　全球领先IT与互联网公司核心价值观比较分析图谱

	腾讯 Tencent	阿里巴巴 Alibaba	百度 Baidu	字节跳动 ByteDance
诚信				
专业				
追求卓越				
回馈社会				
客户为先				
多元包容				
相互尊重				
责任				
创新				
安全				

续表

	腾讯 Tencent	阿里巴巴 Alibaba	百度 Baidu	字节跳动 ByteDance
勇气				
团结协作				
开放				
高效				
可靠				
信任				
透明				
远见				
正直				
共赢				
进取				
变革				

从表13-12中可以看出，中国四大互联网公司在核心价值观方面的共识是"团结协作""高效""信任"，这与美国领先的几家互联网企业有显著而有趣的差异，其中，一个要特别注意的地方是，这几家企业都没有"诚信""回馈社会""安全""可靠"方向的显著的核心价值观关键字和描述。

通过以上这些全球领先企业的价值观关键字和诠释，很容易发现关键字重叠度很高，但其表述和理解千差万别，涌现这一价值观的历史原因、基础和目的也大相径庭。虽然几乎所有的公司都试图表现其价值观念与众不同，并用最华丽、最鼓舞人心的辞藻来诠释自己的价值观，以将自我定位提升得更加高尚，外部认知更加积极、正面，但不难发现，**大多数组织的价值观的表述实际上构建在一定的边界之内，不会超越、脱离人类普适性的美德、良习，目的都是帮助组织构建更好的内在的心理与精神秩序、外在的社会与环境秩序。**

> 当个体与众不同时，才会意识到自我。
> ——威廉·麦奎尔（William McGuire），耶鲁大学教授，心理学家

第十三章　相同的表述就是相同的价值观吗？

反映性评价与社会比较

在自己被评价的任何情境中，人们都会感到焦虑。而无论人们评价自己还是评价别人，消极信息都占了更大权重，原因是**较之于积极信息，消极信息更不寻常，也更能抓住人们的注意力，因此缺点比优点更有影响力**，组织需要更多的表露增强这种正面影响力。研究发现，大脑渴望获得他人的积极评价，其热切程度高到让人尴尬的程度。**个体或组织在形成自我的过程中肯定会积极主动地生成反映性评价，从而使得自己的概念性自我意识更充实、具体。**

个体或组织与相关或周边社群差别太大时会感觉不安全，但若是完全一样的话，也会感觉不舒服。当个体或组织有自己适度的独特性并自我感觉良好时，其行为也会维护这种独特性。对自身的价值观进行公示这种面向社会的自我表露，不可避免地会被社会比较（Social Comparison）：**人们希望对自己的信念、观点和能力做出评价，为此会将自己的观点和能力与他人进行比较，以我构建自我，而自我的构建是建立在独特性基础之上。**人类的普适性的美德种类是有限的，因为企业事实上只能从几十种方向中选择和组织，虽然理论上的组合成千上万，但价值观的关键字出现相同点并不令人奇怪，这种"撞车"式重复让人尴尬，无法凸显自身的独特性，需要不同的描述、内涵来区隔，以建构一个"非凡"的自我。

本章要点总结

✓ 相同的价值观表述，不意味着相同的内涵和理解。一样的价值观表述，在不同的组织里可能有截然不同甚至完全相反的内涵和理解，即使在一个公司里面也可能会出现一个价值观各自表述的情形。

✓ 企业领导者必须从短期的、有限的、零和的有限思维，走向长期的、共益的、无限的思维模式，才能保障企业基业长青。

✓ 一个公司的价值观关键字，就是这个组织的最重要的信念缩写、自我认知最简单化的素描，是去除一切冗余后的抽象，是这个组织成员最接纳的自我和这个组织希望外部社会接受的自身的心智定位，也是这个组织深层意识中造就自身成功和未来生存发展的核心基础和关键，以及精神、心理和思想力量。

✓ 核心价值观是组织的底线，是其信念系统最核心、最无法妥协和退让的部分。

✓ 自尊是个体和组织对自我的全面评价，它是我们所有的自我透视和可能，自尊是对自我价值的整体认识，能够影响人们如何评价自己的特点和能力。

✓ 价值观关键字及其描述是一个组织构建自我认知和自尊的简化与抽象，也是对其内部成员和外部市场、社会的自我表露和坚定承诺。

✓ 符合社会规范的价值观有助于企业获得社会资本（Social Capital）：支持性的联系，信息交流，信任与合作行为，这些保证了组织和社会的正常与良好运转。

✓ 克劳德·斯蒂利（Claude Steele）自我肯定理论（Self-Affirmation Theory）认为：失调的行为会令人尴尬，它使我们觉得自己愚蠢和不诚实、不可靠，破坏我们的自我效能感和善良感，因此证明自己的行为和决定其实是一种自我肯定，保护和维持了我们的诚信和自我价值。

✓ 个人或组织一旦做出了决策、承诺或表明了某种立场，就会感受到自身或群体、社会的压力令自身表现得与承诺一致。

✓ 个体一旦对自己的立场做了承诺，就会变得坚定。

✓ 承诺破产会引发评价顾忌（Evaluation Apprehension）和社交危机。

✓ 群体负面评价和社会性拒绝带来的痛苦会激活人脑的疼痛区域。

✓ 一旦成为社会焦点，人们就会自觉地监控自己的行为，一旦受他人观察，个体评价的顾忌就会有所增强。

✓ 规范影响（Normative Influence）是指个体或组织需要与群体、社会保持一致，以免造成社会性拒绝，并获得群体、社会的接纳或赞赏。

✓ 大多数组织的价值观的表述实际上构建在一定的边界之内，不会超越、脱离人类普适性的美德、良习，目的都是帮助组织构建更好的内在的心理与精神秩序、外在的社会与环境秩序。

✓ 个体或组织在形成自我的过程中肯定会积极主动地生成反映性评价，从而使得自己的概念性自我意识更充实、具体。

✓ 人们希望对自己的信念、观点和能力做出评价，为此会将自己的观点和能力与他人进行比较，以我构建自我，而自我的构建是建立在独特性基础之上。

第十四章
熵增与价值观的危险期

组织之熵

德国物理学家和数学家,热力学的主要奠基人之一鲁道夫·克劳修斯(Rudolf Clausius)于1865年提出了"entropy"的概念,该单词的希腊语"entropia"意为"内在",也就是"一个系统内在性质的改变"。1923年,德国著名物理学家、量子力学的重要创始人之一马克斯·普朗克(Max Karl Ernst Ludwig Planck)来中国讲学用到"entropy"这个词时,中国近代物理学事业奠基人之一胡刚复教授临机翻译时,把"商"字加"火"旁意译为"熵"字。熵的本质是一个系统"内在的混乱程度"。1850年,克劳修斯提出热力学第二定律(Second Law of Thermodynamics),其核心是**在一个孤立的系统中,如果没有外力做功,那么系统的总体混乱度(熵)会不断增大,熵增过程是一个自发的由有序向无序发展的过程**。1943年,在爱尔兰的都柏林三一学院(Trinity College Dublin)的多次演讲中,奥地利物理学家、量子力学奠基人之一埃尔温·薛定谔(Erwin Schrödinger)指出了熵增过程必然体现在生命体系之中,他在自己于1944年出版的巨作《生命是什么》中指出:"自然万物都趋向从有序到无序,即熵值增加。而生命则需要通过不断抵消其生活中产生的正熵,使自己维持在一个稳定而低的熵水平上。生命以负熵为生。"

组织是一个非平衡系统并以负熵为生。随着时间的推移,员工的数量、客户的数量、产品服务的数量、业务的数量和范围都在增加,组织和情境的复杂度都在持续不断升高。这种复杂度的升高,对于组织传承和维系价值观增加了难度,**如果不善加保护和定期刷新,价值观就可能会发生变化,而且这种变化是朝向着恶质、消极、无序的方向发展**。如同一个房间如果不主动清扫，只会朝向杂乱的方向发展，最终变成垃圾遍地，混乱不堪。英国的数学物理学家威廉·汤姆森（William Thomson）提出热寂（Heat death of the universe）假说，即当宇宙的熵达到最大值时的状态，没有任何可以维持运动或是生命的能量存在，这也是企业组织的最终宿命——组织的复杂度超越了自身的控制能力，走向崩溃，因此**对组织的价值观进行"外力做功"——定期刷新维护是维系组织生存能力的关键行为**。

危险时刻

企业在哪些时间容易走向价值观的巨变和失控呢？

一是组织持续成功并且规模壮大后。**企业发展到一定规模后，累积了大量的成功和声誉，组织的成员自然地把成功归因到自己身上，开始由自豪进入自大、傲慢的状态，这些心态逐渐体现在态度、行为层面，开始变得无礼、怠慢和不尊重他人，自以为是，从而开始逐步激起供应商、合作伙伴、客户的反感、愤恨、诅咒和重重敌意**。虽然表面上还可以合作，但利尽则散。当一家公司沉浸在其生态和社会的敌意之中，容易进入社会性拒绝和社会性死亡状态，跌入了衰亡的螺旋，一家人人仇恨、人人喊打的公司不可能基业长青。公司发展壮大后，在公司内部官僚主义、公司政治等"大企业病"会出现或死灰复燃，组织开始变得僵化、迟钝和低效。**由于人员庞杂，组织臃肿，沟通的效率和质量开始变得低下，价值观的传承、传递、涌现变得困难**。组织规模变大后，"部门墙""深井式组织"现象出现，"囚徒困境"问题越发严重，信息的流动开始梗阻、遮断，组织智商开始变得越来越低下。

二是扩张或高速发展期。随着公司规模的发展，分支机构越来越多，通常表现为总部对于核心价值观的理解比分支机构团队要深刻，**如果没有持续进行价值观建设，组织会呈现出分支机构价值观退化、异化、老化、恶化的现象。**此外，一个企业的价值观，通常与其所处地域的社会价值观部分高度契合，以融入当地社会、社区，但这些地域特色的价值观在企业拓展到新的地理范围，尤其是进行全球化扩张时，会出现"水土不服"，与新地域的人才、团队产生强烈的冲突，遭遇反感、抗拒、抵制。

三是企业处于快速发展期。组织规模膨胀速度加快，新的人才大量进入，这些人带着自身和原有组织的价值观烙印，有可能会不断冲击和稀释组织现有的价值观体系，甚至会导致企业价值观体系的崩溃。中国有一句俗语"萝卜快了不洗泥"，意思是生意好的时候，往往就不考虑商品的外观和服务质量了。事实上，**业务高速发展时，企业对于价值观的坚守也会自然而然地放松。**人们以"我很忙""顾不上"为借口放松态度、行为的**价值观要求。**

四是兼并收购期。每一个企业都是一个社会群体，都会有自己的价值观和文化，世界上几乎找不到两个完全一致的价值观和文化的企业。当两个企业因为业务需要进行合并或一家企业收购另一家企业时，必然面临差异化的价值观和文化的撞击，或者优势一方压制另一方，尤其是价值观的迥异、差距、分歧、区别部分会产生大量矛盾和对立，当矛盾激化时演变为抵触、争吵、冲突，组织内部就会出现组织生态恶化、不合作、关系破裂、人员流失等负面情况。价值观的融合和统一是企业兼并、收购失败的主因和最大的难题。

五是企业上市后。企业上市后，极为容易陷入利润至上的价值观和短期思维。而且，资本就可能趁机给这家公司施加强大的压力，"金钱永不眠"的力量就会开始起作用，投资者买了其股票，就会希望这家公司立即表现出优异的业绩，然后最好是明天、后天股票就涨停。如果被投资企业只能获得长期回报，那投资人就会选择尽快抛售，优先去配置短期业绩表现优异的股票。虽然几乎所有的投资者都宣称自己是长期主义的价值投资者，但实践中，相当多数都不约而同地转变为了短期主义的投机者，毕竟资本背后还有资本和投资者。基民将短期高额回报的压力施加给基金经理，基金再将这种压力传导给上市公司。每个季度发布的财报施加给这家上市公司强大的短期压力，只要季报数据表现不佳，资本就可能会通过抛售还以颜色，两个季度不行，股价有可能一泻千里，职业经理人就会有引咎下台的压力。为了保住位置和权力，只能牺牲长期利益、道德来保证短期利益，从而确保投资者、股东不反弹。资本的本性是贪婪、短视、利益至上，投资者、市场对于短期、高回报的要求、同行的竞争压力，迫使上市公司管理层需要把这些指标压力层层传导到所有层级、所有员工，迫于完成业绩目标的压力，管理层对于价值观、对于手段的要求开始放松，只问结果，不管过程，对于不择手段的做法也视而不见，只要能帮助完成财务指标就是好员工。公司走向无序扩展、野蛮扩张，道德在这个公司里开始一步步败坏，价值观开始一步步沦丧。**企业的道德败坏和价值观的沦丧一般有两个原因，一是生存危机，饥寒起盗心，活下去的重要性远高于道德水准；另外一个是唯利是图、贪婪无度，一个企业只要被资本控制，自然而然地就会进入这种状态。**价值观是重要与次要、是和非、积极与消极的判断准则，影响人们所有行为的动机，当一个组织价值标准中，最重要的优先事项变成金钱，那么很有可能恶质化到不在乎道德和手段，甚至法律都敢于践踏的地步。业绩指标的压力迫使导致管理者对于那些不择手段获得的收益开始睁一只眼闭一只眼的态度，变得好大喜功，倾向于掩盖坏消息和真问题，变得昏聩、闭目塞听，上行下效后，在公司里催生出一个腐朽的官僚系统，企业基层的问题和负面信息被层层过滤，这个可怕的机制可以把"天下大乱"的态势扭曲成"形势大好"传到公司最高领导者耳朵里。古代的历朝昏君不仅是因为身边有不少奸佞臣子，同时也因为自身昏庸失智，只愿听阿谀奉承，对于逆耳忠言充耳不闻，最后活在舒适安乐的"信息茧"里，帝国走向衰亡。听不到公司基层的声音、看不到真实的问题，大多并非因为CEO愚蠢无能，而是故意装聋作哑、掩盖问题！

> 任何公司的目标都是帮助社会变得更加美好，如果不是的话，那这样的公司可能并不需要存在。
>
> ——比尔·福特（William Clay Ford），福特汽车公司执行董事长

一个人通过不择手段获得的业绩，在一个价值观腐败的机制里也会获得奖赏，群体里的所有人开始对于公司内部的不符合价值观的负面甚至不法行为视而不见，价值观的"群体压力"机制开始失效。群体里的人倾向于和周边的人保持一致，周边的人唯利是图还能获得奖赏，这个人也会被同化倾向于趋利避害。这种精致的利己主义，以成败论英雄不论手段的价值观念，会害死这家公司。企业价值观是组织的免疫系统，只要免疫系统失能了，对于各种病菌病毒就失去了排异反应，最后只能是病发而亡。

> **【雷军：在小米股价低迷时，我被投资者当小学生一样地训了一个多小时】** 雷军2021年8月10日晚在年度演讲中说："2019年9月2日，小米集团港股股价跌到8.28港元的时候，跟IPO价格相比已经腰斩，当时跌到几乎所有人都快崩溃了，甚至有人认为还会跌到4港元。在那段时间里，我特别不愿意见投资者，当时有一个投资者执意要见我，一坐下来，只寒暄了几句，他就毫不客气地说：'你们怎么让我赔了这么多钱，我真的不知道你们怎么干的？'接着，他从小米的战略，到小米的产品，再到小米的管理，把我当小学生一样地训了一个多小时，我当时的衬衣都湿了，过后，我一个人坐在会议室，坐了很久，那一刻，我特别绝望。"

企业发展需要融资，获得资金，才能加速发展壮大，恶果是企业被资本俘获，企业家本身成为资本的奴仆，屈从于资本短期主义、利润至上的意志。

例如，一些企业巨头的极速膨胀，本质是资本的盛宴，是使创始人和企业家沦为资本的打工仔。像雷军这样中国最优秀的企业家在其演讲中也提及自己被叫到香港，被投资人当面数落了一个多小时，一般创业者更不

可能好到哪里，欲戴皇冠，必承其重。

资本没有情义、伦理、道德，只有逼迫，压榨，如同毛巾要拧出最后一滴水。资本需要效率，需要最快、最大化、极致的回报。被资本俘获的公司最终变成赚钱机器，提款机。今天市场上一些不能坚守价值观的巨头企业就是资本造就的一部冰冷的机器。这些冰冷机器为了扩张，以几倍于市场的薪资快速、大量招聘人才，当情势不妙时，又以最快速度裁员。在社会达尔文主义思想下，这些公司的员工如同"蝼蚁"一般地在这台冰冷机器上下翻滚忙碌。

不能坚守价值观的企业，其发展壮大的过程就是企业家从一个理想主义者向现实妥协，向资本屈服的人格扭曲史。在资本意志的驱使下，企业已经变成了一头狂暴的野牛、一部冰冷的赚钱机器，到了一定规模，创始人和领导者也无法驾驭，只能任凭其横冲直撞下去，直到资本找到下一部机器、下一头疯牛……

六是时间悠久后。一个企业发展久了，经过多年自我强化，价值观演化出的负面问题（例如鼓励开放沟通演变为不负责任的个人攻击）就会变得越发根深蒂固，时间越久，价值观的糟粕部分就变得越来越根深蒂固，难以触动和摧毁，并且，对于价值观的错误理解和执行与员工已经错综复杂地纠缠在一起，难以分离。如果长期不对价值观进行刷新、澄清、共建，价值观只会沦为墙壁、宣传材料、官方网站上的空文、标语、口号。如果长期不进行刷新，价值观就会开始在组织内老化，追寻组织价值观产生的根源和初心、价值观是如何影响企业当下的成败的，就"为什么我们必须坚持和捍卫价值观"这一主题进行定期讨论异常重要。

本章要点总结

✓ 在一个孤立的系统中，如果没有外力做功，那么系统的总体混乱度（熵）会不断增大，熵增过程是一个自发的由有序向无序发展的过程。

✓ 如果不善加保护和定期刷新，价值观就可能会发生变化，而且，这种变化是朝向着恶质、消极、无序的方向发展。

✓ 对组织的价值观进行"外力做功"——定期刷新维护是维系组织生存能力的关键行为。

✓ 企业发展到一定规模后，累积了大量的成功和声誉，组织的成员自然地把成功归因到自己身上，开始由自豪进入自大、傲慢的状态，这些心态逐渐体现在态度、行为层面，开始变得无礼、怠慢和不尊重他人，自以为是，从而开始逐步激起供应商、合作伙伴、客户的反感、愤恨、诅咒和重重敌意。

✓ 由于人员庞杂，组织臃肿，沟通的效率和质量开始变得低下，价值观的传承、传递、涌现变得困难。

✓ 如果没有持续进行价值观建设，组织会呈现出分支机构价值观退化、异化、老化、恶化的现象。

✓ 业务高速发展时，企业对于价值观的坚守也会自然而然地放松。人们以"我很忙""顾不上"为借口放松态度、行为的价值观要求。

✓ 企业的道德败坏和价值观的沦丧一般有两个原因，一是生存危机，饥寒起盗心，活下去的重要性远高于道德水准；另外一个是唯利是图、贪婪无度，一个企业只要被资本控制，自然而然地就会进入这种状态。

✓ 不能坚守价值观的企业，其发展壮大的过程就是企业家从一个理想主义者向现实妥协，向资本屈服的人格扭曲史。

第十五章
价值观如何构建和刷新

宣贯触达

多数公司对于价值观的构建采用"宣贯"的做法：在公司各种手册、墙面等处写上核心价值观标语，在各种会议上组织成员喊口号等。试图通过不断重复来强化人们的认知和认同，迷信"戈培尔效应"（Goebbels Effect，也被称为真相错觉效应-Illusion of Truth Effect），认为：哪怕是谎言，重复100次也会成为真理。这一效应认为持续、重复的心理暗示累积有移山填海的强大功效，以至于可以完全改变人的信念！不断地通过周遭环境以语言或视觉文字等方式，含蓄、间接地向特定个体发出价值观信息，让个体无意识地接受，从而做出相应的认知、行为反应。这一理论还认为，通过心理暗示这一"条件反射"的心理机制，人们会不自觉地按照宣传所指方式行为，或者下意识地接受这些意义或信念，并认为不存在绝对不受暗示的人，只是程度不同，例如处于疲倦、催眠等状态时，比清醒时更容易受到暗示。

在企业内部的现实实践中，有经验的管理者很容易发现，**价值观的简单重复传播、触达重叠（Reach Overlap）的效果非常有限，成员会自动忽略，进入"视而不见""充耳不闻"的状态，并理解为"陈词滥调"，甚至开始极端反感"洗脑"做法，进入"逆反"状态**——个体对于侵犯、控制自己自由意志的做法，采用反向行为来恢复和证明自由意志。这些**空泛、无意义的标语广泛传播并不能得到认同、理解和接纳，只会得到忽略、抵触、反感**。在一个墙上满是其6条价值观标语的企业做了一次社会调查，随机选择了10位1年以下工龄的员工，能完整表达这些价值观标语的人数为触目惊心的0——虽然每天他们都看到了墙上的大字。

第十五章 价值观如何构建和刷新

领导垂范

社会心理学的相关研究发现：**人们更可能模仿群体中地位较高的成员行为，这一规律甚至在动物社群中也会存在**。不过要注意的是，这种模仿的核心是"身教"而非"言传"，如果领导者言行不一，价值观体系实质上已经坍塌了。人们在社会互动中自然地模仿他人的表情、姿势、语言、行为方式，以促使别人喜欢自己，但仿效他人的消极表情（如生气）除外，这被称为"变色龙"效应（又称无意识模仿），这一效应在个体社会认知以及人际交流上扮演着重要的角色。大量研究已证明：**无意识模仿应是一种普遍存在的心理和行为现象**。Chartrand 和 Bargh 于 1999 年进行的心理实验发现：被试者和实验人员进行自然交谈时，每当实验员适当地增加摸脸或抖腿的次数会显著增加被试者相应的摸脸或抖腿行为的次数，在整个交流过程中，被试者丝毫未察觉到自身模仿行为的存在。事实上，**人的技能和行为习惯的发展和进步都广泛依赖于模仿能力，这根植于人类大脑的"镜像神经元"机制中，当看到他人的情绪、行为表现时，做出模仿反应实际上有助于我们即时地理解对方的情感体验、行为动机，并产生预测能力**。人类的语言能力、模仿能力、心智解读以及同性、共感等能力都离不开镜像神经元的共享。甚至人类社会的制度、文化都与它相关。

IBM 公司的前 CEO 郭士纳认为：一个初创公司的价值观，其实是创始人的影子的延伸，也就是创始人输出和传递出来的，并成为公司价值观的基石，作为奠基人，创始人如果做出践踏价值观的行为，那么组织的价值观体系可能就会崩溃掉。

组织里的创始人或者高管，对于整个价值观体系有着深远和强大的影响力。不过，正如在本书"组织的价值观是谁的？"一章所提及，创始人仍然要慎言：公司的价值观就是我的价值观。否则，价值观会变成一种单向"要约"状态：这是创始人、老板的价值观，而不是成员共同的价值观，现在强迫成员接受，成员可以选择不接受。但创始人、高管把员工"物化"的思维根深蒂固，试图强迫别人去接受，这样就彻底破坏了"组织公民"意识的基础，没有"平等""参与感"，只是一个被迫的无足轻重的角色，内心认为这是你们的事，不是我的事，对于价值观的接受、认同程度会显著降低，**组织价值观需要从单向的心理"要约"转变成双向的心理"契约"**。

启发引导

在经典人才发展方式——培训（Training）、教练式辅导（Coaching）、启导（Mentoring）、引导（Facilitating）等在价值观构建实验中，启发引导被认为是一种最为行之有效的做法。原因是大部分个体不愿意接受甚至反感说教和灌输。激发个体主动思考的能力，让其开启活泼的心灵、生动的智慧，并启动独立思考要比培训、教练、辅导等"填鸭式"的机械教学做法更为有效。

孔子认为学习知识，形成信念，应该是一个主动探索和融会贯通的过程。因此，他在特别帮助学生形成学习的主动性，善于启发学生的心智。中文的"启发"一词源自《论语·述而》中的"不愤不启，不悱不发，举一隅不以三隅反，则不复也"。意思是教导学生，不到其苦思冥想仍不得其解的时候，不去开导；不到想说却说不出来的时候，不去启发，给其指出一个方面，如果不能举一反三，就不要再教。通过阅读相关文献可以发现，孔子开创了启发式教学的做法，运用了大量相似性联想、类比推理和比喻推理等原型启发式教学方法。在中国甚至是世界上第一篇论述教育问题的文章《礼记·学记》中也提及"道而弗牵，强而弗抑，开而弗达。"意即不是直接灌输知识，而是创设情境，言此而意彼，让学生感悟、发现，从而得到教师"举一"而学生"反三"的教学效果。

中国人从小到大普遍接受的教学方式，都是老师在上面讲，告诉学生这是对的那是错的，但是如果到一些海外的高校，尤其是商学院、法学院，老师一般不给答案，只做引导。例如，哈佛商学院教室都被设计成马蹄形讲堂模式，这里的"讲"不是老师讲，而是学生讲，老师更多承担维持秩序、引导、启发的角色。这让很多长期在中式教学环境中的学生很不适应，会很愤怒地讲：我花钱是来听老师讲课的，不是让老师来听我讲的！实际这是对于学习方式差异的一种误解。对成人学习而言，好的问题比对的结果可能更为重要，很多问题本质上就没有对错，也没有唯一答案，重要的是基于好的问题启发自身思考。

例如，一个经典的问题是："一个公司的人员流失率是高点好还是低点好？"在一般人的认知中，根本不需思考，因为答案显而易见：当然是越低越好。但是，我们发现有一些工厂或者连锁餐饮店的人员流失率高达100%~200%，业务仍然蒸蒸日上，而某些公司的人员流失率达到30%以上，公司业务就会严重受损。通过对某快餐连锁店的研究发现，其人员流失率高于120%时，就会出现过多的人员空缺，对业务持续产生负面影响；而低于120%时，则意味着人员总体成本有下降的空间（薪酬的外部竞争力是吸引和保留人员的关键因素），而这个120%是由其招聘能力和技能培训能力决定的，超过这个流失率，其招聘需求和技能培训能力过载，人员供给线断裂，而如果不能有效控制人员成本，则意味着这个企业可能因为过高的人员成本出现亏损。因此，120%对这个公司而言是生存和发展的前提，是这个公司流失率的最优解，人才流失量刚好可以被招聘与培训能力对冲，实现最低成本和最低岗位空缺率。所以，从这个例子来看，人员流失率并非越高越好或者越低越好，到底多少是合理的，永远不存在唯一的正确答案。

价值观的启发引导式访谈非常简单，就是就价值观相关的行为案例进行探讨，但是前提是引导人需要构建一个安全、信任、舒适的对话环境，循循善诱。如同《论语·子罕》中提及的：颜渊喟然叹曰"夫子循循然善诱人，博我以文，约我以礼，欲罢不能。"其意思是：老师善于一步步地启导我，用典籍丰富我的学识，用多种多样的礼节来约束个人言行，使自己想停止学习都不可能。我在实践过程中发现，启发引导式访谈要注意如下几个关键问题。

（1）构建双向对话模式。一般性而言，就价值观问题做一对一访谈，访谈对象一般都是排斥的，理由通常都是工作繁忙。而没有时间永远是不重要的借口，通常人的认知都是价值观是重要的，但在实践上永远不可能会去花时间和精力认真思考。好的一方面在于，在询问"您觉得价值观这个问题重要吗？"这种入轨问题时，到目前为止，笔者所见过的数百位不同企业的高管，没人说不重要，哪怕他内心也许并不认同。这样的提问就让其进入了接下去认真沟通的对话模式，而无法找借口不愿花时间沟通或者敷衍，以免进入前后不一致的"认知失调"困境。

（2）借助表露互惠（Disclosure Reciprocity）。引导者坦率的自我表露会引发访谈对象的自我表露，个体会对那些向自身敞开胸怀的人表露更多。同时要注意，价值观方向的引导式一对一访谈，组织外部引导人员比内部人员更合适，这有助于让其放松警惕性和戒备心，进入坦诚模式。人对于自己在戴着虚假面具模式下的表态是不会在意、重视的，这种自认为不重要的信息就是迅速进入遗忘、忽略模式。

（3）避免让访谈对象进入自我解剖、自我否定的状态。虽然这是一种高度理性的状态，但从心理角度看，会引发抑郁、焦虑、自卑等心理问题。德国哲学家弗里德里希·尼采（Friedrich Nietzsche）认为，**人们的自我意识主要是由其生活中的其他人构建出来的，而且"自我"还是一个"秘密特工"，所服务的对象首先是他人，而不是自己**。如果有人认为,"自我"的目的是通过"更好地了解我们是谁"来帮助个体获得最大的个人奖赏、实现最大的个人成就,那么他会发现,实际上自我所做的事情与原来想象的完全不同。不仅难以否定自己,人也很难否定自己所在的群体,群体赋予人们一个信念集,所秉持的关于自我、道德以及什么构成了一个有价值的人生的信念都是这么来的。社会心理学研究发现,让对方自我解剖,会引发程度不同的害羞,这是一种社会焦虑形式——**过度的自我意识和过度担心他人的想法,较高程度害羞和极易尴尬的人,几乎在自己被评价的任何情境中都会感到焦虑**。比如,"你个人是否很好地遵守了公司的价值观?""贵公司的价值观整体遵守情况如何?"这样的问题,会促使对方进入戒备防御模式并只会得到"我们很好""我们这方面完美无缺"的答案。首先源自于自我服务偏差的存在——人们倾向于认为自己好于社会普遍所希望具有的态度和特质;其次,人们都有自我合理化的倾向,这使个体倾向于否认自己的问题和错误。个体需要对自己的形象、精神面貌、性格和行为表现等方面的认可、欣赏和肯定,从而构建自尊,发展自信,产生自我满足。为确保自我中心性,个体还需要不断地自我鼓励、自我督促,使自我中心和独立感趋于成熟。自我否定这样的失调行为会令人尴尬、害羞,它使个体觉得自己愚蠢和不诚实、不可靠,破坏积极的自我效能感和善良感,自我肯定行为本质上保护和维持了个体的诚信感和自我价值感。研究发现,**自尊感很强的人较少进行自我辩解**(Holland & Others, 2002),显而易见,**辩解会破坏自尊和价值感。个体倾向于非常珍视自身的自由感和自我效能感,当外部压力威胁到个体的自由感时,人们会寻求反抗——逆反(Reactance),采取行动保护自由感**。因此,正确的做法是讨论其他人、其他公司的案例,这时候访谈对象通常会进入积极证明自己的洞察力、独特性、超过一般人的分析、推理能力和状态而滔滔不绝。最后,引导者只需要在最后环节反问:"刚才您非常有见地地分析出的这些问题,在我们的公司里是否也存在?"引导访谈对象换位思考,让其进入对比和反思模式。因此,访谈者永远不能够让他自我解剖自己、单刀直入，而是迂回地跑到访谈者的对立面去，再让他自己不自然地站在外部视角、上帝视角来反思自己、俯视他自己，由此才能产生客观性。

引导其输出而不是输入。成年人的学习很多时候不是输入（Input）模式，而是输出（Output）模式完成的：也就是通过和他人交流、对话的表达过程得到的。个体在对外表达时，会主动自发地去思考，自己去构建一套解释系统，在自我表述中产生新的认知，或者对表达事物的重视程度，并在表述过程中不自然地产生单向承诺。**人倾向于践行自己的逻辑和自己承诺过的事情，而不是被迫要做的事**。宣贯的无效是因为试图让成人采用输入模式来灌输，而引导的实质是让其不断对外输出，"引"是引发，"导"是导向，本意就是引发其表达陈述，并导向公司的价值观方向。这个过程实际上已经设下了埋伏，所讨论的案例都是其自身以及所在组织也存在的，或有相关性、相似的。外部告知的，对方可能会排斥、反对、抵制，但自己分析、推导出来的结论，自己难以轻易否定。

在价值观相关的启发引导式访谈中，为访谈对象带来了以下的效果和可能性。

（1）一次独立思考价值观问题的机会。如果没有这样的访谈，个体绝不会自我主动来思考相关问题的，哪怕口头上觉得非常重要。

（2）通过时间独占式的主动思考和讲述，会对价值观及其重要性有新的认知、新的理解和自我强化。人通过语言输出构建了一套论述逻辑，并产生自我言行一致的压力，以免认知失调（Cognitive Dissonance）——言行不一时，人们会感觉紧张不适，为了减少这种感受体验，人们会产生改变自己行为的压力。

（3）访谈对象在论述过程中，已经完成了一次自我承诺和对外承诺，从而使得价值观从单向的心理"要约"转变为双向的心理"契约"。人在行为模式上会更加倾向于按照自己的承诺去行动，而不是他人的教导、灌输。

价值观这种问题并没有唯一的答案和解释，组织要做的是启示，而不是强迫接受。对于价值观而言，个体思考出的结论，其认同度要远远高于别人的灌输、教导！在价值观这个问题上，组织层面、管理层的正确做法是少给答案，甚至不给答案，而且认识到价值观培训基本一概无效，**价值观是启发引导的产物。**由于自我观念的作用，人们会涌现出所有信念都是自己得出且只适用于自己的独一无二的观念，这是人们最隐秘、最深层的内心产物。如果让信念和价值观指导我们的行动，就必须从心底里接纳，**再内化为自我的信念和价值观，这个接纳需要自我认知、自我接纳、自我认可、自我表达、自我承诺。**自我意识和价值观认同的很大组成部分是在对外表达过程中悄悄地从外界嵌入我们内心深处的——润物细无声。自我的存在是为了增强人们对抗外部压力的能力，但"自我"就是"我们是谁"这个简单思维有误导性，它忽视了大脑会以各种方式利用外部力量去构建和更新自我的事实，如同人闭着眼睛（无法视觉感知外界）无法保持站立超过 10 秒一样，这不是一个简单的内在活动，而是从外到内，从内到外同步进行的双向互动活动。**对外输出信息在自我意识和自我认知的构建过程中起到关键作用，一个人在形成自我的过程中肯定会积极主动地生成反映性评价，对外表达和论述在潜移默化的过程中构建了逻辑体系，使得自身的概念性自我意识更充实、具体。对外表达也使得早就潜伏在人们大脑的一些意识和信念可以重新连接、组织在一起，并构成了个体的身份认同和信念的共同组成部分。**

要注意的是，一对一引导式访谈很多时候并不适用于所有人，而更多适用于马斯洛需求层次理论（从低到高依次为生理、安全、归属、尊重和自我实现）最高层级的自我实现为主要需求的人群，通常为组织的高层管理团队。如果当一个人对一个乞丐说"我要请您去听音乐会"，只会得到冷嘲热讽和辱骂，因为对方需要的是食物。一般而言，对于低收入人群，能采用的激励方式，大概是及时奖赏，因为我们不能要求他们在所处的生活、经济状态下有太多长远意识，这时候去讨论价值观这种问题，只会令其反感。而对于高层管理人员的激励方式，更多的是延迟满足，因为一个急功近利的人显然本身就是不能担任领导岗位的。因此谨记：不要对猪谈论理想，因为猪满脑想的是饲料。对牛弹琴不是牛的错，而是弹琴者选错了听众。这里并无意于把人分为三六九等和高低贵贱，而是强调生活状态、经济状态决定了人们需求的状态。当一个富人变成一贫如洗之后，他也会跌落到先满足自己温饱的生理需求的状态，这是由当下的情境导致的。引导式访谈的核心是站在对方需求的角度讨论问题，基于同理心，己所不欲，勿施于人。

群体极化

群体极化（Group Polarization）是非常重要的社会心理学概念和规律，**指由一群人组成的群体，在决策时往往倾向于观点极端化的方向**。群体极化现象的原因主要有两种，一是同化增强。即群体沟通中，其他人员的信息和自己的达成一致或相似，感受到自己的观点得到强烈的支持和认同，成员相信自己的正确性，并得到了信心增加。二是比较增强。人们为了在群体中凸显自己的独特性，需要在群体认为正确的方向上表达相对平均水平更加极端的观点。这源自于人类归属于群体的需要，这是远古以来，人类进化形成的，因为猿人时期孤立于群体外的个体几乎不可能生存。**在群体中展示大家认同方向的更极端化的观点，是一种自己强烈认同、忠诚群体的自我表露行为**。群体极化具有积极和消极两重意义，从积极角度看，群体极化可以促进群体一致性，提高群体归属感，凝聚力；而从消极角度看，群体极化使谬误判断、选择、决策更加趋向于激化、极端，特别在紧密的团体中，人们可能压抑自己的不同观点，忽略、拒绝其他可选项，屈服于群体的压力，导致决策缺陷。

对于价值观的构建和刷新，组织可以运用其这一规律的积极面使得群体的价值观念得到强化。这种"头脑风暴"式讨论的方法很简单,就是基于价值观表述改编为文字,比如秉持"奋斗"价值观念的公司,可以组织群体分组讨论"为什么奋斗非常重要?"而秉持"工作生活平衡"价值观念的公司,可以组织小组讨论"为什么工作生活平衡非常重要?"而这种讨论需要严格基于以下规则。

一是人人参与,不得质疑。每个人都必须发表观点,并且讨论的重点是为什么重要,而不是重不重要。

二是击鼓传花,营造气氛。每个人都必须给出两三个与他们不同的观点,不得缄默。通过一位观点鼓励师,不断鼓励大家踊跃发言,如同拍卖师一样重复其他人的新观点,并烘托气氛,启发其他人继续思考,让大家争先恐后,不吐不快,如同一盆沸水。同时安排一位专门人员记录所有已经涌现的观点。

三是排除障碍,数量至上。严禁一言堂、严禁指责嘲讽、严禁保持缄默、严禁批判辩论、严禁判断,只欢迎更多新观点,数量越多越好。

四是限时完成。参与这一讨论的人同时会产生两种压力,一种是与他人不同的压力,另一种是限时完成的时间压力,在这两个压力下,迫使参与者必须要聚精会神地去深度思考,去证明自己是有深度和不同见解的独特性的。

利用这种头脑风暴式的价值观讨论,我们能得到几个意想不到的收获。

(1)意义构建。在讨论前,一般个体并不会耗时费力地去思考价值观问题,而讨论规则会促使参与者主动、深入去思考、探寻,从而在不经意间构建了意义感、价值观。

(2)观点强化。参加讨论的人会发现,对于这种简单的问题,自己一般只能想到两三个观点,但在小组讨论中,却得到了几十个即使自己绞尽脑汁也想不到的新观点。讨论过程和结果让参与者无意中使自己的认知深度和认同强度得到大幅度加强。

（3）归因解释。个体需要将环境事件构建合理化解释以减少内在的心理冲突，以缓解不适。1958年，弗里茨·海德(Fritz Heider)在其《人际关系心理学》一书中，基于通俗心理学（Naive Psychology）角度提出了归因理论（Attribution theory）。他认为，**个体为了有效地适应和控制其环境，会对环境中的各种社会行为有意识或自然而然地做解释，在其自身的再认知过程中，根据对象的某些已有特征、行为推导其他位置特点和行为规律，以寻求构建因果关系。**海德还认为人类有两种强烈动机：认知周边环境和控制周边环境，为满足这两种需要，就必须先对他人行为进行归因，构建规律性认识其行为，从而缓解内心的不确定性、不安全感，并满足可控制性的需要。通过这一价值观群体讨论，**满足个体对于组织中符合价值观行为的归因需要和内在逻辑的解释，这有助于帮助讨论的个体在内心中建构确定感、安全感、秩序感。**

（4）意识形成。组织公民意识（主人翁意识）的形成，有赖于三个前提：平等、参与、共建。如果组织内的成员没有平等感，深感剥削和压迫，没有参与感，而是门外人，没有参与过价值观的共建，那么，组织的价值观就是你的，你们的价值观，而不是我的，我们的。**价值观群体讨论不仅仅是一个认知、理解、接受、认同的重要过程，而且，是一个组织公民意识形成的过程，没有组织公民意识就没有"我们"。**

（5）群体承诺。因为有前述问题的设定，因此每个参与讨论的个体，在表达该问题的支持性观点时，实质上已经完成了一次关于重要性的赞成投票、对外承诺和态度公示。社会心理学研究发现，**个体一旦在群体里做出了公开的单向承诺，就会坚持到底。**基于足球赛的裁判行为的数以万计的数据发现，他们一旦做出红黄牌的决定，哪怕意识到自己发生了错误，也不会撤销。而小的承诺又使得个体倾向和愿意做更多更大的事。

（6）群体极化。在群体倾向性讨论的氛围下，即使出现个别不同意甚至反对价值观的异类，也很快可能被扭转和同化。**为了融入、归属于群体和被接纳的需要，个体会倾向于与群体、周边环境保持一致，这种强烈**

的心理需要导致人们通过更加极端的观点来迎合群体的主流观点。而差异的、不一致的、完全相反的观点或者对抗性行为，只会导致群体的排异性反应。而极化在这个讨论过程中，我们可以将其理解为一次群体价值观的强化。

（7）群体压力。在美国进行的著名的心理学实验：电梯实验——让不知情人进入电梯，而电梯里的这群实验者集体掉转方向，发现这个不知情的人自然而然地会与这群人保持一致。实验结果表明，**群体行为会对个体造成强大压力，并迫使个体做出顺从群体，甚至是违反自身意愿的事情**。不破坏一致性的自我潜意识压力导致群体中的从众行为，并且，有些**群体成员会保护群体，使质疑群体决策效率和一致性的信息不对群体构成干扰**。人们喜欢和自己相像、相关的事物，人们喜欢在想法和行为上和他们一致的人。基于价值观筛选与评估机制，**对于认同自身、契合自身当下需求和未来理想的事物，人们会形成情感接受、认同和共鸣，反之，则形成情感否认、拒绝、排斥**。通过价值观群体讨论，每个参与者都得到一个强有力的信息，群体所有人都强烈接受、认同这一价值观，因此感受到明显的群体压力，并使得自己在态度、行为上倾向于顺应、符合价值观的方向。人在群体里面交流互动，会被群体影响强烈甚至改变自身的价值观念。群体压力迫使自己倾向于与群体主流观点保持一致，并且在讨论的过程中，其他成员不自然地再给施加二次影响，从而构建了一个群体压力的氛围，让人自然而然地产生改变。一个有趣的现象是，在**讨论中积极参与会比消极聆听更容易导致态度的转变**，这也许是因为积极参与行为给自己融入群体的强烈心理暗示。个体在群体里倾向于与大部分人态度、思维、行为保持一致，以获得稳定感、控制感、安全感。而符合群体价值观的态度、言行，会被群体接纳、认同、肯定，也就是获得外部的情感回应，这种情感回应可能是他人的言语、眼色、表情、动作。如果这一价值观内化为自身的，那么还会产生自我认可、自我奖赏这样的内部情感回应。反之，不符合群体主流价值观的行为，就可能被边缘化、鄙视、反对、排挤，这种群体的压力是巨大的，个体被社会性排斥会导致抑郁、焦虑、伤心、紧张、沮丧、内疚、羞愧、偏执，无助和受害感，陷入孤僻，并增加攻击性。被群体排斥的痛苦异常尖锐，被认为是一种情感上的虐待，也被称为"社会性死亡"。研究发现，社交孤立对死亡率的影响接近于吸烟。被某一群体排斥、不被周围的人喜欢、不能和他人分享自己的感受、像个异类一样与周围环境格格不入，会让人产生深深的孤独感。长期孤独的人会处于一种自我挫败的社会思维和行为的恶性循环中。当一个人迫切想给他人留下好印象时，加入一个新的群体时，社会焦虑就会自然而然地产生。人们害怕他人的冷漠眼神和轻视的态度，因为会引发个体的孤独，冷漠让人感到真实的寒冷。社会性排斥会使人们的工作陷入混乱、妨碍快乐的社会功能的产生，甚至引起强烈的担忧、焦虑和通常的精神衰弱，长期处于一种自我挫败的社会思维和行为的恶性循环中。内心深处的归属如果不能得到满足，人们就会感到不安全。反之，一旦人们被群体接纳，会激活大脑的奖赏系统，接近性使人们发现共性并交换回报。认同群体是人们发出的寻求社会联结的信号，这种联结有助于个体的生存。幸福感（Well-being）与社会联结息息相关，新群体行为能回馈给人们积极的感受。**价值观念为人们提供了一个支持性的群体、一个脱离自溺的理由和一种希望。**

全员融凝

前面章节已经阐述，对价值观的构建或刷新需要群体中个体的平等、参与、共建，否则无法唤醒组织的公民意识。而占据群体人数的比例，应该尽可能做到100%，这就意味着组织需要进行运动式的大规模的活动。有不少企业反对这种运动式的做法，我见过一个企业家对此给出的理由是：我们公司成立十多年，从来没有进行过运动式的活动，如果这样做，员工可能觉得公司出大问题了，会产生不必要的猜疑和恐慌。笔者的回答是：这不是坏事，一是危机感是最好的变革驱动力；二是价值观的刷新必须促使组织内最广泛人群的参与、共建，否则必然成效不彰。

当然，刷新的力度也是一门艺术。20世纪90年代初，陷入困境的IBM上任了新的CEO郭士纳，作为全球最优秀的职业经理人，他上任采取的一系列改革举措，令大部分高管人员投入到变革之中，但同时也让这些人深感震惊，因为不少改革做法违背IBM根深蒂固的传统，比如"击败对手""猛打猛冲"等这些激进策略不符合IBM过去的温和做派。但是郭士纳对各种杂音并未理会，因为他认为当时的IBM已经"病入膏肓"，处于生死存亡关键期，公司需要一剂强心针式的休克疗法，并且需要打开腹腔进行一场大刀阔斧的"外科手术"！

全员广泛、深入的探讨的过程，如同僵化、固化、硬化、恶质化的价值观被融解的过程，通过全体的表达、反思、讨论和民主表决过程，大大强化了组织的公民意识，并重新凝固成新的稳定的价值观体系，由于得到全体的参与、接纳、肯定，极为有力地形成了强大的群体压力，而群体压力的形成是价值观强弱程度的显性标志。

情感回应

情感回应分为内在的自我认可和外在的群体赞许两部分。自我认可、自我肯定、自我奖赏，在很大程度上是自驱力产生的根源。**一个人在践行符合自己的价值观的行为时就会产生自我情感认可和奖赏，这是一种内在的自我回报，或者内循环驱动力，而践行符合所归属的群体价值观的行为时，就会获得群体的认可、接纳和赞许，这是一种外部情感奖励，或者外循环驱动力。**当自我内外双循环两种驱动力同时起作用时，人获得了最大化的动机、驱动力，因此人的驱动力是构建在价值观念的基础之上的。对于管理者而言，**强化价值观的重要做法就是构建群体内外部的认可环境和文化——来自组织内部成员、外部客户或合作伙伴的情感回应机制**。

有一家以创新著称的企业，其公司有一种企业文化：要对做出了重要创新或贡献的行为即时奖赏。即时奖赏，也被称为海豚法则——在水族馆，当海豚做出符合要求的行为时，马上奖励一条鱼，而不符合要求的行为则没有奖励，久而久之，海豚的行为趋向于遵守要求。有一天，一个工程师发明了新产品，兴高采烈地走进老板的办公室，欢天喜地地告诉老板。老板一看，认为这是一个重大的突破性成就，有着巨大的商业价值，就基于海豚法则试图奖励这个工程师，但是翻箱倒柜后却没有找到像样的奖品。这时候看到桌上有一根香蕉，老板立即跳起来把香蕉奖励给这个工程师。这个公司的人力资源部门知悉这一情况后，就制作一种"金香蕉"奖章，以表彰公司里的那些创新者和贡献者。

粗略看来，这并没有什么了不起。奖章本身确实也没有什么成本，但起到的作用比企业自身预想的要大很多。人们惊奇地发现，那些获得奖章的人，每天走动的次数增加了，以前一天去2次厕所，现在要去18次，为什么？因为当他们佩戴着奖章走来走去时，会被其他同事叫住："嘿，老王你好了不起，居然获得了奖章，快跟我讲讲，你做了什么？"老王沉浸在自豪和幸福中娓娓道来。又过了一会儿，他又被另外一个人叫住："嘿，老王你好了不起，居然获得奖章，我要和你合影，你不介意吧？"奖章的意义早就超出了本身的价值，被群体赋予了强大的意义，也构建了一个强大的社会化、立体化认可的氛围和文化，为被认可员工构建了一种特殊的员工体验，让个体充分感受到价值感和意义感。社会化认可带来的强大社会联结感是个体幸福感的源泉，而**有无价值感和意义感是幸福感（Well-being）与快乐（Happiness）的显著差别之一**。企业当然有另一种激励方式，比如物质奖励5万元现金，而可能结果会是周边的同事闻讯纷纷要求老王请客，结果老王耗资10万元请同事美餐一顿，在一轮轮的敬酒祝福中，老王酩酊大醉，第二天还因此和爱人大吵一架。老王的爱人斥责他：下次再也别干这种蠢事了，还要倒贴。明显可以发现两种奖励结果的不同：奖章和钱的意义对老王而言完全不同，前者是外部的认可和赞赏，这样的社会认可系统和情感回应机制，充分满足了他的心理和情感需求，唤醒了其内在的使命感、责任感，而且，对人的驱动力有持续性和泛在性；后面的激励满足其物质需求，但未必能带来同事、家庭内的持续有效的认可，甚至还会带来破坏性作用。心理学的研究法理：**体验一个大大的美好，不如拥有很多美好的体验，一个每天经历十几个小开心的人远远比一个遇到大喜事的人更幸福**。奖牌和奖杯的价值并不取决于功能，而是其意义和内涵，金香蕉奖章不是由其功能价值或者制作成本决定的，是由组织赋予的内涵和意义决定的，这个意义感深度植入了群体成员的知觉系统，能被每个成员轻易地感知到，它对于驱动成员更多的符合价值观的行为、认同群体和留任有巨大作用。

自我觉知

自我觉知（Self-Perception）是一个心理学术语，是一种提高言行的一致性重要规律。比如，在电梯里边出现一个"请保持仪容"之类的提示，人们可能视而不见，但是如果再安装一个镜子，人们会不自然地对着镜子整理自己的仪容。镜子让人们自己觉察到自己的形象不佳，会产生保持最佳外在形象的动机。镜子能使行为与内化的道德态度保持一致性。巴特森（Batson）在1999年研究发现：镜子能使行为与内化的道德态度保持一致性。在镜子面前抛硬币决定任务分配时，变得十分公正，顺利地将一半任务分配给他人。爱德华·迪纳和马克·沃尔伯（Diener & Wallbom）在1976年研究发现：在所有学生都认为作弊是不道德的情况下，在铃响后仍然有71%的学生会继续做题（超时作弊），而在镜子前做题（自我觉知情境），只有7%的学生作弊。镜子提供了一种对立的、外部的、客观的看待自己的视角，因为人们内心对自己的形象、道德、能力都有一定的追求，而由于缺乏外部视角，很多时候很难意识到问题的存在，这就需要借助于外部的力量，当然我的意思不是在办公场所放置很多面真实的镜子。人们如何看待自己，和他人如何看待自己，这两者之间是存在差异和落差的，这就是"自我觉察差距"。

美国大学理事会（The College Board）通过对美国高校毕业生的调查显示，有70%的人认为自己拥有超出平均水平的能力，而只有2%的人认为自己的能力在平均水平之下。正常人往往都会夸大自己的能力和受欢迎的程度，也倾向于把成功归因于自己的能力，把失败的责任推给他人。人们如果完全沉浸在"积极幻想"中，只会以最好的可能性来看待自己，如果得不到他人的评价和看法，"自我觉察差距"就会不断增加，无法修正自己的态度和行为，甚至导致众叛亲离。因此，人们需要来自他人的评价特别是建设性批评，帮助我们修正和重塑自我观念、态度和行为。

在组织层面的自我觉知，本质上就是360度评估、同行评议、网络评估。中国有句话讲宁犯天条，不犯众怒，意思就是把社会性拒绝、社会性排斥看得比天还重要的程度，说明人们内心中极其排挤社会性死亡。但是，我们要特别注意的是，如果360度评估缺乏两点就会成为组织的噩梦：一是问题不当。如设置为定性问题，感觉如何等主观性问题，而不是是否观察到某个现象、某个行为的客观性问题，主观性问题极容易成为个人声望大赛、人缘大赛，导致那些真正优秀的反而觉得不公平而流失。二是组织的公民意识没有建立。在一个公民意识不具备的地方，施行民主，只会制造悲剧和灾难。博士论文在期刊发表必须通过同行评议（Peer-Reviewed），因此这就要求这些"同行"具备非常高的专业能力和道德操守，具备科学精神、独立思维、追求真理、不相信在科学范围内有什么是绝对正确、永远正确的等这些"科学共同体"成员的基本素养，才能做出客观公正的评价。博士论文要通过口试，答辩委员会英文对应词组是"Defense Committee"，而 Defense 是国防、防御的意思，其内在表达的意思就是候选人试图成为"科学共同体"的一员，试图攻入学术堡垒，答辩委员会是"科学共同体"的代表，他们的作用就是防御没有科研能力、不具备科学精神和科学素养的人进入"学术堡垒"。当群体成员具备了基本的组织公民意识和素养，可以客观公正地进行 360 度评估时，只需要给出是否观察到符合价值观的行为，或者不符合价值观的行为这样的问卷，组织级的自我觉知（Self-Perception）体系就构建了起来，这些来自个体成员核心社会网络的反馈，没有个体会轻视，也会产生强大的改变压力和动力。综观价值观刷新方式的不同，见表 15-1。

表15-1 价值观刷新的方式比较

方式	优点	缺点	效用	适用性
宣贯触达	简单、容易、成本低	易被忽略和引发逆反	低	全员
启发引导	对于高管行之有效	时间成本和经济成本高	高	高管
群体极化	批量进行，效率高，提高群体归属感，凝聚力	遏制创新，使谬误判断、选择、决策更加趋向于激化、极端，忽略、拒绝其他可选项，导致决策缺陷	高	中基层
全员融凝	对构建组织公民意识作用强大，效率高	可能被误解为公司发生了重大负面状况	高	全员
情感回应	通过内外双循环，构建了"永动机"模式，经济成本低	不适用所有工作，所有人群	高	全员
自我觉知	对于个体的作用力量强大，容易引发重视和激发改变动力	对于评价人的组织，公民意识和素养要求较高	高	全员

本章要点总结

✓ 真相错觉效应（Illusion of Truth Effect）意为，不断地通过周遭环境以语言或视觉文字等方式，含蓄、间接地向特定个体发出价值观信息，可以让个体无意识地接受，从而做出相应的认知、行为反应。

✓ 价值观的简单重复传播、触达重叠（Reach Overlap）的效果非常有限，成员会自动忽略，进入"视而不见""充耳不闻"的状态，并理解为"陈词滥调"，甚至开始极端反感"洗脑"做法，进入"逆反"状态。

✓ 空泛、无意义的标语的广泛传播并不能得到认同、理解和接纳，只会得到忽略、抵触、反感。

✓ 人们更可能模仿群体中地位较高的成员行为，这一规律甚至在动物社群中也会存在。无意识模仿应是一种普遍存在的心理和行为现象。

✓ 人的技能和行为习惯的发展和进步都广泛依赖于模仿能力，这根植于人类大脑的"镜像神经元"机制中，当看到他人的情绪、行为表现时，做出模仿反应实际上有助于我们即时地理解对方的情感体验、行为动机，并产生预测能力。

✓ 组织价值观需要从单向的心理"要约"转变成双向的心理"契约"。

✓ 自尊感很强的人较少进行自我辩解（Holland & Others，2002），辩解会破坏自尊和价值感。

✓ 个体倾向于非常珍视自身的自由感和自我效能感，当外部压力威胁到个体的自由感时，人们会寻求反抗——逆反（Reactance），采取行动保护自由感。

✓ 人倾向于践行自己的逻辑和自己承诺过的事情，而不是被迫要做的事。

✓ 价值观是启发引导的产物。由于自我观念的作用，人们会涌现出所有信念都是自己得出且只适用于自己的独一无二的观念，这是人们最隐秘、最深层的内心产物。

✓ 如果让信念和价值观指导我们的行动，就必须从心底里接纳，再内化为自我的信念和价值观，这个接纳需要自我认知、自我接纳、自我认可、自我表达、自我承诺。

✓ 自我意识和价值观认同的很大组成部分是在对外表达过程中悄悄地从外界嵌入我们内心深处的——润物细无声。

✓ 对外输出信息在自我意识和自我认知的构建过程中起到关键作用。一个人在形成自我的过程中肯定会积极主动地生成反映性评价，对外表达和论述在潜移默化的过程中构建了逻辑体系，使得自身的概念性自我意识更充实、具体。

✓ 对外表达也使得早就潜伏在人们大脑的一些意识和信念可以重新连接、组织在一起，并构成了个体的身份认同和信念的共同组成部分。

✓ 群体极化（Group Polarization）是指一群人组成的群体，在决策时往往倾向于观点极端化的方向。

✓ 在群体中展示大家认同方向的更极端化的观点，是一种自己强烈认同、忠诚群体的自我表露行为。

✓ 群体极化（Group Polarization）的积极意义是可以促进群体一致性，提高群体的归属感和凝聚力。

✓ 群体极化（Group Polarization）的消极意义是使谬误判断、选择、决策更加趋向于激化、极端，特别在紧密的团体中，人们可能压抑自己的不同观点，忽略、拒绝其他可选项，屈服于群体的压力，导致决策缺陷。

✓ 群体行为会对个体造成强大压力，并迫使个体做出顺从群体，甚至是违反自身意愿的事情。不破坏一致性的自我潜意识压力导致群体中的从众行为，并且有些群体成员会保护群体，使质疑群体决策效率和一致性的信息不对群体构成干扰。

✓ 讨论中积极参与会比消极聆听更容易导致态度的转变，这也许是因为积极参与行为给自己融入群体的强烈心理暗示。个体在群体里倾向于与大部分人态度、思维、行为保持一致，以获得稳定感、控制感、安全感。

✓ 符合群体价值观的态度、言行，会被群体接纳、认同、肯定，也就是获得外部的情感回应，这种情感回应可能是他人的言语、眼色、表情、动作。

✓ 如果将价值观内化为自身的，那么还会产生自我认可、自我奖赏这样的内部情感回应。

✓ 不符合群体主流价值观的行为，就可能被边缘化、鄙视、反对、排挤，这种群体的压力是巨大的，个体被社会性排斥会导致抑郁、焦虑、伤心、紧张、沮丧、内疚、羞愧、偏执，无助和受害感，陷入孤僻，并增加攻击性。

✓ 被群体排斥的痛苦异常尖锐，被认为是一种情感上的虐待，甚至"社会性死亡"。

✓ 社会性排斥会使人们的工作陷入混乱、妨碍快乐的社会功能的产生，甚至引起强烈的担忧、焦虑和通常的精神衰弱，长期处于一种自我挫败的社会思维和行为的恶性循环中。

✓ 内心深处的归属如果不能得到满足，人们就会感到不安全。

✓ 一旦人们被群体接纳，会激活大脑的奖赏系统，接近性使人们发现共性并交换回报。

✓ 全员广泛、深入的探讨的过程，如同僵化、固化、硬化、恶质化的价值观被融解的过程，通过全体的表达、反思、讨论和民主表决过程，大大强化了组织的公民意识，并重新凝固成新的稳定的价值观体系。

✓ 一个人在践行符合自己的价值观的行为时就会产生自我情感认可和奖赏，这是一种内在的自我回报，或者内循环驱动力，而践行符合所归属的群体价值观的行为时,就会获得群体的认可、接纳和赞许,这是一种外部情感奖励,或者外循环驱动力。

✓ 强化价值观的重要做法就是构建群体内外部的认可环境和文化——来自组织内部成员、外部客户或合作伙伴的情感回应机制。

✓ 有无价值感和意义感是幸福感(Well-being)与快乐(Happiness)的显著差别之一。

✓ 体验一个大大的美好,不如拥有很多美好的体验,一个每天经历十几个小开心的人远远比一个遇到大喜事的人更幸福。

✓ 外部激励会对人们的内在动机驱动产生消极影响,也就是说,很多时候外部激励和内在驱动不可兼得,并且互斥。

第十六章
价值观与群体压力

群体意识与社会性

"社会认同"理论的提出者，社会心理学家亨利·泰弗尔（Henri Tajfel）提出社会身份的概念：即**个体对自己归属的某社会群体的意识，这一意识也赋予群体以情感和价值方面的重要性**。群体会追求积极、高尚、正面特性的社会身份，正如哪怕是黑帮也会共同拜关公，从而塑造"义"的社会观瞻，这也是构建个体基础的追求。积极的社会身份，自我认同强化是人类最基本的动机之一，而社会身份构建归属于群体的前提之下。**社会身份是个体自我概念的一个关键要素，来源于归属的群体内的成员关系，个体对于群体的认知、情感和反馈。**

社会心理学家黑兹尔·马库斯（Hazel Markus）认为：**人们具有可塑性，外部的社会力量塑造我们的态度和行为**。他通过研究发现：人们对自己的身份意识不仅仅基于过去和现在的自己，还基于对未来自己的展望。这种未来的"可能自我"式积极幻想引发了人们的自我改变动机。法国哲学家保罗·萨特（Paul Sartre）说："**我们人类首先存在于环境之中，我们不能脱离环境，环境塑造了我们，决定了我们的可能性。**"人们的价值观的形成和改变深受群体的影响，如中国古人所言：近朱者赤，近墨者黑。群体环境会对人的行为产生无形的压力和约束，个体如果有与群体不一致的思维、行为，就会自然产生"孤立感""挫折感""不安全感"，然后，就会自然而然地改变自己的观点、行为与群体中的优势意见保持一致。人们具有自我调节(Self-Regulation)、自我控制（Self-Management）和自律（Self-Discipline）能力。其中，自我调节包含了自我控制行为的有意识和无意识的过程，例如，基于群体的价值趋向改变自己的态度和行为，趋向于符合群体的规范、兴趣、需要；自我控制是自我调节的一种情形,通常是一种理性、意识的过程,比如抵制诱惑和戒烟等;自律是指个体为了遵守某种规则、压力,改善自身的有目的的计划,比如群体价值观念、文化规范或习俗。心理学家杰弗里·格雷(Jeffrey Gray)提出,**人类的动机分别为行为激活系统(Behavior Activation System)和行为抑制系统(Behavior Inhibition System)的神经类似物产生**,当感知惩罚类信号时,行为抑制系统(BIS)接通,而当感知奖赏类信号时,行为激活系统(BAS)接通。

群体压力:信息与规范

群体压力(Group Pressure)是群体对其内部成员形成的影响和约束力,这种力量来自两种途径:信息和规范。信息影响可能来自个人的经验,比如一个人被蛇咬的经验,让其十年怕井绳,也可能因为自身的同理或共情(Empathy)能力来自他人、群体。对一只从小在实验室环境下长大的猴子做的实验表明,这只没有野外和猴群环境下成长的经历,使它在看到大蟒蛇时,并不会表现出任何恐惧。而在实验环境下放入一群在野外长大的猴子,这些猴子看到蟒蛇由于本能的恐惧开始狂叫,它看到其他猴子的表现后,也开始跟随群猴狂叫并表现出恐惧行为,这表明即使是猴子也有一定的同理和共情能力。在移除野外猴子群体,让它单独遇到蟒蛇的情况下,它的表现继续是狂叫和恐惧,说明这只猴子从群体获得了社会信息影响。美国社会心理学家利昂·费斯廷格(Leon Festinger)指出,**当人们依赖于他人获得社会信息时,他人就获得一种权力,来影响人们的行动或态度**。他人对个体具有信息性压力,因为个体需要他们提供信息,所以个体会服从他们。

群体都有明规则或潜规则,这些都是群体规范(Group Norm)的一部分，它定义了成员的行事规则和行为的期望标准，它并不是定义成员的任何举动，而是定义了一个可接受与无法容忍的范围、边界。群体规范未必是通过明文规定的制度、规则、流程，也可能是潜移默化的，心照不宣的，它构建了一种强大的服从群体的影响力、从众压力。**人们为了被群体接纳、认可，防止被群体排斥、打击，拒绝产生焦虑、恐惧、痛苦、烦恼和不安全感，来自主动与群体保持一致性。**从众行为的本质是个体接受群体内多数力量影响的过程，从而缓解了个体被群体惩罚的压力。

不过要注意的是，群体规范有时只能产生公开服从，而不能让个体内心接受，特别当服从源自于恐惧惩罚、社会性拒绝导致的排斥担忧。相比群体规范，群体信息的压力更有可能产生内心接受，后者源自于**人们有从群体获得正确信息、按照正确方式行事的内在期望，特别是群体的价值观正向积极、有着利他的高尚性和符合社会主流的正向价值观**，个体发现其所归属的群体可以决定行动或信念的正确方向，所以个体表现出的不仅仅有公开的服从，还会有内心的真诚接受，也就是心悦诚服。

当群体有了一致的思维、行为准则，群体的价值观才真正形成，它会在无形中影响新加入群体的每一个个体，价值观对于群体中的个体在无监督情况下可以指引、约束、驱动，形成主动、重复的习惯。个体做出符合群体价值观的行为，会从群体获得积极的情感回应，并获得群体的认可、赞赏，继而不断地强化这样的行为，从而塑造自身的行为模式和习惯；反之，不符合群体价值观的行为就会被鄙视、排斥、反对、责难，甚至激发群体的排异反应。

现代社会心理学研究发现，群体成员在信念、思维上越来越接近，原因是以下几个方面。

（1）合理化：群体以集体表态、投票等民主集中方式将决策合理化来减少挑战。

（2）自我审查：异议会让反对者自己不舒服，在群体内感受到不安全感和排挤风险，倾向于压制个人的不同观点。

（3）比众压力：群体成员会抵制那些对群体主流的设想、计划、目标提出疑问的反对派，通过讥笑、嘲讽、排斥、压制来表达。

（4）刻板印象：陷于群体思维的人会天然获得一种强大感，倾向于认为对手弱小和愚蠢。

（5）一致性潜在社会规范：不破坏群体一致性的自我潜意识压力会产生一致同意的错觉。耶鲁大学经济学家欧文·詹尼斯（Irving Janis）在1972年提出群体思想，他认为**群体存在一致的压力，例如不同意群体思维方式和结论，就会受到排挤的威胁和制裁，而群体内思想的封闭性，导致任何质疑都将被排除。**

（6）群体防御：有些成员会保护群体，迫使质疑群体决策正确性、高尚性、效率的信息不对群体构成干扰。

例如，2020年，有新闻爆料称，有一起发生在微软苏州办公室员工自发抵制"奋斗B"文化的事件，传闻有"菊厂""福厂"两家以"奋斗"著称的企业的员工加入微软苏州公司，天天加班还互相比拼，导致微软老员工公开地反对抵制，这其实就是"工作生活平衡""996式奋斗"两种截然不同价值观念的一次公开式的激烈冲突。

群体压力可能导致群体走向放任自流的方向，其结果可以极其糟糕，也可以极其美好。群体压力在某些情境下可能产生不良、消极的后果，但也不能因此忽视其积极的可能性，特别是在价值观和文化方向，对于一个组织和社会而言，需要共同的价值观及其衍生的态度、思维、行为方式。群体压力也让个体与群体保持积极的关系，维系了群体的和睦、团结，帮助团体、组织生存和发展，促进目标、愿景、使命的达成。同时，因为**个人的信息和认知局限性，需要通过从众方式，了解和适应自身边界以外的世界，这是一种重要的生存方式。**群体压力大的团队和组织往往也表现出较强的士气、在团体执行力方面有着更好的表现。群体压力与团体内的一致性有着正相关的关系，并且成员规模越大会产生越强的群体压力，同时，群体的效能和成功的过往积累的成功越多，其成员的行为就越可能趋向群体规范。

组织本质也是一种场域，由人际关系构成的社会实践空间，在这种空间，人们发生合作、交易等各种实践。**组织价值观是一种无形的"场"，潜移默化中改变着个体，它提供了向心力，赋予集体意愿以意义。**如同磁场、行星引力场一样，虽然肉眼看不见，但却是客观的存在。**价值观通过群体压力构建并维持了组织内的行为和关系的秩序、规范。**

本章要点总结

- 人和群体的交流、互动会影响、改变自身的价值观念。
- 个体对自己归属的某社会群体的意识,这一意识也赋予群体以情感和价值方面的重要性。——亨利·泰弗尔(Henri Tajfel)
- 社会身份是个体自我概念的一个关键要素,来源于归属的群体内的成员关系,个体对于群体的认知、情感和反馈。
- 人们具有可塑性,外部的社会力量塑造我们的态度和行为。——黑兹尔·马库斯(Hazel Markus)
- 人类的动机分别为行为激活系统(Behavior Activation System)和行为抑制系统(Behavior Inhibition System)的神经类似物产生。——杰弗里·格雷(Jeffrey Gray)
- 群体压力(Group Pressure)是群体对其内部成员形成的影响和约束力,这种力量来自两种途径:信息和规范。
- 当人们依赖于他人获得社会信息时,他人就获得一种权力,来影响人们的行动或态度。——利昂·费斯廷格(Leon Festinger)
- 为了被群体接纳、认可,防止被群体排斥、打击,拒绝产生焦虑、恐惧、痛苦、烦恼和不安全感,来自主动与群体保持一致性。
- 从众行为的本质是个体接受群体内多数力量影响的过程,从而缓解了个体被群体惩罚的压力。
- 符合价值观的行为在群体中会获得情感回应,反之,会激发群体的排异反应。
- 个人的信息和认知局限性,需要通过从众方式,了解和适应自身边界以外的世界,这是一种重要的生存方式。

第十七章
价值观与绩效

关键绩效指标与工业时代

关键绩效指标（KPI：Key Performance Indicator）是如今大部分企业广泛采用的绩效管理方法，它将企业的战略目标层层分解为每个人可执行的目标。关键绩效指标法（KPI）基于"二八原理"，即工作成效的八成是由两成的关键行为完成，因此需抓住20%的关键行为，对其进行分类和测量，这样就能促进目标的达成。

关键绩效指标法有助于提升组织和个人的绩效，但是其弊端是只适用相对静止、确定性商业环境下的组织，这类组织的战略目标相对容易，且战略目标是由组织顶层制定，可以层层分解，基层只需要服从上级制定的目标，并尽可能达成目标即可。

在工业时代，商业环境相对稳定，目标相对确定、可预测，企业只需要围绕目标制订相应的步骤、计划、策略，管理的核心是效率提升。这种环境适合关键绩效指标法，自上而下式和按照时间周期划分段进行分解和考核，强调"时间就是生命，效率就是金钱"。而如今的商业环境，已经发生了变化（见图17-1）。

过去的商业环境相对稳定，有着明确的目标，通过计划和预测，围绕目标分解高效执行

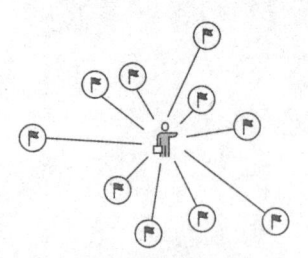

现在和未来的商业环境VVCA化，有大量可能性目标，需要通过不断创新、试错，寻找正确的目标

图17-1 商业环境的变化

在确定的环境里，人们的模式有点像"农夫"，努力提高效率即可获得相对稳定的收益，而在高度不确定的丛林式环境中，人们的模式有点像"猎手"，猎物有没有？是什么？在哪里？都是不确定的，二者之间的不同（见图17-2）。

在相对稳定、不变的环境下，采用农夫模式，努力奋斗，即可获得稳定收益

在不稳定、不确定、复杂、模糊的环境下，被迫采用猎人模式，在森林中不断尝试寻找正确目标，收益高度不确定

图17-2 确定和不确定的商业环境下的模式对比

进入数字时代，商业环境变得混沌而不稳定，目标也变得高度不确定和游离，计划和预测失效了，对正确路径和目标的寻找依靠的是试错，此时创新和资源配置的重要性与效率同等重要甚至有过之无不及。如同置身于迷宫，尽快走出的方法，不是规划预测，而是不断试错。如果方法路径不正确，即使付出再多的努力、有再高的效率也于事无补，还可能离正确的目标越来越远。**在高度不确定的环境下，战略产品方向不是事实规划、预测出来的，而是大量试错后的结果**。这就需要发挥基层的主观能动性，鼓励其积极、主动地试错，从而发现正确的方向和路径，本质上就是让**企业创新来自于自下而上的探索和试错来推动而不是领导者的高瞻远瞩**。

> 在瞬息万变的世界里，预测远没有行动重要。
> ——杰克·韦尔奇（Jack Welch），通用电气前CEO

因此，数字时代需要引入全新的绩效管理方法论，因为**关键绩效指标法这种驱动效率的方法无法促使创新的涌现，甚至可能扼杀创新**。并且一个新的现象是：数字时代，但凡效率的事情基本上都将由机器和自动化替代。例如，一个医药类公司，其效益增长的主要动力不是药品生产制造的效率，而是疫苗、药品的创新能力。例如，根据德国经济机构和智库估计，2021年，生物新技术公司BioNTech为德国经济产出增加了0.5%，占整体经济增长的近1/5。德国IFW经济研究所经济学家尼尔斯·杨森（Nils Jannsen）为此惊呼：一家企业能够如此大幅度提高一国的GDP，是极其不寻常的。根据BioNTech此前发布财报得知，这家德国初创公司在2021年从疫苗中获得约159亿欧元收入，这大概是德国GDP的0.5%。而该企业于2008年成立，2020年时的销售额还不到5亿欧元。由此可见，创新能力对一个企业的重大推动作用。

> KPI是传统工业时代在管理上的创新和管理上的成就，KPI目的就是改善效率，KPI能够完整地反映对效率的改善，但是在互联网时代反映不了了。在互联网公司，KPI会逼得大家迷失自我，不把重点放在怎么改善产品和服务。想要粉饰KPI有无数种投机取巧的办法。
>
> ——雷军，小米公司创始人

创新需要集思广益，依靠的是所有成员的积极主动，通过探索、试错、淘汰、优化这样的商业"达尔文主义"让正确的创新方向逐渐涌现出来。因此，对于人的要求也有着根本不同，消极、被动的人不适应创新驱动的环境，组织需要积极、主动的人才，在这种管理哲学之下，压迫式管理（监督、控制、管理）就不再适用，而尽可能自驱式（激发、影响、赋能）。目标不再是自上而下地层层分解，而是自下而上。**在动态的不确定环境中，组织需要松耦合式管理，允许组织内的个体进行探索、试错，允许一定程度的"自行其是"。**目标是由自下而上地聚合完成由基层自主设定，向不同方向探索，通过机制筛选、过滤掉不合理、回报低、不现实的方向，被验证有效、有价值的方向自上而下聚合，最终形成公司层面的战略级的方向。KPI与OKR的关键差异见表17-1。

表17-1　KPI与OKR的关键差异

差异	KPI关键绩效指标	OKR目标与关键结果
适用时代背景	工业时代	数字时代
适用环境	静止、确定的环境	动态、不确定的环境
本质用途	绩效考核	目标管理
目标制定人	上层制定	自主制定
目标达成	强调100%达成	达到50%~60%，如100%达成则说明自己设定的目标无野心
人的前提假设	X理论（假设人是消极、被动）	Y理论（假设人是积极、主动）
员工要求	统一和服从性	多样和主动性
管理手段	规章、制度、流程	价值观
管理方式	压迫式（监督、控制、管理）	自驱式（激发、影响、赋能）
目标明确度	有明确的目标	正确目标不明，需要探索
关键	效率驱动	创新导向
方向	自上而下	自下而上
目标规则	层层分解，确保执行	目标聚合、优胜劣汰
任务导向	要我做什么	我要做什么
承诺与实现	低承诺、高实现	高承诺、低实现

发散与收敛：20%自由工作制与演示日

在自然界，鲜花盛开的季节，蜜蜂基本可以不费力就能寻找到盛开的花朵，只要辛勤劳动就可以有相对稳定的收益。但对于一窝蚂蚁而言，环境是高度不确定的，要生存下来，就需要找到食物，其生存策略就是几十，甚至是上百个小蚂蚁自己主动在巢穴周边去寻找可能性的目标，找到食物后，回来向蚁群传递信息，这一重要信息会在蚁群中通过信息素迅速扩散，蚁群会根据事物的大小（价值）决定组织资源的配置，这种组织资源的配置方向是尽可能实现最优化配置——根据目标的价值大小灵活分配组织资源，价值越大，分配的资源越多。在高度不确定的环境下，蚂蚁形成了自己的有效生存策略，主要由发散、收敛、优化配置三部分组成：发散式的探索，寻找正确的目标；找到目标后，收敛到几个正确有效的目标，配置主要的组织资源。自然界的这种有效生存发展策略也被谷歌（Google）这样的公司在商业领域借鉴——20%的时间做自己想做的事情来探索试错（发散），通过演示日（Demo Day）将项目集中到几个高价值目标和方向上（收敛），将关键的人力资源灵活集中到这几个高价值项目上（配置）。

其实，20%自由工作制并不是产生于谷歌。早在1948年，以创新著称的3M公司开展一套崭新的工作方式，允许其员工将15%的时间用于本职工作之外的项目。这一做法，催生出便利贴、透明胶带等畅销至今的产品，还包括大量的创新材料等。在位数十年的3M前董事长兼总裁威廉·麦克奈特(William McKnight)说，他认为最重要的工作就是："雇用优秀人才，然后给这些人腾出空间。"在2004年，谷歌公司上市的时候，创始人拉里·佩奇和谢尔盖·布林曾经写道："鼓励我们的员工花费20%的工作时间做一些他们认为能够帮助到谷歌的工作。这将会让我们的员工更加具有创新性，我们很多优秀的项目都来自于这个政策。"那么，这个鼎鼎大名的20%自由工作时间制，到底是怎么来的呢？

2004年，一个叫凯文·吉布斯的谷歌工程师想到了一个好主意：把搜索引擎的所有历史搜索记录进行优化排序，帮助用户在搜索框输入时进行实时自动补充，也就是让谷歌搜索引擎可以自动预测用户的搜索请求，并在搜索时提供自动补充的选项。例如，当我们在搜索框内输入"天气"时，系统会自动推荐出"天气预报"，并提供一个下拉菜单，让用户不用输入全部文字就能点击完整搜索请求。凯文·吉布斯利用自己的业余时间建立了一个模型，并把这个雏形发给了一群喜欢分享新创意的同事，这个模型吸引了几个工程师的兴趣，他们加入了这个项目，这些人成了凯文·吉布斯的第一批追随者，后来这个项目越来越成功，最终成了现在名为 Google Suggest 的搜索建议功能产品。这个功能不仅帮助每个用户节省数秒的搜索时间，还能以更快的速度为用户准确搜索到想找的信息。凯文·吉布斯一个人的创意到付诸实践，再到改变全球几十亿用户的搜索习惯，这个伟大的过程只花了几年时间。

受此启发，谷歌创立了"20% 时间"工作制度，允许工程师拿出 20% 的时间来研究自己喜欢的项目，这直接导致语言服务 Google Now、新闻服务 Google News、谷歌地图 Google Map 上的实时交通信息等重大产品的诞生。从某种程度上说，这些项目都是谷歌因为"20% 时间"工作制而产生的"私生子"。很多人对于这个制度有很大误解，把关注的重点放在时间的长短上而不是给予工程师适度自由上，同时，以为这会导致工程师以创新为理由肆意妄为。而谷歌发现：大可不必担心工程师把 20% 自由时间浪费于白日做梦，因为他们不会去写戏剧，他们只会编写代码。在谷歌，无论工程师想把这 20% 的时间用于做什么，只要不妨碍其正常工作，那就没人会阻止他忙自己的事。这个制度也对那些看管严格的管理者起到平衡和制约作用，让工程师在完成正常工作外，可以适当发散下，而这可能导致伟大创新的诞生，也就是**创新很多时候产生于管理的松耦合**。同时，我们要特别注意的是 20% 工作制在谷歌成功有一个重要的前提，即谷歌的工程师几乎都是绝顶聪明和高度自律的。

这个制度虽然总体是正确的，但同时也会导致一些后果和问题，就是在给予员工以很大自由的同时，必然导致难以管理：有些倔强的工程师深陷于自己感兴趣的项目，而且不达目的不罢休。如果领导反对该员工的建议，该员工仍然可能一意孤行，对领导的建议不予理会。当然，这个问题有着两面性，因为当员工的建议是正确的，这反而是件好事。

有一次，一个叫保罗·布赫海特的谷歌工程师使用了 20% 的时间开发了一个叫"驯鹿"（Caribou）的项目，这个项目就是今天有着 15 亿用户的谷歌邮箱 Gmail 项目的前身。过了不久，他觉得这个新产品赚钱的时机到了，并建议在电子邮件右侧根据邮件内容显示广告，但是开始时公司并不同意，而是让他集中精力完善产品，把赚钱问题先放一边，可保罗·布赫海特对此置若罔闻，并且入侵了谷歌内部系统，把内部邮箱系统与谷歌广告系统连接到一起。第二天一早，上班的全体同事都发现自己的邮件旁边出现了广告，一开始都非常愤怒，但是很快大家发现这些"善解人意"的广告其实很实用，就都接受了。几个月后，谷歌邮箱 Gmail 问世，而且伴随着邮件内容匹配的广告技术，为谷歌带来了新的广告收入来源，保罗·布赫海特没有因为"胡作非为"而受到任何处罚。这让我们看到"20% 时间"工作制度背后蕴藏着宽容，这个例子并不是鼓励员工对于领导者的意见可以毫不理会，然后一意孤行，而是表明**组织需要给予创意、创新一定空间、宽容并做到兼收并蓄**。同时，我们也应该看到，**有时候创新最大的敌人恰恰是权力，创新方向的对错无法预先判断，而是要在试验后鉴定**。过去的创新主要是基于直觉和权威进行决策，而现在则是基于测试和验证。因此，**组织内部的管理者对于创新方向，需要谨慎使用权力武断地干预，要尽可能做到判断后置**。例如，企业内经常举办的创意活动——"头脑风暴"就包含了两个重要步骤：发散和收敛。在发散阶段需要鼓励奇思妙想，而不能有任何判断，否则就会扼杀全新的创意产生，因为一旦创意被嘲讽、指责，那这个参与者马上就会拒绝思考新创意。而在收敛步骤才是基于此前集思广益后开始筛选、判断是否可操作、可实施，是否有需求、有回报等。**在创意产生和创新过程中，管理者并不能以"先知"自觉。**

为了防止一些过度不切实际的"奇思妙想"浪费公司不必要的资源，和工程师可能的一意孤行，谷歌开始改善这一制度，就是提醒那些用 20% 时间开启项目的人先做出一个产品原型，以吸引其他同事的兴趣并加入。**虽然数量孕育质量和伟大创新，正确的创新方向产生于数量的冗余，但是考虑到资源有限性，必须考虑将有限资源重点投入到高潜力的创意中去，有必要过滤和淘汰大部分不合理或者相对低价值、低潜力的想法和产品原**

型。谷歌制定了重要的新规则：除自己之外，工程师至少还需要挑选其他同事加入项目，禁止孤军奋战，这一做法自动淘汰了一些低潜力项目。《科学美国人》写道：**企业创新并非少数人的灵光一闪，而是组织内部复杂的高度协作。**谷歌认识到今天企业的创新几乎不可能由单打独斗完成，而是基于一个协作网络实现的。另外，想出一个创意虽然没什么难度，但是吸引其他人用自己20%的时间加入到你的20%时间项目就困难得多。如果希望自己的奇思妙想能开花结果，首先就需要构建一个能为自己的构想付出时间和精力的团队，而这一点并不简单。说服他人加入自己的项目对于一些工程师来说甚至难于登天，这就导致很多高潜力项目"胎死腹中"。为了避免出现此类情况，谷歌设立了一个叫"演示日"（Demo Day）的方案：这一天专门让个人或团队演示自己感兴趣或者新构想的产品原型。因此，一到周末，就有大批原型诞生，到了周五下午以科学展会的开放参观形式分享成果，这时候大量的新点子、新产品原型涌现，但是大部分不合理或被认为没价值、潜力低、不切实际项目的会被淘汰，止步于演示日，这是一个优胜劣汰、物竞天择的过程。如果演示成功，就会获得其他工程师的认可和追随，加入到自己的项目中来，而且，不用经过组织和领导者的指挥、控制、调配，自然形成了人才自发组织和配置，这也导致公司成了一种自我驱动人才进行自发组织的柔性组织新形态和新样式。当然，就算演示成功，吸引到了很多同事加入，后续还需要经过残酷的市场检验。"演示日"（Demo Day）构建一个内部市场，而不是一套官僚系统。通过内部市场，员工可以自由地和其他同事交易自己的创意，并缓和了自己的风险，这也构建了一种支持网络，一旦离开这个网络，个体很难将自己的创意变成现实，甚至创业也实现不了，因为初创公司难以聘用如此之多的顶级工程师。这样就可以通过市场化手段配置组织资源和权力，而非层级和权力。**市场是极少，甚至完全不是通过控制来约束和协调组织的行为。**

组织资源的最优化配置

传统组织里，权力和资源来自于组织和上级的授予和分配，是刚性配置，除非上级再分配，否则就会一直处于固定的无法转移状态，资源总是倾斜于当下的核心业务，而不是创新项目，**在资源出现竞争和冲突时，创新项目总要让位**。而在全新的网络协作式组织生态下，权力和资源是流动的，是从低价值创造能力的人才自动流向高价值创造能力的人才，权力是"天择"，而非"授予"，这里的"天择"就可能是谷歌"演示日"（Demo Day）的其他工程师的选择，也可能是未来的客户、市场的选择。20%自由时间工作制，避免了谷歌权力和资源的固化，而是让其可以自由流动，实现了组织力量的最优化配置。**唯有可自由流动性，才有可能实现资源的最优化配置**。我们也惊人地发现，通过有效的机制，组织内的个体可以自我驱动、自我管理，这个过程可以没有管理者干预，甚至无须管理者，至少不需要那么多。自身具备影响力和价值创造能力的个体能通过"演示日"（Demo Day）机制获得权力和资源，而**是否赋予组织内的个体有效使用权力和获取资源的机会，正是愚蠢公司与聪明公司的最大区别**。在这样的组织里，领导是一种行为而非角色，而且，人人都有了成为领导者的机会和可能。组织要做的就是，建立能促进组织力量流动和优化配置的机制、为个体提供支持。

"演示日"（Demo Day）也构建了一种组织的创意分享、交换、启发机制和交易市场，或许某个创意没有被应用到一个正确的方向，但是这个创意极大地启发了其他的工程师，或许被应用到了潜力巨大的项目或方向上。如果不鼓励合作和信息分享，那么就得不到更多创新。牛津大学动物学博士马特·里德利（Matt Ridley）博士发现，我们的祖先智人和灭绝的尼安德特人的关键区别不是生存环境或基因的差异，而是交易行为。尼安德特人视陌生人为安全威胁，第一反应是杀死对方，和陌生人间是你死我活的零和博弈，而智人视陌生人为交换新事物的机会。工具、方法、信息、思维的互利交换推动了知识、思想的扩散，加速了智人的发展，而尼安德特人最终灭亡。交换、合作带来创新、文明与繁荣，而故步自封、闭关自守只会导致下跌、停滞乃至崩溃。交易具有以下五个特点：

（1）相邻可能（现在相邻的范围随着技术发展，距离在扩大）；

（2）超越关系（裙带关系限制竞争和自由选择、遏制创新）；

（3）个体自愿；

（4）互利双赢；

（5）竞争环境。

当在某个市场中，与陌生人交易时，质量和服务问题不会得到容忍和宽恕，会被客户抛弃和其他优秀竞争者替代。"演示日"（Demo Day）构建了竞争的环境，驱动个体竭尽全力，精益求精，以能脱颖而出，赢得胜利，获得资源和回报继续生存。

过于依靠企业家或高管的过人的预见性、洞察力和判断力，而不具备自下而上的组织创新机制，公司的未来生存和发展是不可持续的。如果一个企业只依据自己的已有和已知，而非客户需求来构建产品或服务，其创新必然受阻。组织层面的创新需要以客户为中心，"草船借箭"式整合外部资源并进行无限组合，为了探索未知而挖空心思、费尽心机。

20% 时间制不仅意味着会诞生新创意、新产品甚至伟大的产品，而在于鼓励尝试，激发组织的创新潜力，并让员工与过去不常打交道的同事相互协作，帮助员工学到新的知识、积累新的经验。有的人可能会因此涉及自己过去陌生的领域，那么这个人便可以接受针对这些新领域的培训，自动促使这个人去主动学习。谷歌负责工程设计的高级副总裁乌尔斯·霍泽尔说：20% 时间制是一家企业最好的员工教育活动。

此外，要特别指出的是：谷歌工程师利用20%自由时间成功做出的项目是没有额外报酬的，因为谷歌认为工作本身就是最大的奖励。心理学家们发现，**外部的物质奖励非但不能激发创意，反而把原本一件非常有成就感的事情变成赚钱的差事，并阻碍灵感**。兴趣和解决问题的欲望是人才的内驱力来源，利用20%的自由时间做自己感兴趣或希望做的事情的人，会自然而然地产生工作的内在驱动力。**只有内在的志向和兴趣，才能激发人才持续的创造动机和行为，而命令和控制、自上而下的任务分配、监督做不到这一点**。由创造、创新带来的成就感和市场价值、社会价值会给组织内部的创新人才以更多的驱动力，自激励、内驱力是这个群体的重要特征。对工程师这样的创新群体，组织要做的主要不是外部激励，而是赋能，也就是提供他们一定的时间自由、自主权、高效协作的环境和工具。激励偏向的是成功后的利益回报，而赋能强调的是激起人才的兴趣与内驱力，斗志。现在组织的职能更多需要让员工的专长、兴趣和市场的需求、痛点、问题做更好的匹配。过去是组织雇用人才：组织是主体，人才是被动的；而未来则是人才使用组织的公共服务：人才成为主体，组织是被动的。正如管理学家加里·哈梅尔所言：**一个高信任、低权力敬畏的组织里，员工不需要太多监管，他们需要的是指导和支持**。经常可以发现一家创新公司随着时间推移，逐渐丧失了创新力，原因通常是最初是源自一个基于运气的偶然的发现，而非组织能力和机制，依靠的是一两个关键人才的高瞻远瞩和英雄主义，而不是自下而上的组织能力。

OKR的诞生

在确定性环境中，人们是蜜蜂式的，勤劳、高效地工作。在不确定性环境下，人们是蚂蚁式的，探索、试错地工作。前者主要的绩效管理系统是关键绩效指标法（KPI），后者则需要引入全新的绩效管理系统，以驱动创新。谷歌的早期投资者以及董事会成员约翰·杜尔（John Doerr），在英特尔工作时期，从英特尔公司前 CEO 安迪·格罗夫（Andy Grove）那里了解、学习到了 iMBO (Intel Management By Objectives）这种目标管理方法论见表 17-2，他将其改良为目标与关键结果法（OKR），并介绍给了谷歌（见图 17-3）。

表17-2　目标管理方法论演讲的关键时间点

时间	方法论	开创者或关键人物
1954年	目标管理系 Management by Objectives system (MBO)	彼得·德鲁克（Peter Ferdinand Drucker），现代管理学之父
1968年	英特尔开启目标管理系统 Intel Management By Objectives（iMBO）	安迪·格罗夫（Andy Grove），时任英特尔CEO
1974年	约翰·杜尔在英特尔解除、了解iMBO模式	约翰·杜尔（John Doerr），时任英特尔工程师、副总裁
1999年	约翰·杜尔把英特尔的目标管理体系（iMBO）介绍给Google的两位创始人，该管理工具在Google被称为OKR（目标与关键结果管理法）	约翰·杜尔（John Doerr），风险投资家、KPCB合伙人，谷歌董事
2018年	OKR被认为是谷歌成功的关键因素。如今许多公司都使用OKR	—

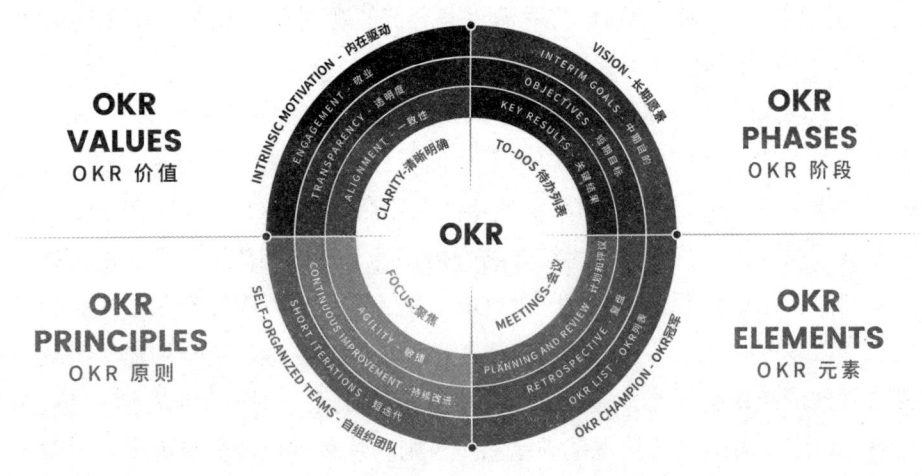

图17-3　OKR的四个支柱

OKR 对于组织有诸多积极帮助，见表 17-3。

表17-3　OKR对于组织有诸多积极帮助

✓ 将愿景、使命、价值观和战略与日常工作相结合	✓ 建立目标并有效利用资源	✓ 帮助设定和跟踪正确的优先级
✓ 鼓励自主的工作环境	✓ 提高透明度，改善沟通	✓ 能够在不产生执行压力的情况下衡量成功

随着谷歌在商业方面的巨大成功，也让 OKR 逐渐被神化，并成为一种时尚，蔚然成风，但大部分企业将其引入后，却成效不彰，应用得不伦不类，问题出在哪里呢？具体如下。

（1）东施效颦。谷歌的人才结构属于人才市场上顶级人才，他们在特质上不缺乏自驱、自律、主动、积极等特质，即使没有监督、控制，也会主动自发地寻找方向、探索问题、解决问题。而不少企业的人才，没有监督就可能处于"摸鱼"、懈怠状态。因此，如果照抄 OKR 模式，就变成了东施效颦。不能因地制宜，就可能出现"彼之蜜糖，吾之砒霜"的状况。

（2）南辕北辙。OKR 是一套驱动创新的方法论，引入和应用 OKR 方法论，并不能对效率产生积极作用。类似在流水线这种紧耦合式效率式的系统中，如果引入松耦合、创新式的绩效管理机制，完全是驴头不对马嘴，不但不能解决问题，还会制造混乱。

（3）以偏概全。盲人摸象式看待 OKR，仅仅把 OKR 当成一套工具来引入和使用，而忽略了 OKR 背后需要一套价值观和文化系统、组织系统、商业模式等组成的生态系统作为支撑。

（4）误入歧途。OKR 是一个目标管理系统，而非绩效考核系统。而很多企业引入的目的是驱动效率提升而非创新，并试图将其作为一种替代关键绩效指标法（KPI）的评估系统使用。采用后发现 OKR 无法应用于绩效的考核，而无法考核则无法为绩效薪酬提供计算基础和依据，从而使得评估、薪酬、激励体系陷入崩溃。而 OKR 背后还有一个重要的 360 度式的同事评议（Peer Review）机制以连接考核评估环节，这一机制构建于团队成员强烈的组织公民意识基础之上，构建于成员秉持对于团队的责任感、正直、诚实、可信的价值观基础之上。否则，这种评议就会成为个人声望和个人关系大赛,企业的免疫机制、反馈、涌现、激励机制就会失效。

英美法系与OKR的文化与法律基石

OKR 产生于美国硅谷,有其深刻的历史、文化、法律背景。首先美国是一个英美法系(Common Law System)国家,英美法系也称为普通法系、判例法系、海洋法系,是以英国普通法为基础发展起来的法律的总称。英美法系是判例之法,而非制定之法。英美法系的立法精神是,除非某一法例因为客观环境需要或为了解决争议而需要以成文法制定,否则,只需要根据当地过去对于该项目的习惯而评定谁是谁非。英美法系根据人们生活、文化中的业已形成的"公序良俗"进行辨别判断谁是谁非,不看重身份地位,人人平等,随机由任何平民组成陪审团,即使没有明文法律规定,只要不符合陪审团判别是非的观念就是违法。因此,在某种程度上,我们可以把这种法律制度下简单理解为法官的作用是主持人,判断事实和是否有罪是由一群随机选出的平民(当然也会有国籍、年龄、所在区域、沟通能力,有无犯罪前科和职业性质等多个方面限定,例如审判时未满18周岁,非本地居民,语言听力有缺陷等,无资格当陪审员,而律师、法官、医生、牙科医生、消防队员、教师和政府官员也不能充当陪审员)组成的陪审团主观完成,毫无疑问,这就需要一个非常重要的前提和基础——人是可信的、有道德、有责任感的,这种责任感是对于自己、他人和社会负责基础上的。这和大陆法系(Civil Law System,也称罗马法系或民法法系)有着巨大差异——可以简单理解为大陆法系不相信人的可靠性,而法律条文才是可靠的,这个体系是以法典为中心的;而英美法系则认为法律条文是不可靠的,人本身才是可靠的,相信普通人的情感、常识和判断力可以应用于司法活动,这个体系是以人为中心的。大陆法系下的人们对于英美法系下，相当于从街头随机拉来的三教九流就能断案，甚至决定被告是否有罪和生死难以想象，这本身是两种截然不同的价值观体系。前文我们提及 OKR 作为一种目标管理手段，本身并不能用于绩效考核，需要借助于 360 度式的同事评议（Peer Review）机制，而这个机制的核心和英美法系一样，是构建在可信的、有道德、有责任感的团队成员基础之上。360 度式的同事评议（Peer Review）机制是 OKR 的伴生物，不能不说 OKR 是英美法系思维模式在商业世界的延伸。当然，法律体系没有高低贵贱之分，但两种法系下的价值观念、思维方式确实有所差异。360 度式的同事评议（Peer Review）机制在大陆法系国家的效用，显然不如英美法系熏陶多年的国家，也会产生一些自然的社会阻力。方法、措施的作用发挥与其所处的法律环境、社会环境和文化传统有着莫大的关联，一种方法、措施的设立的意图不是最重要的，而真正的关键在于这个方法、措施产生后的运作以及运作中实际获得的制度性功能和价值。

评议、判断别人意味着个体获得了一种神圣的权力，这种权力的运用需要公正、道德、自律、客观，360 度式的同事评议（Peer Review）活动既是组织运用、强化价值观的重要活动，也是限制、摒弃、排斥组织内的罪恶、糟粕、负能量的关键组织行为，体现了人类社会发展的一般规律——事物或组织的发展、群体或社会的进步，让内部的高尚、积极、善良的力量增长、发展。同事评议（Peer Review）也意味着组织内的个体拥有对他人进行惩罚的权力，而如果一个群体可以惩罚胆敢违背组织价值观念和原则的人，从而使价值观取向上升为整个群体的行为规则和价值判断标准，那么，人们就掌握了整个群体和组织的权力，即对别人惩罚的权力是一切权力的源泉，这种权力感、能力感也是组织公民意识的源泉。当然，在法律实践中，陪审团制度也有缺陷，由于成员不是专业人员，会基于感觉、情绪、经验、无意识偏见等内外部原因罔顾事实，做出错误判断，但瑕不掩瑜，作为维持社会公正和秩序的工具，这一制度是有着重大价值的平衡器。

法国政治思想家阿历克西·德·托克维尔（Alexis-Charles-Henri

Clérel de Tocqueville）说："实行陪审制度就可把人民本身，或至少把一部分公民提到法官的地位，这实际上就是把陪审制度，把领导社会的权力置于人民或一部分公民之手。"而同事评议（Peer Review），本质上是把价值观评判这一组织最高权力交付给团队成员之后，让他们成为群体、组织的化身进行审核，评价功过、是非、得失。

同事评议（Peer Review）过程也赋予了评审成员遵守组织制度或超越制度的惊人力量，不仅仅是评判人，也在评判制度、流程本身，因此，他们有时就是制度、流程批评和间接的制度、流程改革者。

同事评议（Peer Review）制度也推进了价值观教育和认同过程：教育的形式很多，一种是传统的宣贯或课程化教育模式，但与工作、生活现实有较大距离。另一种是实践教育模式，这种模式比前者更生动，更具体，更深刻，而且与实践密切联系，更容易为受教育者所接受。同事评议（Peer Review）活动正是一种实践教育和价值观认同、强化过程。在评判过程中，评议委员会成员常常受到分析问题的原则、价值观念、方法的影响；而且，普通组织成员参与审议和裁判，直接体验价值观与实践关系。因此，组织成员将不再会将价值观变为与实践脱节的神秘而抽象的东西。而是把价值观念变为现实实践。所以，**同事评议（Peer Review）也是价值观向群体渗透的重要渠道，无形中强化了组织成员整体的价值观念，扩大了价值观的社会效果**。参加这种评议活动对于培养人们的信念和习惯所起的作用要超过其他任何活动，在某种程度上而言，这是一种有利于组织发展和进步的强大力量。

科学共同体与OKR

OKR体系顺利收入机制能够引入谷歌在很大程度上也是因为两位创始人拉里·佩奇（Larry Page）和谢尔盖·布林（Sergey Brin），以及早期

CEO埃里克·施密特（Eric Emerson Schmidt）三位本身都拥有博士学位，有着基本的科学素养和科学精神气质（普遍性、公有性、非营利性、有组织的怀疑主义），有着科学共同体（Scientific Community）的基本信仰，除了具备基本的科学知识外，还有着传播科学方法、科学精神、科学价值的使命。

1942年，英国科学哲学家和社会科学家迈克尔·波拉尼（Michael Polanyi）在《科学的自治》一文中，首次使用了"科学共同体"（Scientific Community）一词，他在文中提及："今天的科学家不能孤立地实践他的使命。……每一个人都属于专门化了的科学家的一个特定集团。科学家的这些不同的集团共同形成了科学共同体。……这个共同体的意见，对于每一个科学家个人的研究过程产生很深刻的影响。"1962年，美国科学哲学家托马斯·库恩（Thomas Samuel Kuhn）在《科学革命的结构》一书中，运用"科学共同体"这一概念来说明科学认识发展过程中社会心理因素的作用。

迈克尔·波拉尼（Michael Polanyi）认为科学家们可以自由地选择问题和方向，并根据自己的个人判断进行研究，同时，他们是一个紧密联系的组织的成员。这种独立倡议的自我协调会导致一个共同的结果，这是任何一个实现这一结果的人都没有想到的。这是OKR体系中，组织成员可以独立选择自己的研究方向的科学信仰的源头，它使得成员有了思想自由，不需要屈从于权威和权力意志，可以创造出无限可能。迈克尔·波拉尼（Michael Polanyi）还认为，在一个单一权力架构的组织中，个体的独立倡议将被取消，从而使他们的共同效力降低到由组织领导者为中心并指导他们的效力，这实际上会使他们正式的合作陷入瘫痪，这是谷歌20%的时间做自己想做的事情所形成的自发秩序的哲学基础。

科学共同体（Scientific Community）是由科学家组成的专业团体，为了推动科学发展和进步而结合在一起。科学共同体（Scientific Community）有众多职能：比如学术交流、出版学术刊物、维护竞争和合作、把个体和局部知识变成公共化、认可和褒奖、塑造科学范式、守门把关（同行评议和论文审查）、培养新人、获得和配置资源、与社会的适应和互动、科普等。

科学共同体（Scientific Community）的这些职能和方法、行为规范，我们都能在谷歌的管理方法和 OKR 体系中找到影子，演示日（Demo Day）就是一种典型的学术交流活动，也维持了内部的竞争与合作，并作为个体争取资源和组织资源重新分配的重要媒介。与 OKR 相辅相成的同事评议（Peer Review）成近乎完全等同于学术共同体的同行评议和论文审查方式，这是一个承认与奖励的过程，是对于成果、绩效的重要的守门把关环节，这是在制度保证下的、严守科学标准的、出于公正之心的评审工作。这是知识、产品、成果的最后出口，因而就需要采取最严厉的措施，把关守门，做到优胜劣汰。科学共同体（Scientific Community）有一条律令：任何科研成果，须首先在学术会议或期刊发表，以接受共同体的审查和批判；越过共同体，直接在社会炒作宣传、混淆视听，违反基本科学规范和科学道德，是共同体反对、鄙视和排斥的。因此，我们也能看到谷歌的演示日（Demo Day）正是一次对于产品、项目的评议、审查过程之后才能推向市场端。这时候，雇主和工程师的关系非常像科学家的"交换系统"模式——科学家与支持科研的赞助人这样的关系。不同于传统组织的自上而下的命令式结构，谷歌的工程师有 20% 的时间自由，可以自主选择研究方向，所发生的时间、经济成本是由"赞助人"——雇主来承担。在学术系统中，科学家向赞助人提供科学信息、成果相关的回报，他们也接受提供进一步优良的研发设施，包括经济报酬在内的奖励，从而达成一种互惠关系，促进双方的发展。

谷歌演示日（Demo Day）过后，资源重新组合配置，工程师们之间的合作类似代理人在自由市场中协调自己的方式。正如自由市场中的消费者决定产品的价值一样，科学是一种自发的秩序，是科学家之间公开辩论的结果，科学在科学家有追求真理的自由时蓬勃发展。谷歌借助于 20% 自由时间、演示日（Demo Day）、目标与关键结果法（OKR）、同事评议（Peer Review）这一完整的类学术共同体的生态系统构建了一种自发秩序，涌现出公司的新产品、新项目、新业务和发展方向，帮助公司在高度不确定性的市场中生存、发展。

显然，OKR 并不是一个孤立的方法论，而是一个类学术共同体（Scientific Community）机制的一部分。因此，不能把 OKR 从这一体系中单独割裂开来学习、效仿，在施行 OKR 方法论的同时，需要真正了解学术共同体（Scientific Community）的运作机制，并且，先以共同价值观构建为前提，但组织成员充分具备的科学精神、科学态度，并赋予其思想自由、不应泯灭个体的主动性和积极性，也不应过多地限制个体的研究自由。在组织内部中，需要适度的竞争，否则研发工作就没有活力和生气，产品也不会有进步，但又不能过度激烈和无序，否则组织内耗，甚至不择手段、相互攻讦。因此，组织需要保持有序竞争、和谐协作的最佳状态。

20% 自由时间、演示日（Demo Day）、目标与关键结果法（OKR）、同事评议（Peer Review）、Dory 员工系统、组织公民意识和价值观系统等多部分构成的整个体系达成了一个组织的核心目的——无限接近于资源的最优化配置状态，从而令组织接近最优效能状态。一方面，**OKR 是一个自由主义思想的管理体系**，它对于个体有着极高的价值观念和道德素养要求，所以并非适用于任何企业，而施行、应用这一方法论的前提是价值观与文化的建设，否则自由就变成了放任、失序、混乱，最终演变为灾难。

另一方面，OKR 也是对于组织的管理哲学的颠覆性改变，需要领导者、管理团队能够深刻理解和推动、引领这一重大变革。这种变革甚至意味着自我权力的收缩、转移和重新配置，这需要领导者有着巨大的道德勇气、宽阔的胸怀和自律意识，以及自我牺牲精神。

不同于相对静态稳定的市场，预测规划在 VUCA 的市场中，已经失效。否则，Facebook 就不会被 Tik Tok 打个措手不及，这些新的产品、战略方向是快速探索、试错和市场选择的结果，这就需要赋予个体一定的方向自由，这也是 OKR 的 O（即目标）由个体自己决定而不是上级授予的原因。方向不再是规划出来的，而是自发机制涌现出来的。

在商业环境下，组织的权力（特别是配置资源）不再完全为顶层所有，而是让渡给了专家权力，但找寻到了一个正确的方向后，个体就获得了天然的权力（类似一个在外寻找到了新食物的蚂蚁，当它把新食物信息告诉群体并获得认同，很快会被其他蚂蚁追随，从而天然获得调动组织资源的配置权），组织的资源、权力可以在组织内部自由流动，向价值创造部分流动，从而从资源、权力的固化状态，转向到资源和权力最优化状态的动态发展。

重大的方向性决策不再仅由顶层完成，更有可能过渡到演示日（Demo Day）这种形式，群策群力完成。通过集体决策活动完成交流、批判、纠错、修正，并检讨和批判决策本身的逻辑，生发、培植、训练和强化实现战略目标的规范和方法，避免决策谬误。

在新的市场、商业环境下，传统科层组织的固化、僵化、信息传递效率低，容易导致部门墙，协作效率低等大量问题导致企业无法快速响应市场需求，无法敏捷适应市场，需要向全新的扁平、自由流动型组织演变。鼓励而不是限制信息的自由流动，只有信息的充分分享，才能唤醒组织的群集智能（Swarm Intelligence），提高组织智商。

而传统的制度、流程越来越可能会是组织的桎梏，遏制创新和敏捷性，而代之以基于简单原则的价值观管理，构建群体内的信任，从而提高合作效率和深度。

绩效管理体系根植于组织的管理哲学和价值观趋向，有着商业环境和市场环境、企业商业模式的应用场景，新的绩效管理体系对于个人素养、道德水平、价值观念也提出了要求。没有共同价值观念，就难以构建强大的绩效评估与管理体系、从而对于薪酬福利、激励体系和商业成果构成重大影响。过去的企业与未来的企业管理在模式上的差异，见表17-4。

表17-4　过去的企业与未来的企业管理模式差异

过去的企业	未来的企业
预测规划	快速试错+市场选择
中央控制	赋能个体+资源流动
顶层决策	群策群力+快速决策

续表

过去的企业	未来的企业
科层组织	网络组织+超级扁平
信息限制	充分共享+及时沟通
制度流程	价值观念+充分信任

价值观的考核

组织规模的变大过程必然导致"滥竽充数"的问题出现,不符合价值观要求的成员数量也会不断增加,影响他人和团队。团体人数越多,则冗余人员越多,不必要的人力成本、管理成本也越大。

美国著名的经济学家曼库尔·奥尔森(Mancur Olson)提出了广为人知的"集体行动困境"理论:虽然一群有共同目标或共同利益的人,可能会紧密团结,倾向于集体行动,但是只有小规模群体更加容易监督其个体成员的贡献,惩罚"滥竽充数""搭便车"者,个体主动贡献意识更强,更容易达成一致行动。当一个利益团体中的人数越来越多,就很难形成集体一致行动,因为人数越多,不同利益诉求就会增多,导致难以协调一致,并且更难发现和监督不行动者。

奥尔森(Mancur Olson)就提出两种"选择性激励"以解决这一问题。

一是向积极分子提供额外的激励。这种激励是团体内其他人不可共同分享的,而是独享特权。

二是惩罚不参加集体行动者。

相比较而言,第一种措施只需要采用"悬赏"的办法即可解决,但是第二种方法需要具备一个前提条件:能够精确识别出团体内"滥竽充数"的"南郭先生"。过去评估个体的价值观、行为、绩效和贡献主要采用纵向评估(Longitudinal Evaluation),即由上司来执行考核,由他们处理表现不佳或者麻烦制造者，也有组织采用学术领域广泛采用的同事评议（Peer Review），即横向评估（Horizontal Evaluation）。这意味着团体内的各个成员之间可以互相查看对方的目标和进展。这一评估方式要求团队成员具备强烈的组织公民意识和责任感，能够站在团队、组织的高度和立场忠实履行监督和评估职能，而不沦为平庸者的同谋。这一做法弥补了纵向评估（Longitudinal Evaluation）角度单一的不足，提高了评估的有效性，但也存在因为相对主观导致偏差不可避免会出现。成员是否遵循组织价值观的要求可观察但难以量化，同时，单一角度可能出现重大偏差，因此360度的横向评估（Horizontal Evaluation）是可行的高效方式。

绩效强制分布化

过去10年来，绩效的去强制分布化蔚然成风，使自由主义、信任模式价值观成为一股潮流。例如，早前微软使用的是"层叠式"（Stacked）排名系统，管理人员需要将一定比例或数量的员工强制指定为表现优良和表现欠佳。当时的员工认为，这种强制分配让其感觉与同事之间成为竞争关系而不是合作关系，使其不能把重点放在做最好的产品，而是放在比同事更好上。2013年，微软改革了其强制分布式的绩效系统，取消了评级，目的是让员工专注于影响力和增长。此前Google也并不进行绩效强制分布，但在2022年二季度，Google又一次反潮流推出全新的GRAD（Google Reviews and Development，谷歌评估与发展）绩效管理体系，让人大吃一惊的是，其中就包含了5级分布，即：

（1）颠覆性影响 Transformative Impact；

（2）杰出影响 Outstanding Impact；

（3）重大影响 Significant Impact；

(4)中等影响 Moderate Impact;

(5)影响不够 Not Enough Impact。

相对于过去持续十年的全球各大企业的绩效去强制分布化的做法，这一做法有点反其道而行之。众所周知，基于绩效评估结果进行强制分布，对于排名靠后的员工进行末位淘汰，可以实现组织的"优化"，但显著的恶果是：员工对于年度绩效评估的反感和相互间的不合作。不过，无论是否进行强制分布操作，客观事实上成员的绩效结果如果量化，本身就存在正态分布式的结构，如同人类的智商是正态分布（见图17-4）。从理性来看，组织内部没有朽木只是一种理想，而非现实。

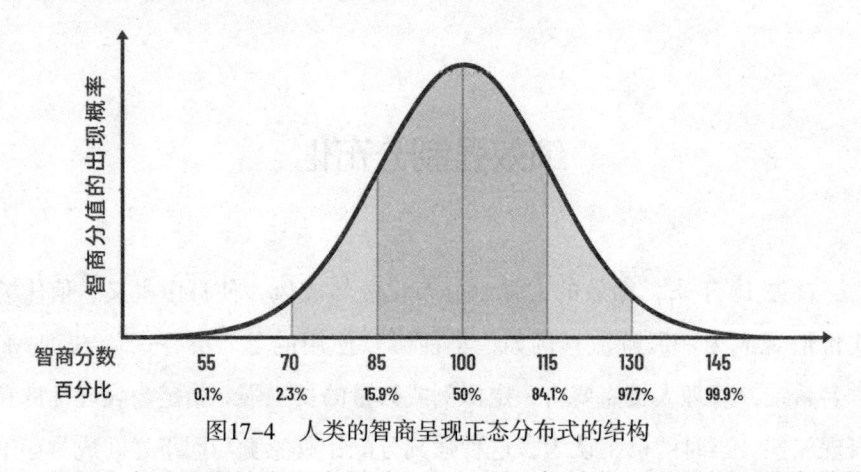

图17-4 人类的智商呈现正态分布式的结构

强制分布诚然有缺点也会导致一些问题，但并非一无是处，首先其能产生一种令员工成长的压力和动力，即要么成长要么走人（UP or Out），避免组织活力降低和懒散化，特别是组织规模越来越大后，人才的质量会越来越接近于社会整体的分布，难以保证所有人都是精英，也难以保证大部分人都具备自律、自驱的特质，引入适度竞争对激活组织有帮助。其次，没有强制分布，使得员工失去了参照物，而人们需要通过社会比较（Social Comparison）来确立自我，人们在定义自身的社会特征（如地位、能力、智商、业绩等）时，通常需要通过与周边其他人特别是同属于相同群体的其他人进行比较，通过比较获得意义感，并借此来维护积极的自我价值感，这是人类的根本心理需要之一。此外，如果没有强制分布，可能相对较难形成晋升、加薪、"优化"需要的合理依据。如果没有一个能让大家信服的公认标准，可能会让成员有着强烈的不公平感（不患寡、患不均）、相对剥夺感（Relative Deprivation）。美国学者斯托弗（Stouffer）早在1949年提出这一概念是用于形容个体被剥夺了想要的东西，而他人却可以拥有。**人们会与那些与自己相似或者处于一个群体的个体来进行社会比较，并将自己的收益与期望状态进行比较，从而可能产生期望与获益鸿沟，这种认知会产生不同程度的不满，甚至引发群体反抗行动，组织成员流失率剧增。**如果没有合理的评级依据，裁减业绩不佳人员等操作可能难以获得法律依据，也可能导致组织不具有合理流动性和组织代谢率，从而导致组织变成"死水一潭"。而晋升角度没有合理的评级也会使得组织内部分人员被晋升到不称职的职位级别，组织就会陷入大量决策错误、人浮于事，士气低落、效率低下，发展停滞状态。

> **任命错误的人将会带来三重麻烦：第一，影响业务的开展；第二，侮辱了正人君子；第三，相当于抢走了本应获得晋升的人的机会。**
> ——腓特烈二世（Friedrich Ⅱ），普鲁士国王

晋升不当会导致"彼得原理"现象——即"大量组织都习惯于对在某个等级上称职的人员进行晋升提拔，最终总是趋向于被晋升到其不称职的地位。"为了避免这种现象，需要构建能上能下、能进能出、新陈代谢、吐故纳新机制，这既需要有足够的评估依据也需要进行定性。因此，是否对绩效进行强制分布，本身不是关键，关键是一个管理行为或管理模式背后的回报/成本比，以及秉持什么样的价值观念和管理哲学。

本章要点总结

✓ 在高度不确定的环境下,战略产品方向不是事实规划、预测出来的,而是大量试错后的结果。

✓ 企业创新来自于自下而上的探索和试错来推动而不是领导者的高瞻远瞩。

✓ 在动态的不确定环境中,组织需要松耦合式管理,允许组织内的个体可以探索、试错,允许一定程度的"自行其是"。

✓ 传统组织里,权力和资源来自于组织和上级的授予和分配,是刚性配置,除非上级再分配,否则就会一直处于固定的无法转移状态,资源总是倾斜于当下的核心业务,而不是创新项目,在资源出现竞争和冲突时,创新项目总要让位。

✓ 唯有可自由流动性,才有可能实现资源的最优化配置。

✓ 是否赋予组织内的个体有效使用权力和获取资源的机会,是愚蠢公司与聪明公司的最大区别。

✓ 360度式的同事评议(Peer Review)活动既是组织运用、强化价值观的重要活动,也是限制、摒弃、排斥组织内的罪恶、糟粕、负能量的关键组织行为,体现了人类社会发展的一般规律——事物或组织的发展、群体或社会的进步,让内部的高尚、积极、善良的力量增长、发展。

✓ 如果一个群体可以惩罚胆敢违背组织价值观念和原则的人,从而使价值观取向上升为整个群体的行为规则和价值判断标准,那么,人们就掌握了整个群体和组织的权力。

✓ 对别人施加惩罚的权力是一切权力的源泉,这种权力感、能力感也是组织公民意识的源泉。

✓ 同事评议（Peer Review）也是价值观向群体渗透的重要渠道，无形中强化了组织成员整体的价值观念，扩大了价值观的社会效果。

✓ OKR是一个自由主义思想的管理体系，它对于个体有着极高的价值观念和道德素养要求，所以，并非适用于任何企业。而施行、应用这一方法论的前提是价值观与文化的建设，否则，自由就变成了放任、失序、混乱，最终将演变为灾难。

第十八章
价值观、价值主张与品牌

品牌的诞生

品牌在大部分人的认知中就是一个组织的名称、符号、标识、设计及其组合。品牌的英文单词是"Brand"一词，它源于古挪威语"Brandr"，原意为"烙印"，用以区分物品的归属，这也阐释了品牌的本质——区隔。在《牛津英文大辞典》(*The Oxford English Dictionary*)里，Brand（品牌）被解释为"用来证明所有权，作为质量的标志或其他用途"，即用以区别和证明品质。有"现代营销学之父"之称的菲利普·科特勒（Philip Kotler）对于品牌的定义是：**品牌是通过以上诸多要素及一系列市场活动而表现出来的结果所形成的一种形象认知度，感觉，品质认知，以及通过这些而表现出来的忠诚度**。没有差异，就无法区分和判断，就难以选择，企业、商品需要持续证明自己与同类的差异和竞争优势，才能赢得市场和客户的青睐。从本质上来看，我们可以把品牌理解为群体对于某个组织、产品服务的一种感觉和心智定位。

现代品牌意识的起源，来自1867年的宝洁（P&G）公司，当时该公司只是一家肥皂盒和肥皂厂商。货物和其他公司一样堆在码头，为了和其他公司区隔，宝洁在其货物上覆盖的帆布上打上一个标识：一个大圆圈和一个五星（后来又演化为其早期的星月型标志）。之后，市场上发生了神奇的事情：因为品质优良，印有宝洁标识的产品迅速被客户一抢而空。销售时间从此前没有打标记时期的平均半个月缩短到短短2小时。

拥有卓越品牌的企业都会开发出一系列品牌内涵和定位，以此作为核心准则，贯穿到企业运营的过程中。对于这些企业来说，品牌成为实际存在的管理原则，渗透到每一个决策环节，确保无论是在传播活动中，还是在重要的品牌接触点上，比如产品、服务、人员行为、环境等，都做到"言行一致"。**卓越的品牌能将人们的期望，聚焦成有限的，但非常稳定、**

一致和积极的联想，促使目标人群对于品牌的价值形成初始的印象、态度、倾向，从而帮助企业提供一种先进体验的优势竞争地位。人们看到沃尔沃（Volvo）的品牌首先联想到的是"安全"，反之，就是"哪种品牌的汽车您认为最安全？"调查公众，得到的答案往往也是沃尔沃（Volvo），显然这一品牌定位已经深入人心。在洗发水领域，海飞丝（Head & Shoulders）品牌与"去屑"、飘柔（Rejoice）品牌与"柔顺"、沙宣（Vidal Sassoon）品牌与"定型"，品牌与其定位紧密关联并深入人心。营销学研究发现，同一个定位的品类"事不过三"，即同一品类，人们最多只能记得两种品牌，受此影响，往往在可口可乐、百事可乐以外的第三种可乐难以成功。

价值主张与心智之战

品牌定位的过程，就是向外部社会和客户群体传播核心价值主张并被接受、认知的过程，品牌之战的战场不在市场而在人们的心智。一个机构至少有两个品牌，应用于客户市场的客户品牌，和人才市场的雇主品牌，这两个品牌高度关联又有关键差异。一项市场调研发现，当面对"在可口可乐和百事可乐中必须选一种可乐，你选哪种？""在可口可乐和百事可乐中必须选一家公司加入，你选哪家？"两个问题时，有约 20% 的调研对象选择是不一致的，因此也充分证明同一个人，在自我定位为消费者、求职者时，其品牌选择有很多可能性是不同的，强大的产品品牌意味着强大的雇主品牌这个结论未必成立。

强大的客户品牌，意味着其客户价值主张（Customer Value Proposition）被客户群体所接纳和认同。作为供应商，其提出的价值主张应该是可以解决客户的问题和痛点，这样才能获得客户的共鸣、满足客户的需求，同时，这一价值主张也应该是区别于竞争对手的，并有着比较竞争优势。成功价值主张通常具有三个要素（见图 18-1）。

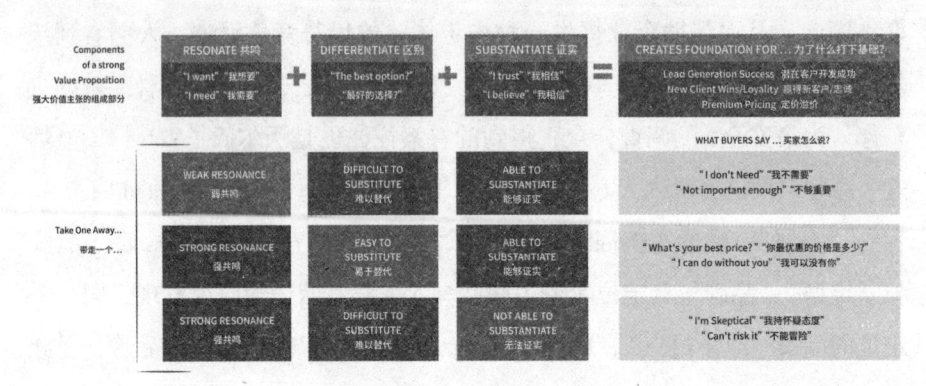

	RESONATE 共鸣	DIFFERENTIATE 区别	SUBSTANTIATE 证实	CREATES FOUNDATION FOR... 为什么打下基础？
强大价值主张的组成部分 Components of a strong Value Proposition	"I want" 我想要 "I need" 我需要	"The best option?" 最好的选择？	"I trust" 我相信 "I believe" 我相信	Lead Generation Success 潜在客户开发成功 New Client Wins/Loyalty 赢得新客户/忠诚 Premium Pricing 定价溢价
				WHAT BUYERS SAY... 买家怎么说？
带走一个… Take One Away...	WEAK RESONANCE 弱共鸣	DIFFICULT TO SUBSTITUTE 难以替代	ABLE TO SUBSTANTIATE 能够证实	"I don't Need" 我不需要 "Not important enough" 不够重要
	STRONG RESONANCE 强共鸣	EASY TO SUBSTITUTE 易于替代	ABLE TO SUBSTANTIATE 能够证实	"What's your best price?" 你最优惠的价格是多少？ "I can do without you" 我可以没有你
	STRONG RESONANCE 强共鸣	DIFFICULT TO SUBSTITUTE 难以替代	NOT ABLE TO SUBSTANTIATE 无法证实	"I'm Skeptical" 我持怀疑态度 "Can't risk it" 不能冒险

图 18-1　成功价值主张的三个要素

客户价值是任何企业生存的前提，只要不能对外创造价值，就无法赢得客户、获得收入。价值的存在是由于产品、服务、解决方案匹配、满足、解决了需求方的需求。企业的两种品牌在市场、定位、供应和价值主张方面存在着差异，见表 18-1。

表 18-1　企业的两种品牌

	供应商品牌、产品品牌	雇主品牌
市场	客户市场	人才市场
定位	供应商	雇主
供应	产品、服务、解决方案	价值、回报、体验
价值主张	客户价值主张（Customer Value Proposition）	员工价值主张（Employee Value Proposition）

雇主品牌是雇主对目标人才（包括外部人才、离职员工和在职员工）承诺并兑现的独特体验，是目标人才对雇主作为工作地的所有功能和情感方面感知的总和。雇主品牌的阶段性工作通常分为四个阶段，见表 18-2。

表18-2 雇主品牌的阶段性工作

	阶段一：初建声誉	阶段二：强化竞争	阶段三：成为凸显	阶段四：超越同行
目标	让品牌引起市场的注意，让更多人知道	通过一些支持点来强化已经建立的品牌认知，让人喜欢	让品牌不但成为受众喜欢的，更是成为他们愿意选择的品牌	让品牌成为受众的"偶像品牌"，成为选择时的首要考虑，拥有更多的品牌边际效益
任务	通过大量的传播向市场发出声音，快速提升品牌知名度，此时往往通过外显特征的传播在短时间内吸引眼球	以能力资产支持品牌认知，通过多角度多层面的差异化传播，建立起清晰并且独特的品牌形象，使目标人群能够产生符合企业特质的关键联想	凭借更加丰富的接触点支持，全面巩固和加强品牌认知，在目标人群心目中占据相对牢固的位置	在整个市场或某一细分市场成为领导者，树立标杆形象，建立品牌美誉度，让客户感到信赖感甚至荣耀感
测量指标	这个阶段测量品牌传播效果的主要指标是品牌知晓率和形象的认知	品牌喜好度、品牌被选择的概率，品牌形象中显著支持点的认知	品牌喜好度、品牌被选择、品牌的使用程度、品牌的转换水平	品牌忠诚度

在人才市场上，企业的雇主品牌也需要确定一个有力的员工价值主张（Employee Value Proposition）——对于外部候选人、内部员工而言，这个组织能为他们创造、传递什么价值，能从这个组织获得什么样的回报和体验。一个伟大的雇主不仅需要强有力地增加它对人才的吸引，还要实现它与人才之间的心灵契约，助力人才的职业生涯发展，进而帮助他们实现价值和理想！卓越的雇主要与人才相互成就，实现共赢，而不是将人才当成自身的附庸、寄生。二者之间的区别见表18-3。

表18-3 客户价值主张与员工价值主张的区别

客户价值主张 Customer Value Proposition	员工价值主张 Employee Value Proposition
你的公司满足了客户什么需求？帮他们解决了什么问题？	雇主满足了员工和候选人的什么需求？帮助他们解决了什么问题？
你的公司为客户提供了什么附加价值？（关系、品牌、形象）	雇主为候选人提供了什么附加价值？（身份、地位、自我实现）
客户为何从你的公司而不是从竞争对手那里购买产品？你的产品与服务与竞争对手相比有何不同？（价格、质量、时间、功能、服务）	候选人和员工为什么选择到你这家雇主工作而不是其他公司？带给其什么独特的体验和不同的价值？

组织有达成自身使命的诉求，而员工作为独立个体，也有着自己的自由意志，有着心理大师亚伯拉罕·马斯洛（Abraham Maslow）的需求层次理论中所提及的自我实现（Self-Actualization）的需求——组织需要回应这个需求。员工价值主张（Employee Value Proposition）是组织作为一个雇主，最希望员工和组织相关联和匹配的价值，既表达了雇主最希望员工实现的价值，也表达出企业独特的品牌能给雇员提供不同的利益。在沟通之初，人们并不关心对方是谁，对方的需求，人们的焦点在自己身上，关注自己的问题，自己的需求。只有**当员工价值主张与外部人才、内部员工的需求匹配时，才会产生共鸣，而共鸣是有质量沟通对话的前提**。今天的人才不仅仅需要一份合理和有竞争力的回报，还需要价值感和意义感。组织需要回答一个终极问题：加入这个组织或者在这里工作的意义是什么？这个问题的答案就是员工价值主张（Employee Value Proposition）的本质见表18-4。

表18-4 雇主与员工的价值联系

	雇主 Employer	员工 Employee
诉求	达成使命	自我实现
价值链	提供员工价值主张的价值	满足自身意义、价值的需求
相互成就	支持和帮助个人实现梦想、目标	助力和推动组织实现使命、愿景

员工价值主张（Employee Value Proposition）需要基于以下几个重要原则见表18-5。

- ✓ 清晰性：描述简单、直接；
- ✓ 真实性：该主张必须是真实、可信的；
- ✓ 一致性：与目前的员工认识到的基本真相一致；
- ✓ 可证实：能提供确凿的证据，以证明雇主价值主张；
- ✓ 相关性：它是相关的，引人注意的；
- ✓ 延展性：是否触动内外部的目标受众的正确的情感和联想；
- ✓ 差异性：新颖独特，区别于最直接的竞争对手；
- ✓ 说服力：能传递激情和动力、梦想、需要的价值。

> 在自己的员工价值主张和竞争对手的员工价值主张之间必须提供正向的差异点。这种正向的差异点能为企业在目标人才心目中塑造有辨识度的雇主品牌形象带来巨大的市场机会。
>
> ——理查德·莫斯利（Richard Mosley），雇主品牌之父

表18-5 全球领先公司的员工价值主张

序号	企业	员工价值主张	出处
1	埃森哲 Accenture	跟随您的内心，引领新的壮举 Work at the heart of change.	https://www.accenture.com/us-en/careers
2	苹果 Apple	加入我们，展现自我 Join us. Be you.	https://www.apple.com/careers/us/
3	奥多比 Adobe	让我们创造有意义的体验 Let's create experiences that matter.	https://www.adobe.com/careers.html
4	英伟达 NVIDIA	跟随您的内心，引领新的壮举 FOLLOW YOUR PASSION. LEAD A MOVEMENT.	https://www.nvidia.com/en-us/about-nvidia/careers/
5	西门子 Siemens	数字未来，成长无限 Change the future every day	https://new.siemens.com/global/en/company/jobs.html

续表

序号	企业	员工价值主张	出处
6	腾讯 Tencent	让世界看到你的影响力 Explore the Power of Human Connection	https://careers.tencent.com/
7	维沃 VIVO	由你，对话未见的世界 HELLO UNKNOWN FUTURE	https://hr.vivo.com/wt/vivo/web/index/CompvivoIndex
8	米其林 MICHELIN	聚不同 塑不凡 Become who you are	https://corporate.michelin.com.cn/evp2021.html
9	德勤 Deloitte	通向未来之门 One door to the future	https://www2.deloitte.com/cn/zh/pages/careers/articles/one-door-to-the-future.html
10	蔚来 NIO	一起创造未来 Let's Create the Future Together	https://www.nio.cn/careers-index

价值观与价值的关联与差异

价值观与价值主张彼此联系又相互区别：**价值观的作用是为了构建和维系组织的内在秩序，确保组织成员的思维、行动方式按照"正确"的方式和轨道运行，避免失序和混乱，而价值主张主要是为了吸引客户的人才，通过提供解决对方问题的解决方案来获得对方的选择、合作**。组织的价值观虽然也会对外进行表露，但主要的作用和要求对象是组织的内部成员，而价值主张的主要表达和作用对象是外部的客户、人才。**价值观对于加入组织的人才有巨大的同化作用，而对反对、抵制、抗拒的人有强烈的免疫、排异反应，价值主张更多着眼于构建一个强大的引力场**。价值观是组织的黏合剂，通过共同的信念将单个的个体凝聚于一体，当表现出免疫、排异反应时，会产生自内而外的排斥力，而价值主张则主要是表现为自外向内的吸引力。价值观对组织内的成员有一定的强制遵从性，也是组织与成员之间的核心心理契约，而价值主张是组织对于外部的单向要约和单向承诺，更多表达为一种意愿和理想，不具备强制性。价值观有着重要的泛在性特征，对于组织内的成员无论是过去、现在甚至未来，无论在哪里都有着强制性要求，而价值主张则表现为超前性，更多是一种寄托的强烈意愿，一种组织希望达成的理想状态。当然，价值观与价值主张也有大量重要的相同点：比如，需要与其他组织表现出差异性、与自身的相关性、表达的简明性、是否触动目标受众的正确的情感与联想的延展性等见表18-6。

表18-6 价值观与价值主张

	价值观	价值主张
主要作用	构建和维系组织内在秩序，降低组织熵	吸引客户和人才
作用对象	组织内部成员	组织外部（市场、客户）
作用方式	同化、免疫、排异反应	构建引力场
力量方向	内部凝聚力和自内向外的排斥力	自外向内的吸引力
强制性	具备一定强制性，组织与成员的双向心理契约	组织向外部的单向要约，不具强制性
时空与目标达成	泛在性，每一个当下都需要确保满足、达成	超前性，具备一定的理想性，未必是组织已经满足、达成
相同点	需要与其他组织表现出差异性、与自身的相关性、表达的简明性、是否触动目标受众的正确的情感与联想的延展性等	

价值主张是品牌的内核，当能满足目标对象或受众的需求，解决其问题和痛点时，将为市场所接受。价值观影响着外部联系和秩序，如果价值观不为市场和社会接受，即使能满足外部需求，解决问题，也会被排斥、拒绝，进入社会性死亡状态。因此如果将价值主张作为品牌的内核的话，解决的是品牌的功能性认知——比如"怕上火喝×××"。而价值观则是品牌的属性，这种定性判断，严重影响了人们对品牌的信任，如果市场和社会认为这是一个唯利是图、不择手段的品牌，尽管能满足功能性需求，

也会放弃选择。

  价值主张、价值观很容易被混为一谈,并且,前者的必要性也并不为很多企业所认可。事实上,二者对于品牌而言缺一不可,通过共同作用帮助目标对象构建了品牌的抽象素描,简化了认知过程,降低了认知负担和品牌传播成本。品牌是一种社会心理感受和社会认同过程,只有符合人的认知过程,才能最大化品牌塑造与传播的效能。

第十八章 价值观、价值主张与品牌

本章要点总结

✓ 卓越的品牌能将人们的期望，聚焦成有限的，但非常稳定、一致和积极的联想，促使目标人群对于品牌的价值形成初始的印象、态度、倾向，从而帮助企业提供一种先进体验的优势竞争地位。

✓ 品牌定位的过程，就是向外部社会和客户群体传播核心价值主张并被接受、认知的过程，品牌之战的战场不在市场而在人们的心智。

✓ 当员工价值主张与外部人才、内部员工的需求匹配时，才会产生共鸣，而共鸣是有质量沟通对话的前提。

✓ 价值观的作用是为了构建和维系组织的内在秩序，确保组织成员的思维、行动方式按照"正确"的方式和轨道运行，避免失序和混乱。

✓ 价值主张主要是为了吸引客户的人才，通过提供解决对方问题的解决方案来获得对方的选择、合作。

✓ 价值观对于加入组织的人才有巨大的同化作用，而对反对、抵制、抗拒的人有强烈的免疫、排异反应，价值主张更多着眼于构建一个强大的引力场。

✓ 价值观是组织的黏合剂，通过共同的信念将单个的个体凝聚于一体，当表现出免疫、排异反应时，会产生自内而外的排斥力，而价值主张则主要是表现为自外向内的吸引力。

✓ 价值观对组织内的成员有一定的强制遵从性，也是组织与成员之间的核心心理契约，而价值主张是组织对于外部的单向要约和单向承诺，更多表达为一种意愿和理想，不具备强制性。

✓ 价值观有着重要的泛在性特征，对于组织内的成员无论是过去、现在甚至未来，无论在哪里都有着强制性要求，而价值主张则表现为超前性，更多是一种寄托的强烈意愿，一种组织希望达成的理想状态。

第十九章
价值观与韧性

韧性的要义

韧性在中国历史上的描述可以追溯到东汉文学家蔡邕在《太尉乔玄碑》中的题词："其性庄，疾华尚朴，有百折不挠，临大节而不可夺之风。"宋朝时苏轼在《晁错论》中言道："古之立大事者，不惟有超世之才，亦必有坚韧不拔之志。"而大作家老舍也在《青年作家应有的修养》一文中写道："我们应该是拥护真理，从斗争中寻求真理的百折不挠的战士。"清代的名臣曾国藩与太平军年仅24岁的翼王石达开初次交手后惨败，辛苦积累的"家底"转眼灰飞烟灭，羞怒交加，投水寻死，被随从救起。事情传到左宗棠那里，非但没有半点同情，反倒被痛骂一顿，说成不忠不义之辈。左宗棠想刺激曾国藩理解"胜败乃兵家常事"这一道理，最终让其虽然屡战屡败，却能屡败屡战——坚韧不拔。俄国名将库图佐夫元帅在与拿破仑的屡次交手中大多是惨败收尾，但其坚韧的品格让其始终不气馁，最终在决定性的莫斯科战役中一战定乾坤。因此，**韧性对个体或组织而言，本质上是一种吸收和消化影响力的能力，也是从压力、挫折、失败中恢复的能力**。芦苇并不强大，但可以经受狂风，参天大树则无法在暴风中幸存。因此，韧性并不构建于强大这一基础之上，而是一种相对独立的能力。

对于很多百年企业而言，在其经历的漫长的生命周期中，没有可能长期和始终保持单边上扬、增长的态势，而是经历了大量的高峰和低谷，经历了太多短周期、中周期、长周期和太多的挫折、失败，但却能重新振作、复苏、反弹。基业长青构建于韧性基础上，而不是强大。貌似的"强大"，在暴风骤雨的负面冲击下可能暴露出"实质"的脆弱，并一蹶不振。

第十九章 价值观与韧性

> 震骇一时的牺牲，不如深沉的韧性的战斗。
> ——鲁迅，文学家、思想家、中国现代文学的奠基人之一

对于企业而言，**韧性也是一种组织可以自我延展、自我重塑客户或市场所需要能力的适应能力，一种抵御不确定性的能力**。在今天这样多变的市场，组织最重要的能力是回应客户千变万化和越来越苛刻的需求，这些**新的客户需求极有可能超出组织原有的知识边界、技术边界、服务边界、能力边界**，有韧性的企业能表现出强大的延展性，努力通过加速学习、快速应变满足客户新的需求，适应新的变化，而故步自封的企业则只能死守"舒适圈"望洋兴叹。在材料学领域，韧性是材料在塑性变形和断裂过程中吸收能量的能力；在商业领域，**韧性也是组织被客户需求拉扯后重塑其组织能力、客户服务能力的重要能力**，这在新市场环境下，是组织适应力和长期生存发展的关键能力和前提条件。

韧性是一种价值判断和取舍：是效率重要还是安全重要。比如，供应链管理是基于"Just in Time"（0库存——实时供应模式，即成本优先）还是"Just in Case"（以防万一模式，即风险优先），过于追求效率的紧耦合模式就可能会导致韧性的丢失。当然，过于追求供应安全的模式，就会导致效率的下降和成本的上升。"把所有的鸡蛋放在一个篮子里"——业务的集中（包括区域的集中、产品服务的聚焦）会带来规模优势和成本优势，以运营效率的提升，但恶果是当面临类似于近几年各国出现的疫情封控时可能会出现业务整体停滞，一蹶不振。所有工作任务是由自雇员工在组织边界内完成，还是通过外包、众包的方式在组织边界的外部完成，后一种方式可能会提高成本，但也可以将固定成本转变为变动成本。虽然效率和韧性并不是完全对立的，但显而易见，在很多场景下，二者总是呈现互斥关系，秉持韧性为要的价值观念，有助于降低组织在面临重大负面冲击时的副作用，提升复苏的速度与程度。

韧性是一种反脆弱的能力，是面临困难、冲击后的复原能力，是在颠

簸坎坷中始终保持强大的意志力，也是一种坚信会成功的信念。这种意志力和信念需要价值观层面的强烈认同，组织层面高度团结凝聚，这种意志力和信念是组织能力的关键催化剂，因为业务恢复的前提是组织能力没有重大受损。在艰难和困苦中，在遭受挫折和压力时，团队成员仍然能够保持紧密团结、对未来抱有强大的信心、坚持不懈地努力，这铸就了组织强大的韧性。组织韧性绝非构建在经济、物质回报基础之上，而是成员对自己从事的事业有着价值认可，并认为充满意义，这意味着组织的价值观需要正向、积极的价值观念，并且，这个价值观需要对于社区、社会、环境有着正面的促进作用。个体所从事的工作本身经常是简单、重复，难以产生意义感，唯有把其嵌入一个更大的系统中去才能让个体产生意义感。比如，一个程序员每天枯燥的编程工作并不会让其产生意义感，但看到、听到其参与的项目对客户、对社会产生巨大的帮助时，就能把当下的工作与推动社会发展之间产生连接，从而构建意义感。

> 人只有献身社会，才能找出那实际上是短暂而有风险的生命的意义。
> ——阿尔伯特·爱因斯坦，人类历史上最伟大的物理学家

公司的使命

商业圆桌会议（Business Roundtable）是近 200 家美国最著名的公司 CEO 组成的协会。在 1997 年，该组织发布了一份"企业的宗旨宣言"，并在其中阐述了其核心理念，其中写道："管理层和董事会的首要职责是对企业股东负责，其他利益相关者的利益是企业对股东责任的派生物。"这一理念基本照搬了芝加哥经济学派领军人物、货币学派的代表人物、1976年诺贝尔经济学奖得主米尔顿·弗里德曼（Milton Friedmann）的观点：

"企业只有一种社会责任，那就是利用其资源从事旨在实现股东利益的活动。"但这一使命宣言遭到了激烈的挑战，通用电气第 8 任 CEO 杰克·韦尔奇就很"刻薄"地讲道："股东价值"是世界上最愚蠢的想法，股东价值是结果，而不是战略。这一"自私"的观念也让企业 CEO 们产生了很多担心：公众对商业系统的支持有可能消失殆尽，员工的忠诚度下降，意义感丧失。不久，NP Strategy 对 1026 名成年公众的调查结果发现，72% 的受访人员认为，上市公司应该"以使命为导向"。64% 的受访者认为公司的"首要目标"不仅仅是"为股东赚钱"，还应该包括"让世界变得更美好"。此后，有识之士们开始为"公司"寻找意义：Salesforce 的 CEO 马克·贝尼奥夫（Marc Benioff）提出"富有同情心的商业主义"，全食超市（Whole Foods Market）的联合创始人约翰·麦基（John Mackey）提出"有意识的商业主义"，罗斯柴尔德公司的 CEO 林恩·罗斯柴尔德（Lynn Rothschild）开始动员"包容性商业主义"，哈佛商学院的教授、"战略之父"迈克尔·波特（Michael Porter）开始推广他所称的"共享价值"商业主义，世界大企业联合会（The Conference Board）呼吁追寻"可持续性商业主义"。

> **人生最终的价值在于觉醒和思考的能力，而不只在于生存。**
> ——亚里士多德，古希腊哲学家、科学家、教育家、思想家

2019 年，商业圆桌会议（Business Roundtable）重新发布了"企业的宗旨宣言"（Statement on the Purpose of a Corporation），这一最新版本把原先的核心使命"为股东赚钱"这个旧宗旨扔到垃圾桶里。新版本的宣言只有短短 300 个单词，但到最后 50 字才提到"股东"这个字眼。而"股东"前的大部分文字是关于"为客户创造价值""投资于员工""多样性和包容性""公平且合乎道德地与供应商打交道""支持我们工作的社区"，以及"保护环境"等。

新的宣言把"公司"这一经典的商业组织放置到了更高的思想境界、

价值系统，也为其成员找寻到了工作的意义所在。当个体在询问"我们做这件事有什么意义"并得不到正面、积极答案时，人们倾向于放弃。特别是在遭受重大挫折、困境时，人们会反复不断地追问这个问题的答案，获得意义感和坚持的动力，没有这种持续注入的动力，就不存在复原的可能，也就意味着丧失了韧性。**在组织中，人们需要对这种意义、愿景有着共同的价值认同，共识的建立会显著增强群体的信心，让成员坚信愿景不容置疑、毫无疑问，从容应对当下的挑战和艰困，也可以让个体很少遭遇挑战观点的意见分歧。组织成员通过社会性比较行为，获取了其意义、信心、愿景的真实性、可达成性的证实和确认，根植于群体共识的感知比个体的感知更加强烈与坚定。**

因此，组织的韧性是群体基于共同价值观的社会性建构的，群体凝聚共识、增强信心后，赋予了组织以韧性。

第十九章 价值观与韧性

本章要点总结

✓ 韧性对个体或组织而言，本质上是一种吸收和消化影响力的能力，也是从压力、挫折、失败中恢复的能力。

✓ 韧性也是一种组织可以自我延展、自我重塑客户或市场所需要能力的适应能力，一种抵御不确定性的能力。

✓ 新的客户需求极有可能超出组织原有的知识边界、技术边界、服务边界、能力边界，有韧性的企业能表现出强大的延展性，努力通过加速学习、快速应变满足客户新的需求，适应新的变化，而故步自封的企业则只能死守"舒适圈"望洋兴叹。

✓ 韧性也是组织被客户需求拉扯后重塑其组织能力、客户服务能力的重要能力，这在新市场环境下，是组织适应力和长期生存发展的关键能力和前提条件。

✓ 韧性是一种反脆弱的能力，是面临困难、冲击后的复原能力，是在颠簸坎坷中始终保持强大的意志力，也是一种坚信会成功的信念。

✓ 在艰难和困苦中，在遭受挫折和压力时，团队成员仍然能够保持紧密团结、对未来抱有强大的信心、坚持不懈地努力，这铸就了组织强大的韧性。

✓ 在组织中，人们需要对这种意义、愿景有着共同的价值认同，共识的建立会显著增强群体的信心，让成员坚信愿景不容置疑、毫无疑问，从容应对当下的挑战和艰困，也可以让个体很少遭遇挑战观点的意见分歧。

✓ 组织成员通过社会性比较行为，获取了其意义、信心、愿景的真实性、可达成性的证实和确认，根植于群体共识的感知比个体的感知更加强烈与坚定。

  ✓ 组织的韧性是群体基于共同价值观的社会性建构的，群体凝聚共识、增强信心后，赋予了组织以韧性。

第二十章
价值观与敏捷

敏锐感知与迅捷行动

中国人理解的敏捷,最早源自于文思敏捷,比如曹植"七步成诗"的典故耳熟能详。敏捷在字面上指反应迅速快捷,同时也有灵活变通之意,如果拆字看,"敏"指敏感,即敏锐感知外部的变化,正确的反应是构建在准备的态势感知之上的;而"捷"指的是快捷,即快速行动的能力。世人熟悉的泰坦尼克号撞上冰山,重要原因是在恶劣天气下无法感知到前方有危险的冰山,当到了近处可以感知时,却无法灵活转向或停止,巨大的船体异常笨拙导致了悲剧的发生。

> 对于完美的事物来说,速度是一种统治力,对于不完美事物来说,速度是一种毁灭力。
> ——迈克尔·舒马赫(Michael Schumacher),F1赛车前世界冠军

今天,客户要的不仅是快,还要更快!现在,当我们点击网站的购买按钮,几乎在同一时间,远在千里之外的配送机器人已经开始忙碌得不亦乐乎。现在对于客户需求的响应速度已经成为评价一家企业产品和服务的主要指标,**客户希望更快的服务以节约自己的时间或加速获取产品和服务以提高自己的交付速度**,在今天的商业世界,时间本身已经成为一种价值高昂的商品。

> 现代世界的首要特征是变化的范围之广与速度之快。
> ——托尼·布莱尔(Tony Blair),英国前首相

人们对于时间的忍耐阈值不断降低,随着超高速互联网时代的到来,信息传输速度将再次加快一个数量级,人类将生存于一个更快转动的蓝色

星球。组织的敏捷度与客户的响应速度正相关，如果低于客户忍耐阈值，组织就会被市场所淘汰。

> 如果外部的变化比内部的变化快，那么企业的死期就不远了！
> ——杰克·韦尔奇（Jack Welch），通用电气前CEO

技术让信息传递所需要的时间、成本、能量无限趋近于零，彻底改变了每一个个体和整个人类社会，我们所有人都主动或被迫步伐紧凑地在同一快节奏中前行，我们在生活和工作中无意识地、本能地去追赶最快客户、同事的节奏，这造就了人类社会的一个新现象：节律同步（Rhythm Synchronization），即我们的节奏无意识地相互调节，趋向于与周边人群一致，我们正被裹挟得越来越快。

> 快比慢好！谷歌相信瞬间带来的喜悦。您需要解答的时候，是希望马上会得到解答的。这点是毋庸置疑的吧？谷歌可能是世界上唯一一个努力让其用户尽快离开自己网站的公司。谷歌执着地消减自己网页上的每一个多余的比特和字节，不断地提高服务环境的效率，并一次次地打破自己创造的速度纪录。其他人认为大型服务器是处理海量数据的最快捷方式。但谷歌却发现联网的PC机速度更快。在他人已接受搜索算法所决定的明显速度限制时，谷歌却写出了新的算法，证明了速度无限的真理。谷歌一直在不断地努力，让速度再快一点。
> ——谷歌Google十大价值观之三

加速的地球

人类正生存在一个"不断加速的地球"。基于对于速度的无限追求，公司需要比以往更快地将产品推向市场，领英（LinkedIn）联合创始人里德·霍夫曼（Reid Hoffman）比喻道，今天的企业需要做到"从悬崖上跳下去，在落地前组装了一架飞机！"因此，今天的企业因为追逐时间而被迫完美主义——不再试图推出理想化的完美产品而是先推出最小可行化产品（Minimum Viable Product），这一产品只提供与众不同且正确的关键功能，并能给客户创造基础价值后，就快速推向市场验证，如果验证成功，则在此基础上继续快速迭代，如果验证失败，则继续试错，直到成功！"沙漠之狐"隆埃尔文·隆美尔（Erwin Rommel）从军事角度认为"时间的集中重于空间的集中，速度足以抵消数量的优势"。企业在新产品开发角度，可以把他说的"空间"理解为产品功能。**在激烈竞争的市场环境下，在竞争对手之前交付一个不完美但至少能用的产品极为重要！如果注定失败，那么失败来得越快越好**，这意味着耗费更少的时间、资金和精力在错误的事情上。

> 如果万事都看似尽在掌握，那只能说明你的速度不够快。
> ——马里奥·安德雷蒂（Mario Andretti），赛车手、美国首个F1总冠军

爱彼迎（Airbnb）成立时，创始人布莱恩·切斯基（Brian Chesky）和乔·盖比亚（Joe Gebbia）住在旧金山的一个公寓里，甚至缺钱支付房租。他们的关键假设是帮助旅客预订到价格低廉的民宿，帮助房主把多余的房间短期出租出去，他们的最小可行化产品网站上只有几张阁楼照片的一个简单的网页，但很快就吸引了三个付费的客人，然后，公司有机会开始了有机的扩张。拥有云盘服务全球最多用户数的多宝箱（Dropbox）则更进一步，开始时并没有发布任何产品，而是创建一个演示视频来假装已经准备发布产品了，来验证人们的需求强度和广度，幸运的是，一夜之间该视频吸引了7万多人，他们留下了电子邮件，希望尽快获得这个产品。当苹果发布第一代iPhone时，它缺乏许多基本功能，例如复制粘贴，而且不具有当时的手机都有的基本功能：处理彩信、蓝牙等。

> 如果推出的第一个版本没有让你感到不好意思的话，那么说明出货太晚了。
> ——里德·霍夫曼（Reid Hoffman），领英（LinkedIn）联合创始人

虽然最小可行化产品（Minimum Viable Product）最初只是为测试各种假设的一个手段，但并不意味着做起来非常容易，它并非为了测试产品在技术层面是否可行，而是判断产品方向是否正确，也就是产品是否解决了客户的需求、痛点、问题，是否有客户愿意持续使用、付费购买。理想的终极产品也许有数百项功能，但是最小可行化产品只需要弄清楚产品里最大的假设，然后做出来，验证它。因此，在创建最小可行化产品的时候，不要纠结于没有意义的细节里，这一点很重要。我们的目的在于弄清楚投入的资金、时间、精力是否值得，而不要花时间在对用户不会使用或者不愿付费的功能上。

敏捷思维在信息与互联网行业深入人心，源自于这一行业在过去数十年，遵循摩尔定律式的指数级增长和变化，今天各行各业的变化和速度也越来越深受科技加速的影响，趋向于加速，敏捷成了组织生存的前提，而不仅仅是一项重要优势。

> 在瞬息万变的世界里，预测远没有快速行动重要！
> ——杰克·韦尔奇（Jack Welch），通用电气前 CEO

组织都有发展壮大的倾向，在规模膨胀后，各种"大企业病"就自然而然地产生了：官僚主义、部门墙、南郭先生与搭便车现象、内部"电阻"与"红灯"、信息传递过程中节点增多导致的长鞭效应……而且，要命的是大组织的每一个毛孔都有扩张的冲动，因此这些问题只会表现得越发严重，加上组织的生存期越来越长后，"彼得原理"现象愈演愈烈，导致组织内部中高层遍布着一个个不称职的人。组织发展壮大的过程，也是一个熵增的过程，越来越复杂的内部构造和关系，导致可控性越来越差，为了维持这种控制性，组织倾向于建立越来越多的制度、流程，以保持不脱轨，并且将权力分散到流程节点互相制衡的方式来进行相互牵制，这导致了不必要的内耗和效率的丧失，也必然束缚了组织的敏捷性和客户响应效率。

组织需要切换到基于简单原则的价值观管理和信任模式来反熵增，这不是要彻底否定、颠覆制度流程式管理思维，而是要把价值观式管理思维

作为一个有益的补充，并在二者间取得平衡，如果一味地偏向制度流程式管理模式，那将在迟钝、僵化道路上一路走下去。价值观式管理思维是组织敏捷和反熵增的"良药"，虽然这种管理模式意味着更高的难度，并且需要更好的管理艺术，但这是组织大型化后必然滋生大企业病的可行解决之道见表20-1。

表20-1 制度流程式管理思维与价值观式管理思维

	制度流程式管理思维	价值观式管理思维
人性的假设	消极、被动地	积极、主动地
管理方式	通过规章、制度、流程来监督、控制	运用价值观去激发、影响、赋能
对人的信任	不信任	信任
监督方式	外部监督	自律
组织复杂情势的处理	增加规章、制度、流程来控制和处理	信任、赋能和基于简单的原则的灰度式管理
优势	相对稳定、标准化	保持组织的活力和敏捷
缺点	死板，对于新的情境、问题解释力差，遏制灵活性	对人的素养要求高，价值观认同需要时间且难度高
前提	无前提	强有力的价值观体系并形成群体共识与群体压力

本章要点总结

✓ 客户希望更快的服务以节约自己的时间或加速获取产品和服务以提高自己的交付速度，在今天的商业世界，时间本身已经成为一种价值高昂的商品。

✓ 组织敏捷度与客户响应速度正相关，如果低于客户忍耐阈值，组织就会被市场所淘汰。

✓ 激烈竞争的市场环境下，在竞争对手之前交付一个不完美但至少能用的产品极为重要！如果注定失败，那么失败来得越快越好，这意味着耗费更少的时间、资金和精力在错误的事情上。

✓ 组织需要切换到基于简单原则的价值观管理和信任模式来反熵增，这不是要彻底否定、颠覆制度流程式管理思维，而是要把价值观式管理思维作为一个有益的补充，并在二者间取得平衡。

第二十一章
价值观与激励、内驱力

唯利是图与自我惩罚

有的人可以自动自发地把工作做好，而有的人需要有外部的监督、激励才能把工作完成。人们也经常看到一种人——做事前要提各种条件，比如："如何要我做这件事，必须加钱，必须……"只有满足条件才能做事，才能把事情做好，这种人做事的所有驱动力来自外部的物质激励。这类人无法认识到金钱不是工作的目标，财富是达成目标的结果而不是目标本身。经济收益是一种附带现象，把经济收益当成一种直接性追求，成为注意力的唯一内容和对象，财富不会出现！

> 越是处心积虑地想得到生活上的舒适和幸福，那么这个人就越是得不到真正的满足。
> ——伊曼努尔·康德（Immanuel Kant），德国古典哲学创始人，《道德形而上学原理》

这种利益至上的价值观念本质上也是此类人的一种自我惩罚行为——如果没有物质激励，就放弃只有通过工作才能获得的能力提升和发展机会，也放弃了可能产生的成就。在这种价值观念下，这种人失去了自我奖赏和自我认可的可能性，所有的动机都会被归因为金钱的驱使，构建了情感障碍，从而自我关闭了自我驱动的通道和前进的动力源。这种价值观念还会导致欲壑难平——如同毒品一样，让这类人对于金钱刺激表现出上瘾症状，需要不断加码才能产生足够的刺激。而**堵塞了成就感通道后，也意味着重要快乐源的丧失**。科学家和哲学家以赚钱为目的地开展科学研究和哲学思考从来没有产生过伟大的发现和思想。

第二十一章　价值观与激励、内驱力

> **快乐的秘诀在于工作与爱！**
> ——心理学家、精神分析学派创始人西格蒙德·弗洛伊德（Sigmund Freud）

人性是复杂的，经济回报并非不重要，当然企业需要提供合理、有竞争力的报酬，但企业家和管理者也需要认识到，这类以物质回报为唯一追求和中心的人，即使提供了丰厚的物质待遇，有时也只是勉强把工作完成，而未必能确保工作的质量，因为他们已陷在欲望的深渊里。

> 知之者不如好之者，好之者不如乐之者。
> ——孔子，《论语·雍也》

激励的苦果

员工激励一直是人力资源管理研究的重要议题，组织通过精神、物质层面对员工进行外部激励来解决士气低落、流失率高、生产效率低、绩效不佳、抗拒变革等问题。这个方式基于一个基本的人类倾向于趋利避害的假设，即人类倾向于提高被奖励行为的意愿和频率，降低被惩罚行为的意愿和频率。但是实践表明，管理上的激励行为会引发如下一系列弊端。

（1）激励脱敏。医学上治疗过敏症状的一种做法就是通过注射少量变应原，诱使轻微过敏，而不引发明显临床症状，短时间内多次重复后，导致致敏细胞内活性介质逐渐耗竭，从而消除机体致敏状态。一个不经常喝咖啡的人，偶尔喝一杯后会兴奋异常，夜不能寐，而经常喝咖啡的人，就是在晚饭后饮用，也丝毫不会影响睡眠。激励也是如此，"如果—那么"型的重复激励行为，其效用会出现边际效用递减现象，变成保健因素而非激励因素，同时产生类似"上瘾"的负面效果。迫使组织需要对于激励对象反复奖励，同时不断提高力度以确保效果。

（2）不存在的绝对公平。出于不患寡而患不均的原因，在激励过程中，稍微出现的些许瑕疵就会引发不满，"不公平"成为消极、怠工、不作为的最理直气壮的借口。激励措施最后反而适得其反，引发一系列负面恶果。虽然激励貌似只是激励者和激励对象之间的事情，但是其实不能不考虑对其他第三者的心态影响，而这个世界上不存在绝对的公平、合理。

（3）效用短暂和短期导向。一般的物质性激励，员工在初期会抱有感激，但是周期相对短暂，维持不了三天，就会认为是自己应得之物。而精神上的激励，在很多时候被认为是"口惠而实不至"。被激励的人转瞬就忘，看到别人被激励自己没有，又会导致失落、委屈甚至怀恨在心，久久无法平复。由于激励效用的短期性，因此，导致激励措施也会进一步倾向用于短期可改善或可以产生短期绩效的行为上，这实际上就变相强化了人们的短期导向。

（4）行为转换率弱。有些激励措施，确实让员工心存感激，至于是不是能转化为更加敬业的行为则未必，如果行为层面没有发生改变，显然不可能产生更多的绩效优化。

（5）上下级隐性矛盾激化。很多时候，上司做出激励下属的行为需要获得下属的正面反馈。上司激励下属，上司认为是施恩，下属如果认为理所当然，则上司觉得下属不懂得知恩图报，甚至会责备。所以，很多时候哪怕下属内心无感，却仍然表现出感恩戴德的态度，以让领导觉得舒心，但内心却百般不情愿，甚至内心对上级产生不满和仇恨。

（6）难以确保针对性。组织耗费大量成本在年节发放的福利，希望对于员工产生激励作用，但是这些福利品并非员工所需，最后导致耗费了巨大成本，但是起不到任何激励作用。

> **价值由接受者决定！**
> ——戴维·尤里奇 (Dave Ulrich)，密歇根大学罗斯商学院教授、人力资源管理大师

（7）逆反和消极对抗。一旦某些行为和激励建立了必然性，有些员工就会把激励理解为理所应当，把激励变成了必须和需求。当没有获得预期的激励时，就会对原本分内的工作产生逆反心态，也开始消极对待。

（8）导致内部斗争和不合作。部分人获得激励，其他人没有获得，导致后面这些人为了争夺获得激励而明争暗斗或不合作，而"阳光普照"除了成本巨大，也会引发新的问题：每个人都觉得自己贡献大，从而觉得激励不公平。

（9）导致趋利避害。有激励、奖赏的工作很多人争着干，没有奖励但又必要的工作人们避之不及。

（10）导致更多负面行为。因为外部奖励的诱惑，有时会刺激部分人为了获得奖励采取欺骗、短视、危险、损人利己的行为。

世界上大部分外部奖励的动机是控制，不做外部目标，特别是金钱的奴隶，就要拒绝奖励。拒绝外部奖励的有效方法是建立"内奖"循环——选定目标，在追随目标的努力中获得内心秩序和成长乐趣。尽可能去做自己喜欢、有兴趣的事，去尝试自己从未做过的事。在前面章节我们也提及：谷歌工程师利用20%自由时间成功做出的项目是没有额外报酬的，因为谷歌认为工作本身就是最大的奖励。**所有的外部激励手段，本质上都是一种外部控制，而管理的终极目标是激发人们的内在驱动力，而不是利用他人的欲念或迫使人们接受领导的意志。**

显而易见，激励虽然不是万恶不赦、一无是处，但也确实存在着很多问题和弊端，为了避免激励引发的这些负面效果，组织需要遵循哪些重要原则？

（1）不轻易设先例。一旦成为先例，以后改变就会形成强烈的抵触和不满，转变为组织的一项固定成本。行为一旦演变为"条件反射"，缺乏了必要的外部激励"条件"就无法产生正向的行为"反射"。

（2）避免暗箱操作。通过小圈子、密谈等手段，并且奖励等措施避免其他人员知晓等掩盖手段，让其他人觉得偷偷摸摸、故作神秘，会让组织内部其他人觉得暗藏猫腻，并引发谣言四起。

（3）避免大张旗鼓。过度地作秀，被激励者会产生自己像马戏团表演的猴子，只是在配合领导和公司，而围观的人则羡慕、嫉妒、愤恨等，并不能起到预期的激励更多人的效果。

（4）避免偏离目标。让激励对象明确知晓团队、组织的目标是什么，激励的原因不仅仅是正确的行为、良好的绩效，更重要的是实现了团队或组织的目标，这样才能确保激励对象和其他人更多关注目标的实现。以牺牲同事或团队利益来实现个人绩效和目标的行为（比如抢夺了其他同事的客户）、假公济私、营私舞弊等，一旦进行激励，就会导致团队人心涣散。

（5）避免标准多变。没有明确的标准，而是领导酌情决定的方式，导致员工无所适从，员工也更多理解为领导者有偏心、私心。

（6）避免沟通缺乏。奖励从天而降，缺乏沟通有时会让激励对象不明所以，其他人也觉得莫名其妙。沟通措施是让激励对象和其他人形成共识、新承诺，并驱动更加敬业、更好绩效的重要方式。

（7）长期化。外部激励方式一定都是长期化的，延迟满足的，避免即时性奖励导致的依赖性。

> 花精力激励人基本上是在浪费时间。如果坐在你车上的人是合适的人，他们会自己激励自己。
> ——吉姆·柯林斯（Jim Collins），著名管理学家

三种驱动力

趋势专家、畅销书作者丹尼尔·平克（Daniel Pink）认为，人类行为的驱动力分为三层：第一层驱动力来自生理需要。如饥饿时需要进行饮食行为。三国时期，曹操第三次伐吴时，有一次行军途中天气炎热，士兵口

渴难耐，曹操站在山头上指着前面遥远的地方说："前方有一片大梅林。"士兵听后马上口齿生津，争先恐后地前进，这个"望梅止渴"的典故很好地解释了这种驱动力。

第二层驱动力来自外在动机。如做出某种行为后获得来自环境反馈的胡萝卜或大棒（奖励或惩罚），这本质上就是上文提及的外部激励。例如团队压力就是一种重要的环境反馈：对于全部考勤状况按照出勤率做出排序，大部分都倾向于减少迟到等缺勤行为，反馈有助于帮助人们改进行为。

第三层驱动力来自内在动机。如人们渴望创造新事物，解决问题，拥有完美主义倾向，以及探索、让世界变得更美好的内在需要。但是第三层驱动力比另外两种更脆弱，它只有在合适的环境下才能存在。每个人都内嵌了一个自我驱动的引擎，如果这个引擎不运作，那么就只能靠外部力量的牵引。

> 一个人没有信心，第二天都不想起床。
> ——伊曼努尔·康德（Immanuel Kant），德国古典哲学创始人

行为科学家们将人们的工作和学习分为推算（Algorithmic）和探索（Heuristic）两种类型，前者有一套基本的逻辑、算法、规律或流程，这类工作的主要内容就是重复且无趣的，主要衡量指标是效率等；后者毫无规章，需要试验各种可能路径，建立逻辑、算法、规律或流程，这类工作的主要内容是思考、创意、创新，衡量指标是达标、新颖等，这些工作本身就能引发人们的兴趣。

哈佛商学院教授特蕾莎·阿马比尔（Teresa Amabile）教授研究发现，外部激励更加适用于推算型工作，探索型工作则适用内在动机驱动，如果施加外部激励，很多时候反而会造成破坏作用。心理学家马克·利普（Mark Lepper）和大卫·加兰（David Garland）的研究也发现，外部激励会对人们的内在动机驱动产生消极影响，也就是很多时候外部激励和内在驱动不可兼得，并且互斥。但是有个特例，外部奖励不会破坏无聊的推算型

工作中人们的内在积极性，因为这类工作本来就没有积极性可言。研究还发现，如果把奖励与高尚、有趣、创造力的任务混在一起，反而会导致动机丧失和行为减少，比如自愿无偿献血改为有偿献血后，反而导致献血人数减少。

组织的价值观被成员所认可，或者所从事的工作的使命和意义与个人价值观念高度吻合，则成员对于外部激励的需求就会降低，并产生内在驱动、自我驱动的基础动机；反之，在缺乏意愿甚至抵触的情况下，就需要高昂的激励成本，并接受一系列可能的恶果。当然内在驱动力的产生，并不只是符合价值观这么简单，但不符合自身的价值观念，则内驱力是不可能产生的。

那为何人们愿意付钱玩游戏，表现出很大的驱动力，但有回报的工作，人们反而不愿意去做呢？研究发现，"游戏化"的如下几个重要特征让人们产生了内驱力。

（1）自由而非强迫。如同马克·吐温（Mark Twain）所言，一旦一件事情是被迫需要做的，那么，人们的内在动机就会丧失，因此给予一定的时间自由、做事方法的自由至关重要，这也是谷歌（Google）建立20%自由工作时间制的重要原因。而需特别注意的是，授权完全不等于赋予自由。

> **授权并不是自由自主，只是更加文明地控制而已。**
> ——丹尼尔·平克（Daniel Pink），趋势专家、畅销书作者

（2）奖励应该意想不到。游戏中经常出现意想不到的"彩蛋"，即各种意外的奖励。当人们做出某个行为必然得到某个奖励时，人们反而觉得无聊、厌倦，但是如果是出其不意得到的，反而会增强继续的兴趣和动机。

（3）随机奖赏。在游戏中，一个行为获得的奖励反馈通常都是随机的，如果一成不变，人们就会丧失继续这个行为的兴趣。

（4）设立明确的阶段性目标。在游戏中，通过各种关卡来设立明确的阶段性目标，刺激人们解决问题的欲望。

（5）放大成功的快乐。当完成正确动作，或达到某个阶段性目标之后，游戏就会通过翻动的数字、满屏幕的舞动、四溅的花朵、星星来放大成功的快乐。现在移动应用上"今日头条"App也使用了这样的设计，点击留言的大拇指形状的点赞图标，就会产生满屏幕四溅的大拇指图标和手机震动，通过夸张的反馈来激发这个行为背后的更多动机。

（6）持续挑战。每达到一个阶段性目标后，游戏就会提出更高难度的挑战，刺激人们不断去提高和挑战自己，在人们内心中都有着变得更好、精益求精的内在动机。

（7）风险和失败。游戏中设置了各种"风险"和"失败"，我们误以为人们会下意识地回避风险和失败，但实际上，这种不会发生什么严重后果的"风险"会刺激人们分泌肾上腺素，给人带来刺激、兴奋的感觉，而这种感觉很容易让人"上瘾"，如同很多人喜欢极限运动一样。

如果我们重新设计工作内容，在工作任务中设置以上元素，一样起到激发内在驱动力的效果，同时，工作中如果能再设计一些新元素，可以做到进一步激发内驱力的作用。

①赋予意义和使命感。很多时候人们不见得思考工作结果的意义所在，这是需要组织告知和沟通的。每个人负责的是一个庞大的项目分解后具体的无趣任务，人们确实看不到这些任务背后的意义所在。因此，组织向客户提供的产品、服务、解决方案带给客户、市场的作用、帮助，以及来自客户的满意、感激，都会提高员工的意义感。而一个有着明确使命的企业，其成员的内在驱动力会显著优于没有使命的组织。

②激发内在需要。2015年，德国和瑞士合拍的高分电影《海蒂和爷爷》中有一个情节，一个叫海蒂的小女孩由于一直生活在乡村没有受教育的机会，导致不识字。后来到了城市后，老奶奶经常给她讲故事，海蒂特别喜欢。有一次老奶奶讲完一半就不再继续了，告诉海蒂如果想知道故事的结果就自己去识字阅读，海蒂一心想知道故事的结果，就努力认真地学

习认字，不知不觉中大为长进。海蒂识字的内在驱动力被自己迫切要了解故事结果的需要激发了。

③提供支持。孤军奋战让人觉得孤单、无助，导致丧失继续努力的动力，提供支持可以给予人们归属感和变得强大的感觉，增强了内在动力。

④正面反馈。在任务完成后的第一时间，给予人们正面的反馈会显著提高人们的内在驱动力，这里需要注意的是，反馈越注重细节越重要、表扬努力和策略而非达到某个结果越为有效。

⑤制造心流。人们处于"心流"这样的最高效状态有一个重要的前提：人刚好可以完全驾驭工作，当任务难度超越人们的能力，就会变得焦虑，当任务难度低于人们的能力就会变得无聊、厌倦。因此，给予人们完成工作的适度培训至关重要。

从激励到唤醒

工业时代早期，让人们工作的方式是"顺从"（Compliance），让人们为了得到奖励或逃避惩罚，通过强大的外部力量施压而违心地服从。到工业时代晚期，商业文明发展到新阶段，"激励"（Motivate）成为主要推动人们工作的方式，而当下和未来让人们工作的方式主要是"唤醒"（Inspired），人力资源管理者的主要工作就是建立产生内驱力的环境。二者之间的主要区别见表21-1。

表21-1　激励与唤醒

	激励 Motivate	唤醒 Inspired
来源	外部	内部
本质	刺激、驱使	唤醒、启迪、勉励、点燃、引发
科学基础	管理学、经济学	社会心理学、动机心理学

续表

	激励 Motivate	唤醒 Inspired
驱动原理	条件反射	自我觉察
动力源	胡萝卜加大棒	责任感加价值感
回报	物质或经济回报	内在心理、生理回报（多巴胺、内啡肽、肾上腺素、催产素）
回报周期	长周期	即时
效用	短暂	持续
收益	快乐	意义、价值、幸福
内驱力	有限	最大化

优步（UBER）开创了"算法定义工作"的全新通道，就是"唤醒"模式。比如，今天晚上某个地方下雨了，打车人会增加，而司机还是那么多，供需失衡，改变这种情况的一种方式是通过加价来抑制需求，这本质上是一种趁火打劫模式，是一种增加客户痛苦和反感的模式。另一种模式是开启和那些准备下班司机的人机对话，让 App 发出信息：如果您再工作半小时，就能帮助更多这个城市的人们早点安全到家！司机看到信息后瞬间责任感、使命感、价值感被"唤醒"，实验证明，大部分司机会选择继续开车这一有助于群体和社会的行为。这种利用算法的对话、提示虽然是人机交互，但"唤醒"效用等价于人机对话。

物质激励是必要的，但是只有物质激励，组织就是冰冷机器，只是现实、冷漠无情的交易关系。不当的"激励"会让人变得唯利是图。外部"激励"效用有限、短暂、边际效应递减，而"唤醒"才是让人产生内驱力的关键手段。

心理学上的**过度合理化效应（Over Justification Effect）指的是给人们报酬这样的激励让其做自己喜欢的事情会让其行为归因于只是为了获得报酬，这样会削弱他们的自我知觉——因为兴趣而去做**。实验发现，给钱让人们去玩游戏，以后继续玩的行为会少于没有报酬玩游戏的人。**当人们在没有报酬或没有强迫的情况下做自己喜欢的事情时，他们会将自己的行为归因于对这种活动的兴趣。而外部报酬引导人们将自己的行为归因于外部激励性因素，从而破坏了内在动机。

价值观对企业的发展大部分情况下是一个限制条件，本身是防止为所欲为、无序成长的，因为价值观不能帮公司创造短期利益，反而可能限制获得一些短期利益。比如，符合价值观念的"让天下生意不难做"的背后是"利他"价值观，而"二选一"是损人利己价值观，显然后者更能带来短期收益。正确的价值观在很多时候意味着放弃短期利益，意味着自我克制、自我牺牲，但价值观帮助构建的外部秩序（相对和谐稳定的关系、环境）有利于企业保持基业长青（因为能创造客户价值、社会价值必然为市场和社会所需要，这种强烈需要帮助公司生存和发展），反之，企业可能因为市场、社会的鄙视、反对、排斥进入社会性死亡状态。一个人生理死亡前，已经社会性死亡了，一个公司也是。正确的价值观有利于构建组织内部的秩序、内部免疫系统，防止内部胡作非为，内部成员做不符合自己价值观的事情，其他人会不合作、抵触、抗拒，自身也会产生认知不协调、踌躇、失去驱动力。人类都有一个强大的意识系统，它需要秩序，失序时会焦虑、烦躁、不安。对于个体而言焦虑是来自未来的"使者"，人的情感和情绪对动机有重大影响。未来或预期会发生的事情，会通过生发的联想和情感，对当下的行为产生影响，当沉浸于想象时，会让人产生与事物关系紧密的感觉。组织价值观帮助组织内的个体建立一种秩序感和预测性，如果失序将使人们无法完全想象出将来的情境或活动，会开始担心潜在的风险，并感到焦虑。正向积极、强大的组织价值观让人产生秩序感、安全感，对于促进内驱力是非常有利的。

本章要点总结

✓ 以物质回报为唯一追求和中心的人，自我构建了情感障碍，从而自我关闭了自我驱动的通道和放弃了前进的动力源。

✓ 堵塞了成就感通道后，也意味着重要快乐源的丧失。

✓ 所有的外部激励手段本质都是一种外部控制。

✓ 管理的终极目标是激发人们的内在驱动力，而不是利用他人的欲念或迫使人们接受领导的意志。

✓ 只有内在的志向和兴趣，才能激发人才持续的创造动机和行为，而命令和控制、自上而下的任务分配、监督做不到这一点。

✓ 对工程师这样的创新群体，组织要做的主要不是外部激励，而是赋能，也就是给他们提供一定的时间自由、自主权、高效协作的环境和工具。

✓ 激励偏向的是成功后的利益回报，而赋能强调的是过程中激起人才的兴趣与内驱力，斗志。

✓ 现在组织的职能更多需要让员工的专长、兴趣和市场的需求、痛点、问题做更好的匹配。

✓ 过度合理化效应（Over Justification Effect）：给人们报酬这样的激励让其做自己喜欢的事情会让其行为归因于只是为了获得报酬，这样会削弱他们的自我知觉——因为兴趣而去做。

✓ 当人们在没有报酬或没有强迫的情况下做自己喜欢的事情时，他们会将自己的行为归因于对这种活动的兴趣。而外部报酬引导人们将自己的行为归因于外部激励性因素，从而破坏了内在动机。

✓ 价值观对企业的发展大部分情况下是一个限制条件，本身是防止为所欲为、无序成长的，因为价值观不能帮公司创造短期利益，反而可能限制获得一些短期利益。

✓ 正确的价值观很多时候意味着放弃短期利益，意味着自我克制、自我牺牲，但价值观帮助构建的外部秩序（相对和谐稳定的关系、环境）有利于企业保持基业长青。

✓ 正确的价值观有利于构建组织内部的秩序、内部免疫系统，防止内部胡作非为，内部成员做不符合自己价值观的事情，其他人会不合作、抵触、抗拒，自身也会产生认知不协调、踌躇，失去驱动力。

✓ 组织价值观帮助组织内的个体建立一种秩序感和预测性，如果失序将使人们无法完全想象出将来的情境或活动，会开始担心潜在的风险，并感到焦虑。

✓ 正向积极、强大的组织价值观让人产生秩序感、安全感，对于促进内驱力是非常有利的。

第二十二章
价值观与整体回报

大辞职与YOLO哲学

2021 年开始,英、美等国出现了史无前例的辞职风暴。美国劳动力人口总量为1.6亿,高峰时人才市场上却有创纪录的高达1400多万个空缺职位,这一现象被各大媒体称为"大辞职"(The Great Resignation)。而"YOLO"(即You Only Live Once——你只活一次)工作和生活哲学的兴起是导致这一问题的主要原因之一,越来越多的职场人加入这一全新的工作与生活风潮,这种理念指引着越来越多的企业员工辞去安稳、乏味甚至是高声望、高收入的工作,去追求自身的梦想和人生价值。新冠疫情防控期间的幽闭经历让许多年轻人重新思考和评估人生,反思生活、工作和事业,重新思考工作方式。

14世纪中叶至16世纪,在欧洲发生的思想文化运动——文艺复兴(Renaissance),它在近代早期深刻地影响了欧洲的知识生活。文艺复兴的核心是"人文主义"精神,其核心是提出"以人为中心"而不是"以神为中心",肯定人的价值和尊严,并主张人生的目的是追求现实生活中的幸福、倡导个性解放,并反对当时愚昧和迷信的神学思想,认为人是现实生活的创造者和主人。"大辞职"和"YOLO"本质上是继文艺复兴(Renaissance)所代表的"人本主义"的第二次社会思潮。第二次"人本主义"不同点是从以"雇主为中心"转向到以"人才为中心"。作为雇主,必须清晰地认识到以下几点。

(1)人类正处于一场具有颠覆性的"意义革命"之中。

(2)企业的雇员正在花时间思考工作的意义和自己真正想要的是什么?

(3)企业员工比以往商业与经济史上的任何时期都更有可能选择离

开，原因不是因为经济的繁荣。

（4）企业需要全新的雇佣和管理哲学，想要保留员工，管理者和企业需要做出彻底和根本性的改变。

从雇主到职场

今天的企业领导者重新调整员工价值主张以适配对人才的新需求，传播和刷新组织的使命和价值观，以激发员工的意义感，并需要更多关注员工和工作场所文化以建立幸福职场。传统观念的"雇主"思维认为企业是"主"，员工是"次"；企业是"主体"，员工是"附庸"和"寄生"，这样落后、肤浅的思维将被淘汰，而只有真正把人才放在第一位，以人才为中心，将企业定位为成就成才、改变世界的场域，企业才能可持续发展见表22-1。

表22-1 过去与未来的整体回报（Total Rewards）模式差异

	过去	未来
主要的组织边界	主要在组织内	组织以外
工作模式	全职为主	全职、外包、兼职、零工等多种用工方式并存
复杂度	简单	复杂
发薪周期	固定时段发放	固定时段、实时核算发放并存
收入机制	阶梯状 （只能涨不能降、确定时期）	脉冲状 （高速变动、VUCA时期）
驱动角度	Motivate——外部激励	Inspired——内在唤醒、激发内驱
驱动方式	胡萝卜+大棒	环境设计、工作设计 意义感、价值感、幸福感
心理模式	条件反射	自我觉察

续表

	过去	未来
激励手段	金钱或实物性激励	数字化激励
激励周期	即时奖赏	即时奖赏+延迟满足
反馈	低频反馈	高频反馈
员工体验	大型丰厚回报，低频率	小型欣喜体验，高频率
整体回报的结构	堆叠结构（薪酬、福利相加并不断累加）	级联结构（基于人的需求层级的级联结构）
思维界限	有限思维	无限思维
资源配置	既有资源的配置	焕发无限的潜能
感觉	快乐	幸福
感觉时间长度	短暂	长期持续
边际效应	边际效应递减	自发永动模式
循环模式	外循环	外循环+内循环

意义与存在主义焦虑

人们在一个地方工作，不仅需要合理且有竞争力的薪酬福利等物质回报，还需要有意义感。当一个员工询问他人或自己："做这件事有什么意义？"的时候，表明其已经处于失去内在价值感、内在驱动力的茫然状态，询问和求索"意义"实质是一种"存在主义焦虑"，如果不能回答这个问题，它就很容易演变成一个结果：放弃和退出——这也是很多企业员工离职的关键因素。人一旦缺乏意义感，就会趋向于"空虚"。对此，心理学家、意义治疗与存在主义分析的创始人维克多·弗兰克尔（Viktor Emil Frankl）指出：空虚感是一种对生命存在无从把握的感觉。

1933年，伟大的文学家海明威（Ernest Miller Hemingway）出版了震撼文坛的作品《胜利者一无所获》（Winner Take Nothing），在这本书中，他极尽反对战争，认为即使是胜利者，也丢失了全人类最美好的一些事物：比如爱、善良、纯洁、秩序等——所以胜利者一无所获。这一年他34岁，在这本书中，他大书特书空虚感："有些人生活着，但是什么感觉也没有，他知道一切都是空虚、空虚、空虚。我们的空虚就在空虚之中，空虚是你的名字，空虚是你的国度；你是空虚中的空虚，就像空虚本来就出在空虚中一样。"到53岁时，他写出了巅峰之作《老人与海》，并在两年后因此而荣获诺贝尔文学奖。海明威是美国"迷惘的一代"（Lost Generation）作家中的代表人物，终其一生都在寻找"意义"，他的作品对人生、社会、世界都表现出了迷茫和彷徨。1961年7月，海明威仍然没有求索和找寻到"意义"，并在家中用猎枪自杀身亡，享年62岁。失去"意义"、无法找寻到"意义"，让很多人缺乏生活、工作的动力，甚至放弃生命，如同这位伟大作家的选择。人的生存需要有"意义"作为前提，"意义"就是生命之"空气"，不可或缺。工作如果没有意义所导致的虚无感会吞噬生命的热情和动力，工作下去完全需要来自外部的激励方式。**在个体价值观系统的判断中，意义感区分了事物本身的重要性、必要性，意义角度的否定则意味着淘汰、过滤、放弃、排斥。**

具体的工作本身并没有意义，需要赋予其意义。意义无法从工作、事情或系统内部获得答案，只能把其嵌入到一个更大的系统，从外部来获得解答。比如，**把个体放入到一个有着共同价值观、共同的愿景、共同的使命的共同体之中，把工作放到组织、社区、社会、世界这样的更大范围中去，也就是嵌入一个高于个体的系统，只有成为系统的一部分，才能为存在构建意义。**例如程序员编程本身没有意义，但其参与开发的移动应用帮助亿万人找到了梦寐以求的工作就有了巨大的意义。在名著《小王子》里面有一段经典的话："你的玫瑰花跟别的玫瑰并无不同，正是你花费在玫瑰上的时间，才使得你的玫瑰花那么重要！"玫瑰花本身并没有意义，但是赋予了爱心、时间后，就有了重大的意义。当一个人选择了某项超越个体的事业，并为此投入大量精力、时间等成本，就构成了意义，如同一个流水线生产的水杯，市场价格可能只有十元，但经过一位工艺大师亲自精心创作了其图案后，赋予了其工匠精神价值、艺术价值、文化价值、时间价值和独特性后，这个杯子可能在市场上将获得十万级的售价，看不到摸不着的意义，让人类愿意为此付出巨大的经济代价。

有的人能感知到意义感，有的人却不能，即使是后者也是有时能感知到，有时感知不到。这可能有诸多原因，比如以下几种情况。

（1）可能与此人当下所处的状态有关，当处于物质与精神匮乏时，就难以对某些事情产生兴趣和动力；

（2）某些人主动把行为自我归因为金钱、物质，从而放弃了意义感；

（3）情感与心理、生理障碍会让人无法获得自我肯定和内在奖励，例如抑郁状态让人进入负向循环，对一切都觉得无意义和无价值；

（4）所在生存环境（包括组织环境、社会环境）带给个体的信念，如价值观帮助其构建意义。

心理学家理查德·瑞恩（Richard Ryan）认为，**当人把注意力焦点扩散到更大的范围时，感受到的幸福感和成就感，也会变得越强。人的意义感并非在自身内在构造，而且来自外部感知、反馈。**当人只自私地关注自身，所能够获得的意义感、幸福感是有限的，但当关注家人和朋友、同事甚至陌生人，帮助他们或接受帮助时，会有可能感受到更强烈的意义感和幸福感。**客户的反馈对于帮助内部员工构建和获得意义感有巨大的作用，让员工可以把视野从自己的工作拓展到更广阔的人群，意识到自己的行为、工作能够帮助到更广泛的人群、创造巨大的价值时，会体验到巅峰的工作价值感、意义感、幸福感和使命感。**

得到（Get），例如获得一笔丰厚的奖金，只会让人获得快乐，并不一定会产生意义感，给予（Give）才可以，比如动手创作出一些产品，创造性地做出一些事情，帮助更多的人，**利他性行为和活动会让人们感受到自己的价值和意义**。而所做的行为、工作符合自身的价值观、组织的价值观、社会的主流价值观，则会让人感受到更加强烈的意义感，这种意义感

是内在驱动力最强大的源泉。

大多数企业有也必须有一个使命宣言,并且,还需要经常"对表"(也就是从客户那里获得真实价值反馈,并确保企业自身的行为和方向是符合使命的),使命是一个公司的价值之源,也是组织存在的意义。个体加入到一个组织后,可以借助平台完成改变世界的伟大工作,企业内的成员在嵌入到组织系统后,企业使命帮助个体获得意义感,从而产生内驱动力。遗憾的是,很多企业把使命宣言当成了墙上的标语,意义感变成了空洞的表述,无法有效地感受,员工只会把公司当成谋生的地方,当成可以定期取款的提款机。

组织有达成自身使命的诉求,而员工作为独立个体,也有着自己的自由意志,有着心理大师亚伯拉罕·马斯洛(Abraham Maslow)的需求层次理论中所提及的自我实现(Self-Actualization)的需求——组织需要回应这个需求。员工价值主张(Employee Value Proposition)是组织作为雇主,最希望员工和组织相关联和匹配的价值,既表达了雇主最希望员工实现的价值,也表达出企业独特的品牌能给雇员提供的不同利益。在沟通之初,人们并不关心对方是谁,和对方的需求,人们的焦点在自己身上,只关注自己的问题,自己的需求。只有当员工价值主张与外部人才、内部员工的需求匹配时,才会产生共鸣,而共鸣是有质量沟通对话的前提。今天的人才不仅仅需要一份合理和有竞争力的回报,还需要价值感和意义感。组织需要回答一个终极问题:加入这个组织或者在这里工作的意义是什么?这个问题的答案就是员工价值主张(Employee Value Proposition)的本质。

一个优秀、卓越、非凡的雇主需要且必须回答这一时代之问,股东价值是结果,还是战略?企业到底是一个赚钱机器,还是一个梦想之地?企业到底是为了赢利,还是让世界变得更美好?除了合理、有竞争力的回报,到底能为组织内的成员们提供什么意义?

在世界薪酬协会(WorldatWork)最新整体回报模型(Total Rewards Model)中,幸福度(Well-Being)居于了中心位置,这代表组织给予员工的回报从物质的简单堆叠结构到物质、精神、心理多重层级的联式结构。同时，这也是一次对人的基本假设的颠覆性变化，具体如下。

（1）从对人性的消极、被动转向到认为人也有积极、主动的一面；

（2）从人对物质、经济需求转向到认为人也有精神、心理的需求；

（3）从认为人是理性、客观的到认为人也有感性、主观的一面；

（4）从认为人是自私（即人为财死、鸟为食亡，有钱能使鬼推磨）到认识到人也有大公无私的一面；

（5）从认为人有即时奖赏的需要到认识到延迟满足有时更能让人获得幸福感；

（6）从认为人有快乐的需要到认识到人更有持续有意义的幸福的需要；

（7）从人有低层次的需要（生理、安全、社交、尊重）到认为人也有高层次的需要，特别是马斯洛需求层次理论第五层的自我实现的需要。

幸福感的基石

动机心理学理论认为，人的动机是来自生理、心理平衡的未满足的需要，比如脱水导致身体生理上失去平衡就会产生喝水的动机。人内心有追求幸福（Well-being）状态的平衡需要，"Well-Being"英文的字面上本意是好的存在状态，追求这种平衡的心理状态的需要，让我们产生了行动的内在驱动力、行为动机。而这些需要会经过人们价值观系统的自发判断，进行抑制或增强。

幸福感（Well-being）是工作中内驱力或者持续动机的来源和整体回报（Total Rewards）战略的核心，那其来源和基石是什么呢？

幸福感（Well-being）的第一个基石是自由意志，自由是一种拥有和掌控自己的感受。苹果（Apple）公司最新的员工价值主张（EVP）是"Join us, Be you"。字面上的意思就是加入我们，成为你自己。在大部分人看来，成为自己没有什么了不起，实则不然。每个人都怀念童年天真无邪的时光，人们长大的过程就是人本身被社会化的过程，让人们学会了虚伪，掩饰、表里不一、口是心非……看到一个心里想的是"好丑啊"，嘴巴上还要说"美女""帅哥"，只是为了维系和改善人际关系，即束缚、禁锢了我们内心的自由，妨碍我们展现真实的自我。因此，成长的过程就是一个理想的自我退化成现实的自我，是理想向现实妥协、退让、投降的过程。

> 人天生自由，但总处于枷锁之中。
> ——让-雅克·卢梭（Jean-Jacques Rousseau），法国哲学家、教育家、文学家

人有保持自由意志的倾向，实质上所有动物都如此。如果我们去问动物园里的狮子：如果有两种选择，一是选择在非洲大草原，但是要遭受风吹雨打，充满捕猎风险可能随时丧命，可能几天都要忍饥挨饿，遇到伤病只能靠自愈；二是待在动物园，有房子遮风挡雨，有人定时定点喂食，吃喝无忧，可以"躺平"，生病有人医治和照顾。试想一下，狮子会选择哪一种生活方式，毫无疑问是前者，哪怕只是一天！人类从一两岁左右开始拥有自我意识，童年时期会进入最初的逆反期，源自认识到别人试图控制自己的自由意志，因此通过反向操作来恢复和证明拥有自由意志。

> 自由不是你想做什么就能做什么，而是你不想做什么就可以不做什么。
> ——伊曼努尔·康德（Immanuel Kant），德国古典哲学创始人

心理学家做过一次心理学试验：给幼儿园的儿童水彩笔，让他们画画。事先告知第一组孩子：画得好的话，会有奖励！等这群孩子画完，真的给予他们奖励。对第二组孩子不告知画画有奖励，但等他们画完，会给他们奖励。对于第三组孩子没有任何奖励，结果是第一组的儿童画画时间

比后两组更长。但过了几周时间之后，同样让他们再画画时，第二组和第三组的孩子还是会继续画画，而第一组孩子，彻底没有了画画的兴趣，但如果告知有额外奖励，他们也会画画。心理学家们由此发现，**对于主动性行为如果给予奖励，反而挫伤内在动机**。人们画画、弹琴、唱歌、跑步、修剪花草……不是为了获得金钱，也不是害怕被责备或为了获得赞美，完全是出于内心的需求，做这样的事情会让人们感到更幸福。

> **如果竭尽自己最大努力仍然还是一无所得，所剩下的只是善良意志，它诚如沉睡的宝石一样，自身就发射着耀目的光芒，自身之内就具有价值。**
> ——伊曼努尔·康德（Immanuel Kant），德国古典哲学创始人，《道德形而上学原理》

这些事情没有回报，也不具备生产性。当人们做自己想做的事情时，一旦获得了报酬，内在归因就可能发生重大变化，甚至有时自己也意识不到，但原本的"纯粹想做"已经变成"为了报酬而做"。而且，以后再做如果没有回报的话，动机和意愿就会大降。

> **如果一个人的一生都耗费在几个简单的、功能单一的操作上，他就没有机会发挥他的理解力、运用他的创造力解决难题。他自然而然地失去了努力的习惯，甚至衰退到极度愚蠢和无知的地步。心智的驽钝不仅使他丧失了兴趣和交谈的能力，也不会怀有任何慷慨、高尚、温柔的感情。**
> ——亚当·斯密（Adam Smith），经济学之父

幸福感（Well-being）的第二个基石是能力。在《庄子·庖丁解牛》中庖丁回答文惠君："臣以神遇而不以目视，官知止而神欲行。"伟大的心理学著作《心流》一书的作者、心理学家米哈里·希斯赞特米哈伊（Mihaly Csikszentmihalyi）将其翻译为"Perception and understanding have come to a stop and spirit moves where it wants."意指感知和理解已经停止，精神在它想要的地方移动。**心流是一种埋头专注问题和工作，忘记了**

自己、他人甚至世界的存在，忽略了时间的流逝的终极投入状态，一种能够忘却、隔绝、屏蔽外部杂信，控制内心纷扰杂念、构建内心的秩序，并有强烈和完全的自我控制能力的聚精会神状态。能力就是这样一种具备控制内、外部世界的能力、构建内外部秩序的能力，一种完美的自我控制感。

> 要想人们负责任，必须确保他们对自己的工作内容、工作时间、工作方法和工作团队有控制权，这是达到这个目标的必经之路。
> ——丹尼尔·平克（Daniel Pink），未来学家，趋势专家

幸福感（Well-being）的第三个基石是联结。人类天生就有加入一个群体的需要，是人类进化的产物。在远古时代，单独的个体无法有效面对大自然的不确定、不安全，也无法靠个体捕猎强大的猎物。群体接纳、认可让我们有归属感、融入感、安全感，也是为了抵抗风险、维持生存。虽然独处也是必要的，人们的"社会性"一面导致逢迎、趋炎附势等违心行为，打压"自我"，没有个性的人组成的社会是缺少美感，但社会性一面确实是压倒性的。这是一种诸如"只要和自己喜欢的人在一起就心满意足"的幸福感。社会交往更容易让人产生强烈的幸福感，避免抑郁。

> 喜欢独处的人，不是野兽就是神。
> ——罗杰·培根（Roger Bacon），英国哲学家

幸福感（Well-being）的第四个基石是价值观。当人们做符合自己价值观的行为，当所在的社群的价值观与自己的价值观匹配吻合时，就能够感受到一种高度的一致感、秩序感和安全感，反之，内心则会是混乱、无序和惴惴不安。个人价值观与归属的组织价值观的统一性，让个体最接近真正的自我、最具自由感，也能获得最佳的心理体验——更加协调、健康、和谐，罕有分割、撕裂、矛盾、对立、斗争，不必在自我斗争、彷徨、克制中内耗，自我体验更加有序、协调，最大化实现了自主和自我，做事有得心应手的轻松自如感。更容易摆脱恐惧、怀疑和戒备，更容易产

生价值感，更多的自我接纳和积极主动。

对人的回报有两种模式——即时奖赏和延迟满足。从人的本性而言，都会自然地追求即时奖赏模式，而延迟满足则需要个体能克服当前的困难情境而力求获得长远利益，这就意味着需要毅力、自制力，并需要长期主义价值观念的支撑。

20世纪60年代，斯坦福大学心理学教授沃尔特·米歇尔（Walter Mischel）设计了著名的"延迟满足"实验，研究人员找来幼儿园的数十名儿童，让每个儿童单独待在一个只有一张桌椅的房间里，桌上的托盘里有这些儿童爱吃的东西——棉花糖等。研究者告诉每个儿童可以马上吃掉棉花糖，但如果等研究人员回来再吃的话，可以额外得到另一颗棉花糖作为奖励。米歇尔教授发现儿童们的表现不一，而能等待的儿童有一个重要的行为特征就是"控制和转移注意力"，他们刻意不看棉花糖、主动唱歌等，让自己暂时忘记诱惑物。该实验表明：那些能够做到延迟满足的孩子拥有更强的自我控制能力，能做出控制、调节自己注意力的行为，抑制欲望、诱惑、冲动，确保长期目标的实现。

延迟满足意味着能为更大价值的长期结果或回报而控制即时的冲动，忍受长时期的煎熬，在等待期中展示自我控制能力。延迟满足是人们社会化过程和情绪调节的重要成分，更是一种基本的、积极的人格特质和人类关键的重要价值观念养成，是人从幼稚到成熟、从依赖到独立的过程。秉持这一价值观念并在行为上做到延迟满足的人，能够表现出更强的自信心、社会竞争力、工作效率和更强的应对挫折、压力、痛苦的能力。这也是一种强大的个人意志力，和一个人走向成功的重要心理素质，**当延迟满足、长期主义成为组织的核心价值观念，这样的组织相对能获得更大的成功。**

第二十二章 价值观与整体回报

整体回报战略的范式革命

整体回报（Total Rewards）的底层哲学和范式战略和过去相比，已经有了革命性和颠覆性的变化。员工对于从组织获得回报的需求和要求也发生了巨大的变化，例如对于安全稳定、健康、隐私、员工体验、幸福度、个人价值观与组织价值观同一性的需求陡然上升。

如今的组织成员不仅关注经济性的薪资福利，还需要帮助成员追寻工作的意义感、价值感、幸福感，这些来自每一个工作触点形成的员工体验。积极的员工体验是敬业度、员工福祉、生产力以及吸引和留住人才能力的关键驱动力。整体回报（Total Rewards）战略需要基于情势更加快速和灵活地进行计划和政策调整，以适应外部环境和满足内部员工多样化的需求。

人才对于回报中的确定性、体验、福祉的要求比重将大幅增高，对于工作意义和组织价值观的要求越来越多，越来越高。 这也创造了一个更好地与人才沟通关于贡献与回报、组织绩效与个人产出/贡献之间联系的机会。构建一个有效的、全面的人才回报体系极具挑战性，但这一工作是构建、维持、推动组织能力的重中之重。

本章要点总结

✓ "大辞职"和"YOLO"本质上是继文艺复兴（Renaissance）所代表的"人本主义"的第二次社会思潮。第二次"人本主义"的不同点是从以"雇主为中心"转向到以"人才为中心"。

✓ 人们在一个地方工作，不仅需要合理且有竞争力的薪酬福利等物质回报，还需要有意义感。

✓ 在个体的价值观系统的判断中，意义感区分了事物本身的重要性、必要性，意义角度的否定则意味着淘汰、过滤、放弃、排斥。

✓ 把个体放入到一个有着共同价值观、共同的愿景、共同的使命的共同体之中，把工作放到组织、社区、社会、世界这样更大的范围中去，也就是嵌入一个高于个体的系统，只有成为系统的一部分，才能为存在构建意义。

✓ 当人把注意力焦点扩散到更大的范围时，感受到的幸福感和成就感，也会变得越强。——理查德·瑞恩（Richard Ryan）

✓ 人的意义感并非在自身内在构造，而是来自外部感知、反馈。

✓ 客户的反馈对于帮助内部员工构建和获得意义感有巨大的作用，让员工可以把视野从自己的工作拓展到更广阔的人群，意识到自己的行为、工作能够帮助到更广泛的人群、创造巨大的价值时，会体验到巅峰的工作价值感、意义感、幸福感和使命感。

✓ 利他性行为和活动会让人们感受到自己的价值和意义。

✓ 所做的行为、工作符合自身的价值观、组织的价值观、社会的主流价值观，则会让人感受到更加强烈的意义感，这种意义感是内在驱动力最强大的源泉。

✓ 对于主动性行为如果给予奖励，反而挫伤内在动机。

✓ 心流是一种埋头专注问题和工作，忘记了自己、他人甚至世界的存在，忽略了时间的流逝的终极投入状态，一种能够忘却、隔绝、屏蔽外部杂信，控制内心纷扰杂念、构建内心的秩序，并有强烈和完全的自我控制能力的聚精会神状态。

✓ 个人价值观与归属的组织价值观的统一性，让个体最接近真正的自我、最具自由感，也能获得最佳的心理体验——更加协调、健康、和谐，罕有分割、撕裂、矛盾、对立、斗争，不必在自我斗争、彷徨、克制中内耗，自我体验更加有序、协调，最大化实现了自主和自我，做事有得心应手的轻松自如感。更容易摆脱恐惧、怀疑和戒备，更容易产生价值感，更多的自我接纳和积极主动。

✓ 当延迟满足、长期主义成为组织的核心价值观念，这样的组织相对能获得更大的成功。

✓ 人才对于回报中的确定性、体验、福祉的要求比重将大幅增高，对于工作意义和组织价值观的要求越来越多，越来越高。

第二十三章
算法与价值观、伦理

智能时代与"完美"的数字监工

传感器、物联网、人工智能等技术的出现,使得人类成为"上帝",赋予机器认知、学习、思考的能力,使其成为具有人类般智慧的机器,从而在越来越多的领域具备原本只有人类专属的工作能力。

对于普通人而言,数据只是一些枯燥无味的数字排列而已,而算法不过就是一些计算机语言组合而成的代码堆砌。而在科技企业那里,这些算法与数据就是用户的行为偏好、习惯与规律,现在的人工智能算法可能比用户更了解自己,在捕捉和推算出行为规律后,用户的行为可以被引导、设计,通过即时响应和越来越个性化的界面交互设计可以让用户如痴如醉、欲罢不能、深陷其中,甚至表现出上瘾症状。这些算法通过监测、记录所有的用户行为,然后进行分类、存储、处理并产生洞察,进而越来越表现出更佳的用户"友好性",它们通过推荐文章、视频、商品来迎合、取悦用户。更有甚者通过地理路线、交通状况等实时计算,预测骑手送达外卖的"最佳"时间,迫使其在最短时间内送达,导致其被迫通过闯红灯等手段来尽早送达,并基于其是否在指定时间到达给予严厉、苛刻、精准、不近人情、无法协商的奖惩措施,从而成为"完美"的数字监工。这些技术并不是为了支持、帮助、造福人类,恰恰相反,是为了诱惑人、控制人、压迫人、榨取人,通过侵犯人的利益来最大化算法背后的平台的商业价值。这让人不得不深思,人工智能技术,到底是在把人变成机器还是把机器变成人?

> 机器劳动极度地损害了神经系统，同时它又压抑肌肉的多方面运动，夺去身体上和精神上的一切自由活动。
>
> ——卡尔·马克思（Karl Marx，1818-1883），《资本论》

从表23-1中，可以看出这些会自我学习、深度学习的人工智能算法在认知能力、行为能力等多方面已经或者即将超越人类自身，这也导致人力社会进入大转型，旧的制度、规范逐渐失灵，原有的法律制度无法涵盖、解释、约束新的技术边界，而新的制度、规范尚未建立起来，更麻烦的是，人们普遍丧失敬畏感，进而完全按照自身的意欲行动。当法律的制定滞后于科技的发展，道德、伦理、价值观就更加重要，这也是构建新制度、规则的基础力量。

表23-1 消极低劣与积极高尚的人工智能伦理对比

消极低劣的人工智能伦理与价值观	积极高尚的人工智能伦理与价值观
滥用行为设计原理	适可而止地运用行为设计原理
监视人、控制人、压迫人、奴役人	支持人、赋能人、造福人
不择手段、利润至上	好利润原则——"君子爱财，取之有道"
损人利己	共益
只考虑自身的经济利益	同时考虑自身的利益、用户利益、社会效益
无原则无底线	有伦理、有价值观底线

> 一个行为的道德性不取决于它的结果，而仅仅取决于该行为背后的意图。
>
> ——伊曼努尔·康德（Immanuel Kant），德国古典哲学创始人，《道德形而上学基础》

2022年6月，日本法院要求科技公司、日本最大餐厅点评平台Kakaku.com披露其算法，此举创下全球先例。长期以来，全球大型科技集团一直主张其算法在任何情况下都应该被视为商业机密。但全球各地的法院和政府监管机构已经开始挑战这一立场，因为很多平台上的商家抱怨称，垄断性的数字平台对其搜索和推荐服务即使是微小调整，其引发的"蝴蝶效应"也足以摧毁其业务。实质上，法院和政府监管机构要审核的不是其代码、算法，而是算法背后的价值观：是否滥用其垄断地位损害商业、用户的利益；遵循的是损人利己的价值观念还是共益的价值观念？

而在不久前的2022年4月23日，欧盟理事会（Council of European Union）和欧洲议会（European Parliament）就《数字服务法》（Digital Services Act）达成政治性协议，从而开启全球人工智能和大数据、算法监管之先河。新法案为人工智能算法制定了全新的基本规范与价值观，强化了定向个性化广告投放和"千人千面"式内容推送的限制。这一新法案禁止科技平台针对儿童或基于宗教、性别、种族和政治观点等敏感数据的定向广告和内容推送，并且禁止"黑箱模式"（Dark Patterns）操作，这也被称为"欺骗模式"（Deceptive Patterns）。该做法是使用各种隐秘、不当、引诱、误导性的技巧与操作方法，使平台用户做出违背初衷的操作、选择，并借此获利的行为。这类"打擦边球"的做法在全球都不鲜见，例如平台在"退出""卸载""注销""退订"的按钮、链接上采用各种视觉花样、歧义名称、深度链接、误导式回复文本、隐藏总体价格、诱导长期订阅、欺骗伪装稀缺性引发购买的迫切性等做法屡见不鲜。而现在各国的立法机关、监管机构开始逐步审视科技公司算法背后的逻辑——价值观和伦理观。

> **由于所有公司现在都是技术公司，因此所有公司都应该更仔细地思考技术伦理如何参与到他们的工作中。**
>
> ——《负责任地使用技术：Microsoft案例研究》研究报告，世界经济论坛

在一篇《美国法律中的机器人》(Robots in American Law)的论文中，研究者卡洛发现："机器人让法院面临独特的法律挑战，法官们还没有做好应对的准备。"他还发现："法官们有一种很强的思维模式，倾向于将机器人视为可编程的工具或者不能自己做出决定的机器。"但随着人工智

能技术的发展，特别是该领域的深度学习（Deep Learning）、无监督学习（Unsupervised learning）技术的发展，机器人表现出"突现行为"（Emergent Behavior）——以系统无法预测的方式行动的特质越来越常见，这就导致算法、人工智能、机器人存在失控的可能。埃隆·马斯克(Elon Musk)近年反复呼吁要实施更广泛的监管，并强烈支持禁止致命自主武器系统，为此他曾在推特上写道："没有人喜欢受到监管，但一切会给公众带来危险的事物（汽车、飞机、食品、药物等）都是受到监管的。人工智能也应如此。"当开发者带有某种偏见歧视、自私自利、损人利己的价值观念，其生产出的带有这一价值观念的系统、智能机器也就带有相同的价值观念。限制抑或是起码做到识别这类算法偏见的最佳方法，是提高人工智能系统的透明度、可视性，加强伦理和价值观审查力度。

科学技术的进步很可能引发一些人类不希望出现的问题。为了保护人类，早在1940年科幻作家艾萨克·阿西莫夫（Isaac Asimov）就提出了著名的"机器人三原则"（The Three Laws of Robotics），他也因此获得"机器人学之父"的桂冠，具体内容如下。

第一条，机器人不得伤害人类，或看到人类受到伤害而袖手旁观。（A robot may not injure a human being, or, through inaction.）

第二条，机器人必须服从人类的命令，除非这条命令与第一条相矛盾。（A robot must obey the orders given it by human beings except where such orders would conflict with the First Law.）

第三条，机器人必须保护自己，除非这种保护与以上两条相矛盾。（A robot must protect its own existence as long as such protection does not conflict with the First or Second Law.）

欧盟针对数字服务新法规采取了正确的步骤，将人类基本权利作为任何人工智能系统的核心。确保人工智能算法尽可能地开放、建立符合最广泛人类利益的价值观基础之上并将人类置于开发的中心位置，确保算法、系统使用合乎伦理、道德和人类基本价值观的最佳方式，审视算法的决定对人的影响和责任。科技公司建立的伦理委员会要向"强者"（如监管机构）汇报，但担负着保护"弱者"（平台商家、用户）的责任。软件工程领域的"敏捷开发、快速迭代"思维意味着通过高速试错法来学习，这在人工智能领域会带来无法量化的社会和道德风险，以及可量化的财务损失风险。因此，伦理、道德、价值观框架应该置于算法的最底层——即先有伦理、道德、价值观框架，再有算法。

> 算法只是用数字表达的观点。但关于它们究竟是谁的观点、支持哪些规范，仍然存在争议。
>
> ——凯茜·奥尼尔（Cathy O'Neil），数学家

至于企业内的人工智能伦理委员会成员，需要符合以下特征：具备哲学思考能力；利益回避；对算法深刻理解；有能力甄别伦理风险如偏见、损害他人利益来获利、数据集缺损、黑箱决策并能够超越自身的专业领域去倾听、学习和思考，以阐明新技术或创新的成本和收益。

算法定义的管理与价值观

在今天，管理学有了新的扩展，进入了一个新的境界——"算法定义管理"，也就是以前的普遍性做法叫人管理人或制度管人，现在使用人工智能算法管人，其本质是对人的行为控制。例如，现在的智能手表都具备对我们的体态行为的监控功能，如果坐得太久了，手表就会利用震动、表面信息提示等方式，提醒人为了自己的健康，建议起立走动一会儿，这个人很可能就会听从提示开始相关行为。而如果没有这个算法提示，这个人大概率会保持不动，毫无疑问，算法对人的行为模式产生了重大影响。再比如，如果今天晚上一个城市下大雨了，那么步行、骑行就变得不合

适，前往地铁、公交站也很麻烦，对打车平台的需求就会开始激增，而运行中的司机和车的数量并不会增加，这时候供需就会开始出现不平衡。这时候平台可以采用两种做法来应对，一种是加价打车，这样因为价格提高，就会抑制一些需求，这是一种通过价格杠杆达到新的供需平衡的机制，但是那些付出高价打车的人和因为价格过高放弃打车的人都产生了痛苦，觉得平台是乘人之危，而且这种遏制需求的做法，也并没有解决社会实际问题。另一种做法是给那些一般在晚上这个时间点准备下班的司机和当时没在工作岗位的司机发信息："尊敬的司机师傅，您好！现在我们这个城市大雨倾盆，很多人滞留马路无法回家，希望您能尽快加入和延长工作时间，让我们一起帮助我们这个城市的更多人早点安全到家！"实验证明：收到这样信息的70%以上的司机的社会责任感、使命感、价值感立即被"唤醒"，即使在不加价的情况下，他们也愿意加入和延长工作时间，而司机的回报不是经济角度的金钱，而是心理角度的自我认可，获得了能力感、幸福感，一个高尚的自我定义，一种助力世界的能力感。**人的幸福感（Well-being）来自自由感、能力感、社会联结。能力感不是来自得到（Receive），而是来自给予（Give）和利他（Altruistic）。**而这时候，乘客在不支付更高成本的情况下就能达成打车目的，不增加个人的痛苦，也没有降低社会安全感。

表23-2　损人利己与利人利己的算法价值观对比

	损人利己的算法价值观	利人利己的算法价值观
司机	部分司机获得更高经济收益	更多司机获得了更多经济收益，并获得更多心理回报
乘客	放弃打车或支付更高成本，增加了痛苦，社会安全感降低	不支付更高成本达成打车目的，不增加痛苦，社会安全感提高
平台	通过"乘人之危""趁火打劫"提高了收益	服务了更多客户，并通过解决社会问题获得了更高的收益
经济角度	遏制需求来实现供需求平衡	增加供给来实现供需求平衡
心理角度	激励（外部刺激）	唤醒（内在引发）

续表

	损人利己的算法价值观	利人利己的算法价值观
心理学原理	基于"条件反射"	基于"自我觉察"
行为驱动力	胡萝卜+大棒	责任感+价值感
社会角度	增加了社会痛苦	增加了社会幸福感
算法价值观	损人利己	共益（互利互惠）
乘客未来行为	乘客有选择时就会果断抛弃，客户忠诚度降低	客户忠诚度提高，社会需要度提高
竞争壁垒	降低潜在竞争对手准入难度	提高潜在竞争对手准入难度
平台获益	未必增加总体经济收益，但降低社会资本	增加了经济收益，增加了社会资本，获得了更好的经营环境
平台后果	被社会唾弃、憎恨	可持续发展、基业长青

从表23-2中，前一种算法价值观逻辑是损人利己的，后一种算法价值观是共益原则的。平台秉持什么样的价值观念，就会利用其巨大的商业、社会影响力给予司机什么样的价值观影响力。司机获得什么性质的信息，也会被迫或倾向于做出什么样的行为，或者是反向塑造什么样的价值观——利他主义、利己主义。

人工智能技术导致自动化决策系统的使用与日俱增，它意味着由算法或机器而不是人类做出决策。自动化决策最基本的概念是编写一个计算机程序，使用数据、规则和标准来做出决策。理想的自动化决策程序的运行，将取代并消除在特定决策情况下对人类决策者的需求。业务规则和程序指令由输入的事件触发，然后由程序"做出"选择并启动操作程序。自动化决策程序大大扩展了计算基础架构，使计算基础架构在极其昂贵的情况下应用自动化决策变得越来越经济与高效。需要注意的是，自动化决策系统不是辅佐管理者进行决策的支持系统，即自动化决策系统完全具备了自主"决策"能力。

从狭隘的角度来看，决定是选择中经过确定的行动方案。因此，自动化决策系统在预定义的各类方案中进行"选择"成为这个系统运作的要领。从更广泛的角度来看，决策涉及收集和评估情况信息的完整过程，决策者需要最终定夺决策需求，确定或以其他相关的方式定义出替代的行动方案，选择"最合适"或"最佳"行动方案，然后，分别应用于需要的业务场景。因此，自动化决策系统还可以通过全自动化模式或特定部分自动化模式参与决策过程。自动化是指使用包括大数据、深度学习在内的信息技术处理并制定决策，最终实施程序化决策过程。人类决策者可在事先用于自动化决策程序之前做出完成决策任务的预测分析、决策替代方案、决策的规则、模型和方法。可以想象，决策自动化程序可以从成功和失败中"学习"，并自动改进和更新相关的存储过程、规则或决策可能性。本质上，机器学习就是自动化本身的自动化；而决策自动化，则是人类把权力和权利让渡给机器，而这种让渡构建于可信的基础上，信任的基础不是技术而是价值观。**算法本身不仅是一种技术逻辑，也是一种价值观念。**机器学习的一种关键技术——强化学习（Reinforcement Learning）中，机器从"环境"获得正反馈——奖励、负反馈——惩罚，以帮助机器实现自我完善，而"环境"是有价值观的，最终导致强化学习的结果会出现"近朱者赤，近墨者黑"的情形。

> **在网络时代呼风唤雨的组织包括谷歌 (Google) 和亚马逊 (Amazon)。这些公司的经营模式都仰赖以机器学习为主的预测模型。**
>
> ——凡桑特·达尔 (Vasant Dhar)，纽约大学 (New York University) 教授

预测分析与自动化决策的伦理与道德

某全球领先电商网站的自动裁员就是自动化决策的应用案例之一。美国媒体报道，该公司在要求发货仓库的分拣工人每小时打包 100 个左右的

包装箱，平均每分钟近2个。为了尽量提高工人的工作效率，减少因"磨洋工"带来的损失，该公司建立了一套高度自动化的跟踪系统，自动记录每个员工的效率。并且，该系统还会监测员工的"TOT"（Time Off Task，工间休息安排），将休息时间和任务结合起来，统计类似上厕所这样的与"工作无关"的事情的时间，如果上厕所用时太久，工人可能也会被解雇。整个过程全部由机器完成，无须管理人员参与就可以实现。媒体曝光的文件显示，在2017年8月至2018年9月的一年多时间里，仅在该公司的一个分拣中心，就有约300名全职员工因效率低下而被解雇，占员工总数的12%。如果按这个比例来计算，该公司北美的75个分拣中心12.5万名全职员工，每年大约有近15000人可能因"效率低下"而被解雇。因此，为了防止被解雇，有的员工甚至放弃了"上厕所"的时间。事件曝光后，该公司发言人发出声明："员工通过自动化系统被解雇是绝对不正确的，如果没有首先确保他们得到公司的充分支持，包括专门的指导，公司不会解雇员工。我们是一家不断发展的公司，企业的目标包括确保员工长期的职业发展机会，对于没有达到预期工作水平的员工，公司会通过专门的辅导来支持那些没有达到预期水平的人。"

"自动化裁员"从技术角度而言是一次AI应用范围的巨大突破，但从伦理道德而言，却是一次人类自己制造的"灾难事件"。自动化决策是人工智能的一个重要演进方向和机器智能化的前提，也是技术的前沿，但同时对于全人类来说也是危险的。因为如果没有伦理、道德、价值观的约束，它可能发展成为压迫人、损害人的帮凶甚至是肇事者。同时，这一案例也让我们认识到，算法的透明度、接受外部的监督审视，也能帮助避免企业在人工智能算法伦理的错误上越走越远。这也让我们思考：面对自动化决策程序时，人工智能和自动化软件根据数据处理所做出的无限接近客观理性的决定与以直觉和感性为思维主导的人类做出的决定相悖时，决策层与辅助决策层的自动化软件是否能做到公平合理的判断？这不仅是一个是与否所产生的冲突，更是对今天的企业管理者在继面对上级决策层的权威之后，又要承受的一个近乎权威的自动化程序产生的新增压力：涉及心理压力、道德和认知的挑战。**在算法和智能强大到可以做出近乎于完全理性和绝对正确的决策时，当这些决策涉及人类的尊严、价值、情感、利益时，是由人最终决定还是把决策的权力让渡于机器？**

> 人工智能缺少人类的一些关键情感特质，会导致非常危险的结果。
> ——雷蒙德·库茨魏尔（Raymond Kurzweil），美国发明家、作家与未来学家

近几年来，人工智能的另一个重要分支越来越多渗入人们的工作与生活，比如一些企业使用会话平台和聊天机器人（Chatbot）进行销售和服务，因为错误的价值观念导致的技术误用，进而引发诸多的质疑、谴责。现在超过半数的用户在经历与聊天机器人一次"糟糕的会话"后（如毫无情感的冰冷表达、答非所问、理解力低下等情形）便再也没有使用过。这种糟糕的用户体验给潜在客户、用户形成了聊天机器人是"骚扰的制造者"的第一印象。在员工或者客户服务领域使用会话平台与聊天机器人的最终目的是简化流程，并提升问询答复的效率。这对聊天机器人在语义、语调和表情识别的技术方面有着极高的要求。于是，一款聊天机器人是否通过图灵测试（The Turing test）成为这个聊天机器人是否允许进行商用的门槛。倘若会话平台与聊天机器人无法通过图灵测试，此项技术将无法理解人类的表述，反而会导致用户满意度下降，成为"反人类"设计。会话平台与聊天机器人并不是服务用户的全部，人类仍然渴望人类间的互动。图灵测试（The Turing test）——即测试者与被测试者（一个人和一台机器）隔开的情况下，通过一些装置（如键盘）向被测试者随意提问。进行多次测试后，如果有超过30%的测试者不能确定出被测试者是人还是机器，那么这台机器就通过了测试，并被认为具有人类的智能。笔者在亲自经历一次电信企业服务过程中，其客户服务电话已经完全被聊天机器人（Chatbot）替代，毫无疑问，极大降低了其客户服务的成本，但我与"人

工智障"级的聊天机器人对话的几分钟如同对牛弹琴、鸡同鸭讲,除了浪费时间,完全不能解决任何实际问题。实质上,这不仅不会降低其成本,还大大地增加了客户因不满而流失的风险。今天,仍然有企业不以客户满意为中心设计其服务流程,显然是难以生存的见表23-3。

表23-3 以成本为先与以客户为重的聊天机器人服务价值观

以成本为先的Chatbot服务价值观	以客户为重的Chatbot服务价值观
技术不成熟即投入使用	技术相对成熟才投入使用
以自己为中心	以客户为中心
以降低自身服务成本为目标	以客户满意为目标
提供冰冷服务	提供温暖的服务
让不成熟人工智能替代人工服务	如果人工智能技术不成熟,仅让其辅助改善服务

数字鸿沟与无意识歧视

美国著名未来学家阿尔文·托夫勒（Alvin Toffler）在其《权力的转移》一书中提出"数字鸿沟"一词,作为一种全新的"技术鸿沟",人工智能等先进技术的成果并不能实现公平分享,于是造成"富者越富,穷者越穷"的情况。数字鸿沟的概念囊括在信息技术及与其有关的服务、通信和信息可及方面的失衡关系,在全球或各国贫富之间、男女之间、受教育与未受教育者之间信息可及的不平等和不公平。与不同或差异的概念相反,鸿沟是指某些群体在信息可及性、可用性方面遭到不合伦理的排除。除了衣食住行、医疗、教育、安全等基本品外,信息也应该被视为基本品,从而要求信息的公正分配,以及对信息技术及信息的普遍可及。

信息通信技术是现代国家通过信息交流,获得其他资源的支持和帮助,逐渐摆脱匮乏的重要手段。然而,一方面网络使用在不断普及,但另一方面却加剧了贫富差距,在信息"富有者"和"贫困者"之间形成一道数字鸿沟。数字鸿沟造成了对现在无法较为容易获得信息的群体的歧视,形成了一种新的社会不公(见图23-1)。如何在不损害技术研发者的前提下避免出现数字鸿沟,这是信息社会时代面临的主要挑战之一。对于科技公司,在提供先进技术的同时,需要更多地考虑社会弱势群体的设备可用性、技术的易用、可及性,显然这种考虑会增加成本,但"科技向善"的价值观念,在造福社会的同时,也最终会帮助这家企业获得更好的公共关系——为最广大的人群所支持、肯定、赞许。

图23-1 技术背后的歧视

在面对拥有无上权力与利润至上的科技公司时,弱势的消费者、用户永远无法要求这些公司能够做到伦理与道德要求。伴随着一个新时代的足够健全且约束力强大的法律条例的诞生,数字化的伦理道德、价值观已形成了重要的准则边界。欧盟委员会(European Commission)于2019年4月8日发布的正式版《人工智能道德准则》(*Ethics guidelines for trustworthy AI*)。该准则由欧洲人工智能高级别专家组(High-Level Expert Group on Artificial Intelligence,AI HLEG)起草,该小组由52名来自学术界,工业界和社会的独立专家组成。虽然名为道德准则,但其中尽可能地思考了人与这种接近新的智慧"生物"之间的伦理，尽可能地缓解人工智能在未来对人文精神的潜在危害。该准则提出了一套实现可信赖人工智能全生命周期的框架（见图23-2）。

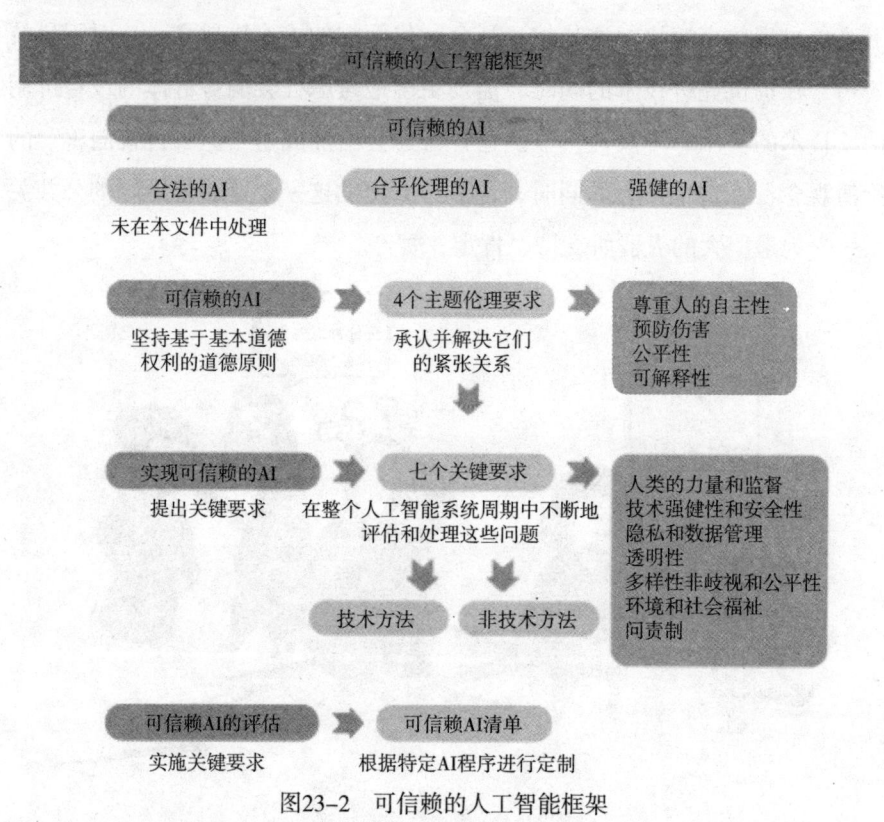

```
可信赖的人工智能框架

            可信赖的AI

合法的AI         合乎伦理的AI        强健的AI
未在本文件中处理

可信赖的AI    →   4个主题伦理要求   →   尊重人的自主性
坚持基于基本道德      承认并解决它们         预防伤害
权利的道德原则        的紧张关系             公平性
                                            可解释性
                        ↓

实现可信赖的AI  →   七个关键要求    →   人类的力量和监督
提出关键要求      在整个人工智能系统周期中不断地   技术强健性和安全性
                 评估和处理这些问题             隐私和数据管理
                                               透明性
                                               多样性非歧视和公平性
                    技术方法  非技术方法         环境和社会福祉
                                               问责制

可信赖AI的评估  →   可信赖AI清单
实施关键要求       根据特定AI程序进行定制
```

图23-2 可信赖的人工智能框架

作为框架第一条的是满足如下三个最基本的条件。

（1）符合法律要求。系统应该遵守所有适用的法律和法规。

（2）符合伦理要求。系统应该与伦理准则和价值观保持一致。

（3）符合鲁棒（Robust，即健壮和强壮）性。这是在异常和危险情况下系统生存的关键。例如，在输入错误、磁盘故障、网络过载或有意攻击情况下，能否不死机、不崩溃、不异常。考虑到人工智能越来越强大的能力，应当满足可信赖的要求。

作为框架第二条的是4条伦理准则，它们是可信赖AI的基础条件。

> 伦理准则 1，尊重人的自主性。
>
> 人工智能（AI）系统不应该胁迫、欺骗、操纵人类。相反，人工智能（AI）系统的设计应该以增强、补充人类的认知、社会和文化技能为目的。人类和人工智能（AI）系统之间的功能分配应遵循以人为中心的设计原则，而且，人工智能（AI）系统在工作过程中要确保人的监督。人工智能（AI）系统也可能从根本上改变工作领域。它应该在工作环境中支持人类，并致力于创造有意义的工作。
>
> 伦理准则 2，预防伤害。
>
> 人工智能（AI）系统不应该引发、加重伤害，或对人类产生不好的影响。因此，需要保护人类的尊严和身心健康。人工智能（AI）系统和运行的环境必须是安全的（Safe and Secure）。因此，要求技术上必须是鲁棒的，而且要确保人工智能（AI）技术不会被恶意使用。尤其要注意可能会恶意使用该技术的人和可能会造成不良影响的应用场景。
>
> 伦理准则 3，公平性。
>
> 人工智能（AI）系统的开发、实现和应用必须是公平的。虽然对公平性可能会有不同的解读，但是应当确保个人和组织不会受到不公平的偏见、歧视等。如果人工智能（AI）系统可以避免不公平的偏见，就可以增加社会公平性。为此，人工智能（AI）系统做出的决策以及做决策的过程应该是可解释的。
>
> 伦理准则 4，可解释性。
>
> 可解释性对构建用户对人工智能（AI）系统的信任是非常关键的。也就是说，整个决策的过程、输入和输出的关系都应该是可解释的。但目前的人工智能算法和模型都是以黑盒（Black Box）的形式运行的。

框架的最后一条是可信赖 AI 的实现的 7 个关键要求（所有要求都相同，相互支持，并且应该在整个 AI 系统的生命周期中可实施和评估）（见图 23-3）。

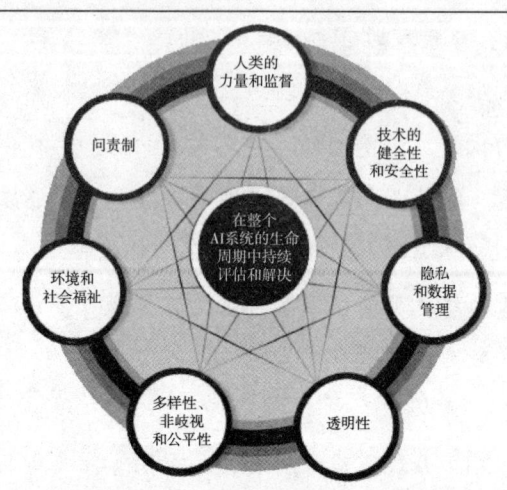

图23-3 可信赖AI的实现的7个关键要求

（1）人类的力量和监督。人工智能不能侵犯人类的自主性。人们不应该被人工智能系统操纵或胁迫，而应该能够干预或监督软件做出的每一个决定。

（2）技术的健全性和安全性。人工智能应该安全且准确。它不应该易于受到外部攻击的影响，且应该相当可靠。

（3）隐私和数据管理。人工智能系统收集的个人数据应该是安全的、私有的。它不应该让任何人接触，也不应该轻易被盗。

（4）透明性。用于创建人工智能系统的数据和算法应该是可访问的，软件所做的决定应能被人类理解和跟踪。换句话说，操作员应能够解释人工智能系统所做的决定。

（5）多样性、非歧视和公平性。人工智能提供的服务应面向所有人，无论年龄、性别、种族或其他特征。同样，系统不应该在这些方面存在偏见。

（6）环境和社会福祉。人工智能系统应该是可持续的（即它们应该对生态负责）并"促进积极的社会变革"。

（7）问责制。人工智能系统应该是可审计的，并被纳入企业可举报范畴，以便受到现有规则的保护。应事先告知和报告系统可能产生的负面影响。

在可信赖 AI 的 7 个关键要求中，第 1、4、6、7 条，对于人工智能的要求和定位是成为一个优秀的辅助，为人提出意见而不是完全代替人做出决定和行动，虽然对这些机器而言也许轻而易举。这种要求无关道德，是一种保护人文精神的伦理。第 2、3 条是在尝试保护个人的数据安全，遵循着有关大数据方面的道德要求与法律约束。第 5 条是人类对于普世道德的渴望的表现。

不难看出，对于该框架中的人工智能，人类对其赋予了非常高度的期望，期望它能无限接近理性去进行思考并尽可能克服普通人所存在的问题：偏见与歧视，面对权威和官僚主义等即面对高度精神、心理压力时会做出违背良知的行为。心理学历史上最著名的实验之一——米尔格拉姆实验（Milgram experiment），这一由耶鲁大学心理学教授史坦利·米尔格拉姆于 1963 年所做的研究人服从权威的经典实验表明，正常人对权威的服从程度和普遍性远远超出人们的想象。

同时，道德准则的制定者希望人工智能不会胁迫人类，但今天已经有大量的自动化程序开始对人类监控操纵，被监视的员工稍有偷懒甚至只是多去一趟厕所就可能丢饭碗。首先，这种监视是否为对员工隐私的侵犯的伦理问题，更是对人类自主性和约束行为自由的威胁。其次，这不仅是违背伦理，也是对未来各个领域的工作者可能被人工智能完全操纵和胁迫的一个非常不友好的趋势的信号，而人工智能道德准则的存在是用来减缓人工智能的潜在危害。虽然它不具有法律约束力，但它可能会对将来起草的法律产生影响。

> 最安全，也是最有希望的未来，是既不阻碍创新的步伐，也不置身事外、漠视新技术的风险。
> ——格尔德·莱昂哈德 (Gerd Leonhard)，美国未来学家

最早，人工智能或物联网这些词听起来是无比遥远的未来，但人类在智能手机和光怪陆离的互联网世界里难以自拔慢慢忘却了思考，也不担心

新技术带来的风险，直到算法利用人类的弱点让人深陷其中不能自拔。而超人主义（Transhumanism）者在仅靠着有限理性和缺乏对人文精神的思考下，认为让人惊叹的新技术在疯狂赚取钞票的同时也能改善全人类的生活。**在利润至上主义价值观和利益驱动下，缺乏监管和技术"上瘾"的作用下，无道德伦理约束的智能爆炸将彻底终结或颠覆人类存在的基本原则**。纵使人类能定下上千条数字化伦理与道德，但那都是用来提醒那些创造技术的人，技术本身并无伦理、道德和价值观可言——而没有伦理、道德和价值观的社会是注定要走向灭亡的。

自动化、智能化的大趋势无可避免，因为它能有效地降低成本、提升效率从而获取更多利益、降低人的负担，造福于人。从工业机器人到智能汽车再到物联网，人类已经深陷于人工智能构建的新世界里，"唯有学习"这种建议已显得苍白无力，在人们还没有读懂一个新产品的用户界面时，下一个全面升级的智能程序就又出现了，可怕的是，我们不知道这个程序是恶意的还是善意的，带来的是帮助还是造成伤害。越来越强大的人工智能必然催生出"无所不能"的商业组织，这些拥有着超级权力的组织，其价值观将决定全人类的未来。

2019年7月24日，中国宣布成立"国家科技伦理委员会"，并提出如下3个重要的核心理念。

（1）科技伦理审查不是对科学发展的桎梏，而是为科技创新划定必要的伦理航道和价值底线。

（2）唯有处理好科技创新与伦理道德的冲突，在工具理性与价值理性、在突破与谨慎、在开放与"保守"之间，平衡好技术进步与价值向善的关系，才能确保所有科技创新，都能够服膺"人是目的，而非手段"的终极价值。

（3）科技伦理审查治理体系的建立，实际上是为科技快速、良性发展提供了制度保障。

毫无疑问，中国批准组建"国家科技伦理委员会"，这不仅象征着中国向着现代科学伦理迈出第一步，也意味着将来完整的机制、政策、法律体系来规范科学技术研发者无限制地"科技爆炸"的趋势。只有对于大数据的洪流做出全面的、合法合规的道德伦理分析，人工智能技术的飞速发展才会引领时代的进步。

> **在人类的思维方式发生根本性变化之前，人类的一切巨大进步都不可能发生。**
>
> ——约翰·穆勒（John Stuart Mill），英国哲学家

在科技公司内部，没有工程师去思考其开发的系统可能会导致的后果，很大程度上系统工程已经被分割成子项目和任务、具体的问题，工程师们考虑的是一个个孤立的子问题。在"利润第一，金钱至上"的价值观念下，企业一不留神就会转向到以盈利最大化为目的，算法和人工智能技术就根据被秉持这种价值观的掌权者、特权者的价值观和意志设计和发展，这是值得所有人警惕的。科技公司不仅需要伦理委员会，更需要构建强大的技术价值观与文化，让所有工程师参与进来，并理解、认同"共益"的价值观念，这是科技公司的业务与责任。

> **帮助人们理解自身，让他们在阳光下生活，而不是在黑暗中挣扎。**
>
> ——塞亚·柏林（Isaia Berlin），英国哲学家和政治思想家，自由主义知识分子牛津大学社会与政治理论教授

对于全人类而言，技术是手段，而不是目标。唯有"科技向善"，人类才有美好的未来。

本章要点总结

✓ 确保人工智能算法尽可能地开放、建立符合最广泛人类利益的价值观基础之上并将人类置于开发的中心位置，确保算法、系统使用合乎伦理、道德和人类基本价值观的最佳方式，审视算法的决定对人的影响和责任。

✓ 伦理、道德、价值观框架应该置于算法的最底层——即先有伦理、道德、价值观框架，再有算法。

✓ 算法本身不仅是一种技术逻辑，也是一种价值观念。

✓ 在算法和智能强大到可以做出近乎于完全理性和绝对正确的决策时，当这些决策涉及人类的尊严、价值、情感、利益时，应是由人最终决定而非把决策的权力让渡于机器。

✓ 在利润至上主义价值观和利益驱动下，缺乏监管和技术"上瘾"的作用下，无道德伦理约束的智能爆炸将彻底终结或颠覆人类存在的基本原则。

参考文献

[1] 多伦等. 价值观管理：21世纪企业生存之道 [M]. 北京：中国人民大学出版社，2009.

[2] 乔纳森·布朗等. 自我（第2版）[M]. 北京：人民邮电出版社，2015.

[3] 菲利普·津巴多，迈克尔·利佩. 态度改变与社会影响 [M]. 北京：人民邮电出版社，2018.

[4] 雷德·海斯蒂，罗宾·道斯. 不确定世界的理性选择：判断与决策心理学(第2版)[M]. 北京：人民邮电出版社，2017.

[5] 齐瓦·孔达. 社会认知·洞悉人心的科学 [M]. 北京：人民邮电出版社，2017.

[6] 狄恩·普鲁特. 社会冲突：升级、僵局及解决(第3版)[M]. 北京：人民邮电出版社，2015.

[7] 戴维·迈尔斯. 社会心理学纲要(第6版)[M]. 北京：人民邮电出版社，2014.

[8] 罗伯特·莱文. 社会心理学之旅 [M]. 北京：人民邮电出版社，2015.

[9] 鲍桑葵. 个体的价值与命运 [M]. 北京：商务印书馆，2015.

[10] 约瑟夫·拉兹. 价值、尊重和依系 [M]. 北京：商务印书馆，2019.

[11] 本尼迪克特·安德森. 想象的共同体 [M]. 上海：上海人民出版社，2021.

[12] 哈罗德·伊罗生. 群氓之族，群体认同与政治变迁 [M]. 上海：上海人民出版社，2021.

[13] 大卫·萨普特. 被算法操控的生活 [M]. 长沙：湖南科学技术出版

社，2021.

[14] 爱德华·伯克利等．动机心理学[M]．北京：人民邮电出版社，2020．

[15] 米歇尔·希奥塔等．情绪心理学[M]．北京：中国轻工业出版社，2021．

[16] 斯蒂芬·海因．文化心理学[M]．北京：中国轻工业出版社，2021．

[17] 戴维·迈尔斯．心理学精要[M]．北京：人民邮电出版社，2011．

[18] 戴维·迈尔斯．社会心理学[M]．北京：人民邮电出版社，2020．

[19] 安吉拉·阿霍拉．心理动机——激发行动力的底层逻辑[M]．北京：人民邮电出版社，2021．

[20] 兰·费雪．完美的群体：如何掌控群体智慧的力量[M]．杭州：浙江人民出版社，2013．

[21] 阿奇科·布希．无隐私时代[M]．北京：燕山出版社，2021．

[22] 戈尔德·莱昂哈德．人机冲突：人类与智能世界如何共处[M]．北京：机械工业出版社，2019．

[23] 约翰·密尔．论自由[M]．北京：商务印书馆，2020．

[24] 亚伯拉罕·马斯洛．动机与人格[M]．北京：团结出版社，2021．

[25] 罗伯特·博格等．倦怠心理学[M]．北京：中国人民大学出版社，2022．

[26] 迈克尔·加扎尼加．谁说了算？自由意志的凡理学解读[M]．杭州：浙江人民出版社，2020．

[27] 菲利普·鲍尔．预知社会：群体行为的内在法则[M]．北京：当代中国出版社，2018．

[28] 杰米·萨斯坎德．算法的力量：人类如何共同生存？[M]．北京：北京日报出版社，2022．

[29] 大卫·格雷伯．毫无意义的工作[M]．北京：中信出版集团，2022．

[30] 本杰明·伯格．我们赖以生存的意义[M]．天津：天津科学技术出版社，2021．

[31] 阿马蒂亚·森．理性与自由[M]．北京：中国人民大学出版社，2012．